民国财长

宋子文

陈廷一 著

人民东方出版传媒
东方出版社

图书在版编目（CIP）数据

民国财长：宋子文 / 陈廷一 著. —北京：东方出版社，2018. 5
（百年人物）
ISBN 978 - 7 - 5207 - 0249 - 2

Ⅰ.①民…　Ⅱ.①陈…　Ⅲ.①宋子文（1894—1971）—传记　Ⅳ.①K827＝7

中国版本图书馆 CIP 数据核字（2018）第 038855 号

民国财长：宋子文
（MINGUO CAIZHANG：SONG ZIWEN）

作　　者：陈廷一
责任编辑：李　烨
出　　版：东方出版社
发　　行：人民东方出版传媒有限公司
地　　址：北京市东城区东四十条 113 号
邮　　编：100007
印　　刷：北京京都六环印刷厂
版　　次：2018 年 5 月第 1 版
印　　次：2018 年 5 月第 1 次印刷
开　　本：640 毫米×940 毫米　1/16
印　　张：24.75
字　　数：334 千字
书　　号：ISBN 978 - 7 - 5207 - 0249 - 2
定　　价：52.00 元
发行电话：(010) 85924663　85924644　85924641

序　言
百年中国，百年梦想

　　2016 年 11 月 12 日是伟大的民族英雄、伟大的爱国主义者、中国民主革命的伟大先驱孙中山先生诞辰 150 周年纪念日。为缅怀孙中山先生为民族独立、社会进步、人民幸福所建立的历史功勋，学习、继承和发扬孙中山先生的爱国思想、革命意志和进取精神，巩固和发展海内外中华儿女的大团结，巩固和发展最广泛的爱国统一战线，维护两岸关系和平发展，共同推进祖国和平统一大业，最大限度地把全民族的力量凝聚起来，致力于实现"两个一百年"奋斗目标和中华民族伟大复兴的中国梦，中国人民政治协商会议第十二届全国委员会常务委员会决定届时举行隆重的纪念活动。人民东方出版集团潘少平先生策划了纪念孙中山诞辰 150 周年的"百年中国传记丛书"，我看很好，有重大纪念意义。

　　细看了一下目录，其中不少书目是我在任上的畅销书、获奖书。比如孙中山的传记《共和之路：孙中山传》曾获得首届华侨文学纪实类最佳作品奖，同时亦获新闻出版总署的畅销书奖；还有"宋氏三姊妹"的书，值得一提的是《宋庆龄传》，是当年青岛出版社的名牌看家书，一版再版，最多一年 6 次重版，社会效益和经济效益都是相当可观的。许世友的书一直占据着畅销书的排行榜，可谓是中国青年出版社的看家书，印数达百万册之多。此书也得到了刘白羽、王愿坚、唐达成老作家，以及李德生、杨成武、王首道、罗应怀老将军的首肯。还有很多书目，我都有印象。大浪淘沙，把好的，或者说闪光的出版物传承下来，变成经典，是时代赋予现代出版的使命。因此我愿意为此丛书作序。尤其是对百年中国要实现百年梦想，是一笔不可忽视的精神财富。中国百年梦想，不仅仅是经济指标，还有精神指标和文化指标等。

再者，这套丛书的作者陈廷一先生，也是我多年的老朋友，他今年已近七旬，仍笔耕不辍，应该说这是他一生的写作精华，抑或心血。他已经出版108部书（含修订重版）。2015年9月获得上海基尼斯传记类书最多纪录，用他夫人的话说："一生笔耕苦作乐，留下藏书任评说。"我很欣赏陈廷一的笔耕精神和他惊人的毅力，他正像一头黄牛，马不停蹄地写作，已留下3700多万字的纸质出版物，这是何等的壮观！2015年10月26日，13家文化（文学）单位在中国现代文学馆联合举办他的百部书纪念座谈会，也是对他笔耕精神的最大褒扬。2016年又出版这套"百年中国传记丛书"，正如他自己所说："这十六书倾注了自己一生心血，紧追时代脚步，紧扣时代主旋，囊括自己写作路上的中国梦、图强梦、复兴梦。"我相信这是他的真心话。他写作梦的实现，也是中华民族复兴梦的雏形，因此这套"百年中国传记丛书"，应该是对伟人孙中山150周年诞辰最好的纪念、最好的礼物、最好的天时。用"机遇给有准备的人"来形容，最为贴切不过了。

是为序。

于友先

2016年2月　北京

目　录

宋查理对中国封建传统压抑个性，以循规蹈矩为贤明，对唯唯诺诺的老成的陈腐教育深恶痛绝。他认为这种教育的结果只能使一个伟大的民族一天一天地沦落下去。他心中只有一个宏愿，就是要努力将子女们培养成林肯、华盛顿式的伟大人物。

美国不少报纸刊出"中国女留学生向总统抗议美国的排华政策"。宋霭龄一下成了美国新闻人物。宋子文要向大姐看齐，决心要到美国求学。路遇不平，宋子文敢顶"小日本"，让众人称赞。

在华盛顿塑像前，宋子文暗誓：我要努力学习，将来做中国的华盛顿！功夫不负有心人。他终于获得了美国哈佛大学的经济学硕士和哥伦比亚大学的博士学位。

老板家的千金追宋子文，惊得家长棒打鸳鸯散。后来有人感叹这段姻缘，批评其没有远见。最终这一消息登在香港的《大公报》上。盛氏家长看了消息也是追悔莫及。

只有守家的份儿，没有喘气的份儿！

就与斯大林吵了起来。斯大林要求中方同意外蒙古独立，宋子文加以拒绝。难怪宋子文无法冷静。

两个"位居第二",一方是共产党,一方是国民党。宋子文显然是在夹缝中任人评说。按照宋子文自己的话说:我是猪八戒照镜子——里外不是人了。

卷首语

穿越凉夜如井，

穿越古道扬尘，

穿越一天一地清幽的星光，

穿越爱、穿越恨，

穿越白、穿越黑，

穿越梦和海。

寻你，

从落叶的每一片微响，

从飘雪的每一闪灵眸，

从海潮的每一声呼吸，

从晨鸟的每一粒清喉，

寻你……

寻你，从历史的深处……

　　笔者在完成《宋氏三姊妹》的全传后，在青岛出版社的启示下，便萌生了对宋家长子宋子文——这个"蒋宋孔陈"四大家族之一掌门人著书立传的兴趣。

　　说实在的，中国的近代史应该首书"宋家王朝"。这是一个举世瞩目的家族。它的影响之大之深之最，鲜有望其项背者。

　　宋氏家族第一人宋嘉树，亦称宋耀如，西名宋查理，是个家在海南文昌、最早获得西方大学教育的中国大实业家（亦叫买办）。当初他凭着深邃前卫的目光，冲破千年封建的牢笼，先后把六个黄皮肤、黑眼珠的子女（三女，三男）统统送到西方，接受西洋高等教育，步其后尘，冲击中国根深蒂固的帝制传统观念。事实上，六个子女后来皆成了中国政治舞台上叱咤风云的人物，演绎了中国近现代史上一幕幕有爱有恨、有声有色的活剧。且不评说他们功过如何，作为人生，却都有其可圈可点之处。正如史学家所说，宋氏家族是个谜，家族每个成员也是个谜。中国千年封建社会皆是"阳盛阴衰"，只有宋氏家族扭转了"乾坤"。不是吗？正是宋氏"三朵金花"的鲜艳，掩盖了宋氏"三兄弟"应有的光彩。殊不知宋氏"三兄弟"也是中国近现代史上的"虎将"。宋子文、宋子安、宋子良个个都是洞察世界风云、经商理财的高手。他们政治地位虽没有姐妹们显赫，但是他们的经济意识和社会贡献（引用外资为我所用、合资办实业、科教兴国等）却卓尔不凡，开时代之先河。

宋子文去世时享年 77 岁。

早年受过良好的家庭教育，后又远渡重洋求学，在中西文化和文明的撞击下，宋子文有过救国救民的宏伟大志，也有过一心向上的刻意追求。他曾像父辈一样，追随过革命先驱孙中山先生，投身于国共合作的大革命洪流之中，并以见证人的身份，在孙中山先生的两份遗嘱上签名，为世人瞩目。后来，在国共合作、宁汉分裂的过程中，他先后出任广州、武汉，乃至后来的南京国民政府的财政部长和中央银行行长（亦称总裁），担任过外交部长，行政院副院长、代院长、院长，参与了南京国民政府政治、经济、外交等重大问题的组织和策划。只能说，他是"蒋"方的一个重要核心人物。

另则，他作为"蒋宋孔陈"四大家族宋方代言人，早年为国民政府抗日筹款理财，可谓呕心沥血。作为外交部长，他以家族的特殊关系，同美、英等诸国有着不同寻常的联系。他多次出访西方各国，主张抗日，寻求合作援助，均有建树。在西安事变的关键时刻，他临危不惧，挺身而出，与其妹宋美龄，力排众议，飞赴西安，参加谈判，促成有关停止内战、一致抗日协议的达成，迎得国共合作的新局面。

在解放战争中，宋子文作为蒋介石政权的代言人，顽固坚持与人民为敌的反动立场，直至中华人民共和国成立，被中共列入"必须立即动手逮捕"的战犯名单进行通缉，名列"蒋介石"之后。由此也可看出他在国民党政权中的举足轻重的显赫位置。

在国民党政权中，他有难言之苦、无言之痛。在国民党退居中国台湾后，他长期滞留美国长岛，在国民党派系斗争中，"拉压醋乔"和"耳光风波"等事件，令宋子文刻骨铭心。宦海沉浮，花开花落；同蒋的关系，有分有合；风云变幻，个中奥秘和恩怨让后人百思不得其解。

蒋家王朝的衰败，当然也包括宋子文的沉浮，自有个中缘由。在其政权得意时，他暗中凭借手中的权力，中饱私囊，大捞一把，不但捞到"大鱼"，也捞到了"虾米"，弄得民怨四起。据西方人透露：他聚敛了中国军火巨财，可称之为"世界首富"。有人说是30亿美元，有人说100亿美元，莫衷一是。当宋子文得知这个消息时，怒发冲冠，跳脚骂娘：那些不负责的记者，他们吃了老蒋多少贿赂？是30亿还是100亿美元！此事始终是个揭不开的谜！

笔者认为，当今社会，政治问题最终的归宿也是个经济问题，揭开此谜，也是笔者立说的第二个出发点。

再者，宋子文作为一位经济学者，同时又可称之为政治家，他有亮色的一面，又有阴暗的一面，像他特殊的家庭一样具有双重性。揭开这种矛盾双重性，也是笔者立说的第三个出发点。

为此，拉开序幕，让披着历史尘埃的宋氏长子走上舞台，让世人评说。

特别家教

　　宋查理对中国封建传统压抑个性，以循规蹈矩为贤明，对唯唯诺诺的老成的陈腐教育深恶痛绝。他认为这种教育的结果只能使一个伟大的民族一天一天地沦落下去。他心中只有一个宏愿，就是要努力将子女们培养成林肯、华盛顿式的伟大人物。

阳春三月，春染枝头，坐落在上海市郊的宋家院落，格外静谧。

院落别致，它大于上海一般人家的院落，倒像西方大户人家的别墅一样。院内有花园、果园、苗圃、树林、田园等。

宋查理之所以敢花重金置下这块地皮，盖上这么大的院落，是有着他的刻意目的的。孩子是春天的花、秋天的果。孩子又是大自然的宠物，应该让他们投身于大自然。其目的是为了让孩子们自幼领略大自然的风光，热爱生活、热爱自然，真正领略田园诗意。

在院中的一角，映着宋家父母和宋霭龄、宋庆龄及三岁的宋子文的身影。他们在指指点点，赏花悦目。

宋子文是宋查理在连续有了两个女儿之后的第一个儿子，生于1894年上海家中，这时正好三岁了。

"爸爸，这是什么花？"小子文问。

"康乃馨！"爸爸道。

"妈咪，你看这花多漂亮！"

"它叫美人蕉！"妈妈说。

"妈咪，含羞草在哪里？"

"噢，前面！"

小子文上前去触，它的叶片"唰"地一下收缩起来。"妈，它会变呀？"

"是啊，它是会害羞的。所以名字就叫含羞草。"

小子文心里默念着"含羞草"。

"啊，那花怎么吊着开？"

"那是倒挂金钟！"

第一章
特别家教

"爸爸，我想看看七色花。"宋庆龄道。

"啊，在那边。"

他们围着七色花，爸爸讲了一个有趣的童话："七色花名叫富贵花，它之所以富贵，有篇日本童话说，在远古时代，一个穷人采到了这枝花，家境很快好了起来，要它变啥就变啥，馒头、面包、洋房、布娃娃，等等，它都会变。后来，皇帝知道了，抢走了七色花，皇帝也想发财，也让它变。他要变金银，七色花变成了一堆石头，他要变洋楼宫殿，七色花变成了一副棺材。你瞧，这七色花多有意思啊！所以，善良是人的本来面目，今后不管到哪，我们都要以善待人，你们听懂了吗?"

"懂了……"孩子们喊道。

"走，咱们到果园去看看！等看了一遍，你们每人写一篇观感文章，登在咱们家庭的报上，好不好?"

"好的。"儿女们一呼百应。

……

晚上，宋查理正在看书、写字。

小子文上前："爸爸，大姐二姐都不同我玩!"

"她们在干什么，知道吗?"

小子文摇摇头："不知道。"

"那是她们在完成爸爸交给的作业哩！来，爸爸陪你玩好吗?"

"好，玩什么?"

"拍手掌，对儿歌!"

宋查理像个孩子头，父子俩对手拍起来：

> 板凳板凳撵撵，
>
> 里头坐个大哥，
>
> 大哥出来买菜，
>
> 里头坐个奶奶，

奶奶出来烧香，

里头坐个姑娘，

姑娘出来磕头，

里头坐个孙猴，

孙猴出来蹦蹦。

……

第二天晚上，小子文捧着一束七色花又来到爸爸书房。

"爸爸，送你一束七色花！是妈咪让我送的。"

"好啊，我的胖小子！希望你和七色花一样长得水灵、漂亮！"

"爸爸，你不是说七色花会变吗？"

"是啊，让你变个女孩，高兴吗？"

"高兴。"

"在我们家里，爸爸更喜欢女孩！"

"那我真能变个女孩吗？"

"傻小子。从今以后，你就是爸爸的通讯员了！"

"什么叫通讯员？"

"比如爸爸要姐姐们来开会。你把她们喊来，这就是通讯员。"

"是吗！"

"现在，爸爸让你做这项工作，行吗？"

"行，爸爸。"

"喊姐姐们过来开会好吗？"

"好的。"小子文高兴地道。

"好聪明的孩子！"

天真活泼的小子文跑到霭龄屋："大姐，到爸爸屋开会！"

接着小子文又跑到庆龄屋："二姐，到爸爸屋开会！"

霭龄、庆龄陆续来到爸爸的书房，爸爸和蔼地问："昨天爸爸妈妈布置的写作'观感'，你们都做完了吗？"

"做完了。"霭龄、庆龄齐声答。

"我的交给妈咪了。"霭龄道。

"去，把你妈咪也喊来。"

"好的。"霭龄像只蝴蝶翩翩飞去。

"给，爸爸，这是我的。"庆龄道。

"你们先拿着，一会儿你们要给全家人读读，看谁写得好!"爸爸道。

"那好吧。"

说话间，妈咪和霭龄也过来了。

"快找个地方坐下!"

大家找地方坐下，等着大会的开始。

宋查理开场白道："大家都坐好啦，今天的家庭会开始。昨天爸爸妈妈给大家布置的作业，大家都完成了。很好。在我们宋家，应该有这种责任心和雷厉风行的作风，今后走到学校，也应该这样。你们说是吗?"

"是。"大家回答。

"好，现在就请大家一一展读自己的作品。霭龄是大姐，请你先读吧，为弟弟妹妹做个榜样。"

"写得不好，请大家不要见笑。"于是霭龄站起来，带有几分感情色彩地读起来:

忘不了，那株美人蕉

你看它长得很美，像美人立在花丛。

你看它长得多高，像众星捧月，鹤立鸡群。

你看它长得像一株燃烧的火炬!像一片燃烧的云霞!

美人蕉花大、叶绿、健美，亭亭玉立的花茎上长着一簇簇四分瓣的大红花，有的花开了一个时期后，花儿就自动凋谢了。可它不然，常开不败。你瞧，它每个花茎上至少有三束花苞，而每一束花苞又有十多个花蕾，每个花蕾至少要开放十多天，这样算起来一束花苞要开放长达三个多月。然而这棵花茎的花儿还没有完全退妆，另一棵新茎便再生了，一直延持到霜雪降落，寒袭大地。

我喜欢美人蕉，因为它有梅花的性格。

我喜欢美人蕉，因为它一年四季开放，把世界打扮得更加漂亮。

霭龄读完，大家一片掌声。

"下一个，是我们的庆龄小姐啦!"爸爸道。

庆龄站起来开读:

我喜欢七色花

爸爸的童话很多很多，

我最喜欢他讲的七色花，

七色花，多美啊!

要想变啥就变啥。

我要有一朵七色花多好啊!

没有别的心愿，

只想把外公、外婆的白发变黑发!

只想把爸爸、妈妈脸上的皱纹抹去吧!

只想留住一个青春的世界，

和我们欢乐的童年，

可是，七色花，你在哪?

大家又是一阵掌声。

"大家的作业都展读完了，我看都很好!"爸爸开始总结。

"不，还有我呢！"小子文道。

"你？"

"我还没表演呢！"小子文睁大眼睛说。

"你要表演什么？"

"是妈咪教的，我给大家跳个舞吧？"

"好，大家欢迎。"

小子文边唱边跳：

> 蝴蝶蝴蝶，
>
> 身穿花衣，
>
> 飞来飞去，
>
> 采来花蜜……

大家又是一阵掌声，将全家的兴致推上高潮。

培育出伟人的父亲不可能是侏儒。宋查理既是一位富有传奇经历的人物，又是一位教子有方的典型父亲。宋查理对子女的教育完全采用民主的方式，教育从潜移默化开始，对男孩女孩一视同仁，给予同样的关怀和正规的新式教育，赋予同样的社会责任心。宋家子女的童年、少年时代，就生活在民主氛围浓烈的家庭之中，并受到系统的宗教生活熏染。

宋查理对中国封建传统压抑个性，以循规蹈矩为贤明，对唯唯诺诺的老成的陈腐教育深恶痛绝。他认为这种教育的结果只能使一个伟大的民族一天一天地沦落下去。他心中只有一个宏愿，就是要努力将子女们培养成林肯、华盛顿式的伟大人物。

他屡次对人说，只要一百个孩子中有一个成为超人式的伟大人才，中国就有四百万超人，现在中国大多数家庭还不能全心全意培养子女，我要敢为天下先。他和妻子制定了一套现代型的教育方案，并为实现理想倾注了为人父母的大量心血。

尽管宋查理每天工作很忙，他始终把孩子放在心上。每天下班回来，孩子们都自动围上前去。"爸爸，一定给我们带好东西啦？"

"你们看，这是什么？"

"《上海儿童报》。"

"给我一份！"

"给我一份！"

宋霭龄、宋庆龄的文章赫然上报，大家都惊呆了。

"是我的文章！"霭龄兴奋地说。

"这是我的文章！"庆龄激动地说。

"查理，为了孩子，你的印书馆也派上了用场？"倪桂珍吃惊中露出了笑容。

"我让师傅们加班搞的，工序麻烦了点儿，下次改用打字机打吧！"

"让霭龄当你的助手，坚持办下去。每月一期，好吗？"

"好的。这是我给孩子订的英文杂志，你看怎么样？"

倪桂珍接下，过目。

子文五岁生日的那一天早饭后，宋查理把孩子们招呼在一起并告诉他们："爸爸要出差，到很远很远的地方去，你们要听妈咪的话。霭龄，你是大姐，遇事要管着他们点儿！"

"好的，爸爸！"

"祝爸爸一路顺风！"

"爸爸，再见！"

爸爸的车子驶出大门后，妈咪对三个孩子说："你们跟妈咪学刺绣吧？"

姐妹俩同声回答："好。"

"我呢？"子文道。

"你帮妈咪缠毛线吧！"

第一章
特别家教

妈咪哼着小曲,大家都唱了起来。

> 看谁心灵美,
> 看谁手儿巧,
> 小小银针飞,
> 绣出金凤凰。
> ……

"哎哟,刺着手啦,有血,我怕,疼死我了……"霭龄叫道。

妈咪走上前来:"不要怕,做事要细心,你老是风风火火的。妈咪给你包扎一下,休息一会儿,就好啦!"

"妈咪,爸爸经常给我们讲故事,你也为我们讲个顶好听顶好听的故事吧?"子文提议。

"讲什么呢?"妈咪理了理腮边的长发,露出了手腕上溢彩闪亮的金镯,妈咪随手取了下来道:"就讲这金镯的故事吧。"

"金镯?"子文和姐姐们疑惑不解地接过来传看,最后又送到妈咪手里。

"你们知道这金镯的来历吗?"

"不知道。"姐姐们摇头。

"这是爸爸与妈妈结婚时,爸爸送给妈妈的。"妈咪开始讲了起来,"当初,这是你奶奶的嫁妆!也代表咱们家庭的荣耀!可是到你爸爸这一代,家境开始不好了。爸爸十几岁出洋时,家里实在没有什么东西可带,奶奶就把这副金镯交给了你爸爸。临行时,告诉他:'这是妈妈的心,你带着吧,想妈妈时就看看它;遇到困难时,就当了它!'可是你们的爸爸出国十年,什么困难没遇见过,九死一生都挺过来了,就是没当金镯!有一天,他从老板娘家逃出来,分文没带,三天没吃饭,可是爸爸硬是挺了过来。那是奶奶的心,他不能让金镯在他这一代失传!就是这样,爸爸凭着这种坚强的毅力回了国，把自己的事业一天一天做大起来。如今我们家富了，这金镯的故事，可是永远不能忘啊！"

妈咪讲到这里，已止不住泪水潸潸。

孩子们也都动情地哭了起来。

"妈咪，我也学爸爸那样。"子文第一个向妈咪保证。

"好孩子，你们都要学爸爸，将来都会有大作为的。"

"孩子们，你们去玩吧！明天，霭龄、庆龄可别忘记了做作业。"妈咪说道。

姐妹们和小子文都跑出了屋。

小美龄跑在最后面。

在姐兄看来，她是个多余的累赘，他们很想甩掉这"尾巴"，静心做自己的游戏。可是小美龄总随着他们跑，动不动就耍脾气，以哭来威胁大家。

"咱们玩捉迷藏吧？"霭龄提议。

"我也参加。"小美龄争先道。

"好！"

"剪刀、锤……"经过一番竞争，轮到小美龄坐庄找人。

"面对墙壁，闭着眼，开始数数！"霭龄命令。

"1、2、3……15。"小美龄数到 15 时，开始找人。她找了半天，也没有找到一个人，便哇哇地哭了，去找妈咪告状！

妈咪安慰着她说："来，妈咪跟你玩！"

原来，这是霭龄、庆龄、子文，为了甩掉这个尾巴，特意设下的计策，他们翻墙越过院落，到菜农的田野里疯去了。

他们尽情地欣赏着田野里的自然风光，对一切都感到新奇。

"这是什么瓜？个儿这么大？"

"是西瓜？"

"又像是南瓜。"

大家轮着抱，谁也抱不动。

"来，我解剖一下，看看里面是什么？"霭龄取出腰间小刀，像爸爸切西瓜一样，在上面划开个三角口，取出一块，是黄色的，大家都尝了尝。

"这是什么瓜呀？太涩了，不能吃！"子文喊道，"它不是西瓜，我往里撒泡尿，教训教训它！"

子文的恶作剧开始了，撒尿后，又将"切块"盖上。

"你们在干什么？"看瓜老汉在地头喊。

孩子们自知理亏，呼啦一声跑开了。

半个月后一个傍晚，菜农抱着那个南瓜寻家告状。

老汉一进门，冤家路窄，就碰见了霭龄、庆龄、美龄和子文在院子里面跳皮筋。

老汉气冲冲地说："你们这些'祸国殃民'的小洋奴，看你们干的这般好事！是谁把尿撒在瓜里的？"说完，将瓜重重地摔在了地上。对于这种意外，孩子们都呆了。

听到喊声，宋查理慌忙走出屋来。

"宋老板，你们的孩子把尿撒到瓜里，太不像话了！"

"有什么事，请到屋里讲。请你不要高声训斥孩子！"宋查理一派绅士风度。

"太欺负人了！"

"不就是一个瓜吗？是孩子重要还是你的瓜重要？你讲多少价钱？我赔。莫要惊吓了孩子！"

"20元，给钱吧？"老汉道。

"给你10倍，算我赔情。200元钱吧！"宋查理当即从口袋掏出200元，"给。"

"不，20元都是我的气话，哪能要你那么多钱呢？"老汉由怒转喜。

"我们都是邻居，孩子们嘛，请你原谅着点儿！这点儿钱小意思，别客气。"

"好，好，我收下。"老汉转身对孩子们说，"刚才，都是阿拉说的不对，你们院子太小了，今后常到我们那里玩，有什么稀罕物，你们抱回家就可以了。"说完向宋查理鞠了一躬乐呵呵地走了。

当晚，家庭会照例在客厅举行。

宋查理沉痛地说："当年，我选择了这个避开闹市的郊区，作为父亲，主要是为了给你们找块玩耍的天地，能看到四季的美景。工人和农民是中国的主体，因主体而形成城市和农村。我是经商者，介于工人和农民之间。我们家也介于城市与农村之间，目的是让你们体味出这其中的甘苦，更理解工人和农民的辛苦。做错了事，并不可怕。玩是你们的天性，可以尽情地玩，但是一定要知道农民的辛苦。有首唐诗说得好：'锄禾日当午，汗滴禾下土，谁知盘中餐，粒粒皆辛苦。'今后上学了，还会学到爸爸给你们说的这样的诗句。"

"爸爸，我错了。"子文低下了头。

"爸爸，那天，捉迷藏，他们跑到野外做坏事！我可没有参加啊！"小美龄向爸爸献好道。

"我的好孩子。不怪姐姐和哥哥，是我没有教育好他们，明天，你们在家等着，等我处理完公务，咱们一块儿观海去，好不好？"

"好，好！"大家高兴地拍起手来。

翌日早晨宋家院落里，早早起了床的子文，跑到霭龄门前问："爸爸不是领我们去观海吗？"

"一会儿，爸爸处理完公务就回来了。"霭龄道。

"啊，爸爸坐黄包车回来了！"孩子们一起围了上去。

宋查理和孙中山先生下了车。

"孩子们，这是孙叔叔给你们带来的礼物。"宋查理把礼物在手中晃了晃。

第一章
特别家教

"孙叔叔好。"大家异口同声地说。

"这是霭龄，这是庆龄，这是美龄，这是犬子子文！"爸爸一一做了介绍。

"啊，几年没见，都长这么高了！"孙中山道。

"师傅，把车放在外面，到屋里坐吧！"宋查理道。

"好的。"师傅道。

"爸爸，你不是说领我们看海吗，什么时候去呀？"

"等我送走了孙叔叔咱们就去，你们先在外面玩吧。"

周末的晚上，宋家开了个家庭晚会。

妈咪弹着钢琴；庆龄吹着口琴；子文敲着牛皮鼓。

音乐声中，渐渐映出霭龄和爸爸歌唱的笑脸；妈咪的歌唱；庆龄的歌唱；美龄的舞蹈……多么热闹的场面。

宋家的晚会是每周必开的。正是这样，宗教、田园、钢琴、歌声、英语和民主精神，使这个家庭与当时中国千万个普通家庭相比较，处在一种"世外桃源"的优越环境中。既有基督教严格的生活秩序，又有和谐、欢乐和诗情画意的气氛，使孩子们从小就受到高尚情操的熏陶，培养出他们独特的品性：多才多艺、文雅善良、热爱生活、追求真理、厌弃邪恶。正如宋查理教育儿女说："身为女人不应妨碍自己成为祖国有成就、有作为的公民。身为男人应该有为事业而奋斗的那种大无畏的精神。"

第二章

西方求学

　　美国不少报纸刊出"中国女留学生向总统抗议美国的排华政策"。宋霭龄一下成了美国新闻人物。宋子文要向大姐看齐，决心要到美国求学。路遇不平，宋子文敢顶"小日本"，让众人称赞。

周末的傍晚，宋查理乘坐的美国"吉普"驶进小院，便被孩子们围了一圈。

"爸爸回来了!"

"爸爸回来了!"

文静懂事的庆龄为爸爸打开车门，美龄和子文、子良拉着爸爸的手，宋查理下了车。

"爸爸，你答应我的事忘了吧?"子文问。

"什么事呀?"

"爸爸不是好爸爸，上周末你不是说给阿拉买个口琴吗?"子文噘起嘴。

"有此事!"宋查理认真地安慰子文说，"不是爸爸说话不算数，爸爸确实太忙了。今天，孙叔叔来了，我们只顾说话，把公子的大事给忘了。"

"为什么不把孙叔叔带回家吃晚饭?"庆龄问。

"他与爸爸一样忙。下次爸爸一定请他来! 你们喜欢他吗?"爸爸问。

"喜欢!"大家异口同声地回答。

"爸爸，妈咪还等你吃饭哩!"庆龄提示道。

"好，咱们吃饭!"宋查理道。

这是一桌丰盛的晚餐。

全家人兴高采烈地围在桌旁。

宋查理目扫一周，道:"怎么，子文不见了，跑到哪里去了?"

妈咪道:"子文在生你的气呢! 你答应他的事，就应该做到，要么不说，要么说到做到。"

"我不是忙嘛！"宋查理说完站起身向子文的房间走去。子文正躺在床上佯装看书。

"子文，子文，都是爸爸不好，爸爸向你检讨。"宋查理把子文扶起来，"明天，我保证不让你失望行吗？"

子文不情愿地跟着爸爸回到餐桌上，背着爸爸做个鬼脸，引得大家哧哧发笑。

"笑什么？"宋查理问。

"我们男孩子都对你有意见！"子文单刀直入。

"什么意见？"

"这不是秃子头上爬苍蝇——明摆的事吗？三姊妹和三兄弟间，阴盛阳衰嘛！"

"没那回事。"宋查理摇摇头道。

"妈咪，你是杆公平秤，你说说？"子文用目光盯着妈咪。

"我看子文说得有理。"妈咪不假思索。

"什么有理？"宋查理追问。

"让子文把话说完。"妈咪道。

"她们出国的出国，要提琴给买提琴，听说爸爸又为二姐联系出国求学的事。我们三兄弟似乎是天外来客？是另外个爸爸养的。"

"哎，你们三人还小。等你们一个个长大了，我也一视同仁嘛！"宋查理很激动，"再说中国封建社会几千年，妇女地位很低，比如出国求学吧，我们宋家要成为第一个，这是爸爸的刻意追求，外界舆论已经非难我了，你们理解我好吗？你要提琴的事，爸爸不是答应了吗？"

"不，我要的不是提琴，是口琴。"子文道。

"我也要口琴。"七岁的子良道，"让哥哥教我吹。"

"好。明天兑现。"

这时子文又对坐在身边的宋美龄道："小妹，这口琴不像你的提琴，是我们哭出来的，哈哈哈。"

"好啦，好啦，咱们吃饭了。"妈咪催促道。

"霭龄来信了。"宋查理突然从兜里掏出信来。

"来，让我看。"妈咪迫不及待。

"不，你的英文还差点儿劲。让庆龄给大家读吧？"

"我的英文好，我来读!"宋子文不示弱道。

"要得好，大让小，让子文来读!"宋查理把信交给了子文，子文站起来："各位听众，子文电台开始播音。这是来自大洋彼岸的一位女孩给全家的亲笔信。请注意收听。"子文用流利的英语开场道。

亲爱的爸爸、妈妈、妹妹、弟弟：

全家好。

自从来美国后，我无时无刻不在想念着你们。前一段，我见到了受慈禧太后派遣，率团来美考察教育的温秉忠姨夫。见了亲人，使我激动不已，一肚子话要说。但当晚美国总统西奥多·罗斯福在白宫设宴招待中国教育考察团，时近黄昏，温秉忠姨夫要立即赶往白宫，便带了我一同出席。我是幸运者。你们为我高兴吧！

宴会开始前，罗斯福总统在休息室先会见了中国代表团。总统的侍从和随行官员有几十个，再加上一大群新闻记者，官场的排场不同一般。当罗斯福和姨夫温秉忠等一一握手时，摄影记者的镁光灯"噗噗噗"地闪个不停。我还从未见过这样隆重的场面，心里不免有些紧张，又想到自己并非代表团成员，一时不知作何姿态。当罗斯福到我跟前时，就有些想往后退。姨夫及时走过来，向总统介绍说："这位是我的外甥女，她目前正在美国自费留学。她对您非常敬重，渴望见到您，我今天把她带来了。"罗斯福听

第二章
西方求学

了这番恭维，又见我是位 17 岁的中国妙龄女子，心情极好。他久久拉住我的手仔细端详。接着露出满脸笑容问道："姑娘，欢迎你来美国留学！能跟我谈谈你对美国的印象吗？"

我见总统并没有怪罪自己混进代表团的意思，反而对自己更亲切，一时的羞怯早已忘得无影无踪。我不等翻译开口，就用流利的英语做了回答："总统先生，美国是个非常美丽的国家。我在这里生活得很愉快！"

罗斯福听了，立时显出了美国人惯有的优越和自豪感。他得意地哈哈笑起来："是啊，我们美国是世界上最美丽的国家，也是最著名的自由之邦，任何人到美国来，都会受到热烈的欢迎！"

罗斯福不说此话犹可，一说这话，我立即想起了自己初来时在旧金山的痛苦遭遇。我不顾一切地反问："总统先生，您怎么能说美国是自由之邦呢？我为求学而来，刚刚到旧金山就被官员粗暴地拒之门外，竟在港口的船上耽搁了四个星期……"

姨夫一听我扯到这个话题，顿时慌了，急忙给我递个眼色，示意我不要在这种场合讲这件扫兴的事。但这时我被勾起的旧事激怒着，哪里还顾得了许多。姨夫又去扯我衣服后摆，我抽出握着罗斯福的左手，一把把姨夫扯衣服的手推开，回头嗔怪地看了他一眼说："你扯我干什么？我想这事绝不是总统的意思。"我盯着罗斯福又问："把一个 17 岁的女孩拒之门外，这不会是总统的命令吧？如果有美国姑娘到中国，她们绝不会受到这样的待遇。这不符合我们中国人的待客之道。今天我把这件事告诉总统，会有助于总统杜绝下面的混乱，更好地治理这个国家。"

敏锐的记者们早嗅出了这段小小插曲的新闻价值，他们不顾警卫人员的阻拦，涌到前面侧耳倾听我激昂的谈话，并当场在采访本上"沙沙"地记下了整个过程。休息厅里掀起了一阵不小的骚动。

罗斯福总统在众目睽睽之下，被我童言无忌的直率问话弄得十分尴尬，面红耳赤，低声咕哝了一句："噢，我很遗憾！"便迅速离开我，转身出了休息厅。

一些记者感到这件事比例行的官方招待会更有报道价值，他们争先恐后地挤出门外，赶回去抢发新闻。

第二天，美国不少报纸登出大字标题："中国女留学生向总统抗议美国的排华政策。"就这样我第一次在美国成为新闻人物。

读到这里时，宋查理插言道："了不起，我们的霭龄见到美国的总统了！我们全家人为她祝贺！"在宋查理带领下，家人鼓起掌来。

"子文，继续往下读！"宋查理又道。

子文接着读道：

我现在可真想你们！

另外，遵父所嘱，关于庆龄来美上学的事，我又与母校联系了一下，像我一样，只要国内英语考试过关，这里是没问题的，主要是爸爸的面子。

祝全家安康！

想你们的霭龄

子文读完后，道："我也要随二姐去美国读书！我也要见美国总统！"

"你还小啊！"妈咪道。

"在爸爸、妈咪的眼里，我永远是一个长不大的孩子。"子文噘起了嘴，"不嘛，我要去！我的英文成绩是全班第一名。"

在庆龄、美龄出国后的第三年，宋子文，这位宋家的长子，以优异的成绩通过了英语考试，在父亲的帮助下，顺利地办妥了去美国求学的一切手续。

出国的前一天，妈咪把宋子文唤到跟前。

"孩子，明天你就要走了，妈咪有病怕是送不了你了！"妈咪说着说着泪水止不住掉了下来。

"妈咪，阿拉知道你心里不好受。"子文也泪珠潸潸。

"子文，到了美国要照顾好妹妹美龄，她还小，妈咪最放心不下的就是她。"妈咪说着把手腕上的金镯取下来，送到宋子文手中，"这是妈咪的一颗心，带着吧，想妈咪的时候，你就看看它（她）。"

子文收下点点头："谢谢妈咪。"

"到了美国后，见了你大姐代我问个好。路上要听你姨父、姨母的话，到哪随哪，遇事要有主见。和为贵、忍为高，处事要理智，不要心血来潮。对老师要尊，对同学要爱，多交朋友，少树对手。见荣华富贵不卑不亢。莫受不义之财，不结无义之友。住宿不要靠窗睡，自己一人不要走夜路。事事切莫逞强。学知识莫要满足，学到知羞处，自身才能强。行走千里可别忘了家乡的热土，儿啊，今天早休息吧，明天还要早起！"妈咪用手绢揩着泪水。

"妈咪，阿拉全记下了！你要保重身体！"

1912年夏天的一个早晨。

上海英联港码头。海风送爽，刚刚露出红红胖胖的圆脸，还未施放出淫威的太阳，挂在远方的海平面上。水的反射，形成上面一个太阳，水中一个太阳，好看极了。

一艘"满洲"号太平洋邮轮鸣叫着，缓缓调舵、转向，离开码头；码头岸边送别亲友的人在含泪挥手致意。

"再见了，孩子!"

"再见了，爸爸!"

"爸爸，阿拉已经不小了，不要为阿拉担心了!"伫立在护杆前的宋子文挥手向亲人告别。此时他没像姐姐那样，把眼泪掉下来!

"爸爸，请你多照顾妈咪!"

"你们回去吧，我们会照顾好孩子的!"温秉忠夫妇也向宋查理一家挥手致意。

轮船在浩瀚的太平洋上航行。对于第一次在大洋中旅行的宋子文来说，眼前的一切都是那么神奇，那么新鲜，又那么妙不可测。确切地说，宋子文还是个孩子，对他将要去的那个国家充满着憧憬和幻想。想入非非的他，对自己未来的计划充满信心。

"满洲"号迎着霞光，乘风破浪，很快驶入了公海区。宋子文和姨母依窗而坐，望着远逝的故土，心有依依之情。然后他又把目光转向前方五彩缤纷的霞光，射出万道金针、银针，然后又化作一圈圈夺目的光环——那里不就是未来的希望吗!

海水是蓝色的，蓝色的海底又是深不可测的。然而那蓝色的希望又像这蓝色的海底。

坐在宋子文旁边的姨母问："子文，你在想什么?"

"我在想今后的路该怎样走。"

"好孩子，别想啦。车到山前必有路。来，咱们吹吹口琴散散心好吗?"

"好，好，咱们一块儿吹。"宋子文答应了她。

宋子文像只欢快的鸽子，返身去行李架取口琴。这时，一个大浪打过来，船剧烈颠簸，子文差点儿跌倒在行李架前。

"姨母，你先吹一支吧!"宋子文把琴交给姨母。

"还是你先吹一曲让我和你姨父听听。"

"好，我吹。"宋子文也不客气，把琴放到嘴边，试了一下音符，便吹了起来。

那琴声由低转高，由弱转强。时而如淙淙小溪流泪，时而如骏马奔腾，时而又如三江翻滚……姨母听出来了，这是一支美国有名的歌曲，叫《亚格里溪的瀑布》。歌词的大意是：

> 在那古老的大地，
> 在那原始的森林，
> 有一条绿色的瀑布。
> 像银河飞流落下，
> 像绿缎迎着晨霞。
> 百丈悬崖之上是她的娘家，
> 汇入大海却是她的婆家。
> 千仞万壑挡不住她的足迹，
> 一路高歌，一路风尘，
> 不怕身子摔成水花。

说实在，姨母是喜欢这首歌的。只觉得他吹的曲调太高了一点儿，有点儿硬邦，叫人不好接受。这大概与人的性格不一样，所以听起来反响也不一样。可是宋子文却美滋滋的，摇着头用脚打着拍子，合着他那兴致。

"来，我也吹一曲让你听听。"宋子文吹完，姨母接着说。

姨母吹了起来，调子低了八度。琴韵悠扬，其声婉转。正像她本人一样——姿容婉丽，服饰荣华，多情善忧。她吹的是一首中国的《思乡情歌》。歌词是这样的：

> 穿上花裙子，
> 蹬上高跟鞋，
> 那是谁呀？
> 那是我。

走在长街上，

惹得众人瞧。

长街无尽头，

我走啊走。

一直走到天过午。

最后回到家，

还是爸妈亲，

还是家里好。

"吹得不错哇！"坐在后面的温秉忠姨父扭过头搭讪。

"姨父，你也来一支吧！"宋子文说。

"我要吹，非把你们吹跑不可。"

"那是为什么？"

"因为我不会吹，懂吗！"温秉忠姨父说完哈哈笑起来。

随后，宋子文又要求姨父介绍介绍美国的风土人情，温秉忠也不客气，侃侃而谈起来。

"哎哟，我的包袱被人偷去了！"轮船快到达日本岛的时候，头等舱一位日本乘客喊道。

叫不出名字的大个子船长，闻讯赶了过来，问道："包袱里有贵重东西吗？"

"有，有。"

"什么东西，能说出它的名字吗？"船长走上前。

"这，这，叫我怎么说呢？有首饰，还有……"原来这位日本乘客丢的东西也是刚从上海盗回来的一件罕世文物——玉镯。

宋子文下意识地瞧了瞧自己手腕上的金镯。

大个子船长见这位失主当着这么多的乘客不愿说出，马上给失主使了个眼色，到了他的办公室，方知是一对中国皇宫国宝——清朝玉镯。

第二章
西方求学

　　头等舱的全体旅客都是怀疑对象，当然，也包括宋子文了。"满洲"号被日本人扣在神户港三天，真是岂有此理。

　　乘客等不及了，纷纷起来造反，向日方提出抗议。别看宋子文平日恬静，遇到这种不讲理的事他也敢站出来，据理力争："一个人丢了东西，就惩罚全船乘客，不让开船，这也太不讲道理了！假如我们中国人丢了东西，让你们日方赔给黄金，你们干吗?"

　　"对，小伙说得对！"全船乘客立刻声援。

　　此时，宋子文又要站起来讲话，坐在旁边的姨母扯了扯他的衣襟，示意不要再讲。在异乡他土，姨母的担心不是没有必要。宋子文愤愤不平地坐了下来。

　　全船乘客被宋子文的一把火点燃起来，纷纷向日方当局抗议。也许是日方做贼心虚，当他们弄清玉镯的不明来历，马上命令开船，向全船乘客做了让步。

　　一场闹剧结束后，受了辱的"满洲"号开出了神户港，向美国的旧金山驶去。时值 8 月，天高气爽，海有多蓝，天有多蓝。几只海燕，从海面蹿向湛蓝的天空，不时地发出几声低鸣的叫声。大洋彼岸的美利坚合众国在望了。

第三章

哈佛学子

　　在华盛顿塑像前，宋子文暗誓：我要努力学习，将来做中国的华盛顿！功夫不负有心人。他终于获得了美国哈佛大学的经济学硕士和哥伦比亚大学的博士学位。

到了美国的宋子文，在姨父温秉忠的帮助下，很快办理了就读哈佛大学的入学手续。温秉忠又到当地邮局向远在大洋那边的宋查理拍去"子文入校就读，勿念"的电报。作为清政府驻美教育机构的使者——温秉忠，这才如释重负，松了一口气。

"亲爱的，他们兄妹还没团圆呢。"姨母提醒姨父温秉忠。

"饭得一口一口地吃，事得一个一个地办。明天我就安排。"

兄妹团圆是在一个落霞的傍晚。

宋庆龄接到姨父的电报，高兴得连午饭也没吃，便匆匆向老师请了假，找到了宋美龄。宋美龄正在做作业，一听哥哥来美国就读的消息更高兴了，连蹦带跳的，活像个小天使。是啊，骨肉亲情的思念，使他们多少次在梦中团圆。如今化为现实，怎不令人兴奋！

"哥哥来了，太好了，我又有保护神了。"宋美龄乐得直拍二姐的肩膀，"他在哪里？我们什么时候去见他？"

"瞧你高兴的样儿，吃饭了没有？"

"饭可以不吃，哥哥不能不见！"宋美龄道，"二姐，你快说话呀，急死人了。"

"他在哈佛大学等我们，我也是刚刚接到姨父的电报。"

"我们现在就去，好吗？"

"好的。你收拾一下。"宋庆龄看看表，"时间来得及，还有一趟末班车哩。"

……

波士顿是一座美丽的海滨城市。

夕阳西下的波士顿，犹如一个童话世界。街道整齐、楼房新奇，给人印象是城内的绿地较多，空气新鲜，市容整洁，耳目一新。说起来，波士顿也是美国的一座文化城，很多著名的一流大学都集中在这里，亦称"大学城"。宽广笔直的马萨诸塞大街把城区分成两半，著名的哈佛大学和麻省理工学院分别坐落在大街两旁。哈佛大学，也称"马路大学"。宽广的马萨诸塞大街横贯学校，可见学校规模之大。文、理、工等许多学院散落在以哈佛广场为中心的街道两旁。据美国教育界人士统计，美国的名人和伟人有 90% 以上出自"哈佛"。其中历届总统中有六位毕业于"哈佛"。"哈佛"威望之高，其地位相当于中国的北京大学。而麻省理工学院亦相当于中国的清华大学。

哈佛大学校园风景如画，绿树成荫，建筑多是古色古香，走进校园，有一种历史和文化的纵深感。

一娘同胞的宋氏三兄妹相会于"哈佛"，自然有一番感慨。

宋庆龄深情内向，宋美龄喜形于色，宋子文滔滔不绝。

中西文化的背景融于他们的言谈；大海的波涛令他们眼界大开；父辈的故地又令他们感慨万千；各人追求不一，又映射各自独特的个性。

"爸爸、妈咪好吗?"宋美龄迫不及待地问。

"爸爸蛮精神，就是妈咪身体差一些。"

"什么病?"宋庆龄问得认真。

"老毛病。她的心脏不好，还不是想你们想的?"宋子文说到这里，忙去打开行李包，"妈咪给你们捎东西了。"

"这是小妹的，好吃的东西。"宋子文忙着分发。

宋美龄高兴地接过来，欣赏着道："我更想妈咪!"

"这是二姐的新衣服，给。"

宋庆龄接过来，"妈咪想得真周到。可是她的病……"

"还有，爸爸给你们的信。"

"我先看。"宋美龄快嘴快舌。

宋庆龄催促道:"快念念!"

"我先看完,你再看呗。"宋美龄嗔了二姐一眼,扮了个鬼脸。

"要得好,大让小。"宋庆龄显得平静。

宋美龄看完后跳起来说:"爸爸让我在二姐毕业后,转到波士顿来读书,由子文哥照顾我。太好了,爸爸想得太周到了。"

"让我来照顾你也好,但我可不像二姐那样处处让着你。届时我可凶了,不听话,我就扇你耳光哩!"宋子文说完笑了。

"你打,你现在就打。我可不怕。"宋美龄道。

"淘气包。"

宋庆龄这时道:"我还有一年多时间就毕业了,很想早点儿回国,有大弟来,我这种孤独的心情也许会好一些,明天是周日,这里有一个好大的公园,我领你们逛公园去,那里还有华盛顿的塑像,很大很大……让你们开开眼界。"

偌大的公园,奇巧的拱门,匠心的设计。通过拱门可看到华盛顿的巨大塑像。

在塑像前,听着导游小姐讲述着华盛顿的故事,宋子文想得更多的是:我要努力学习,将来做中国的华盛顿!

花开花落。一年后,也即是 1913 年秋天,宋庆龄要毕业回国了。这时,宋美龄从威斯里安女子学院转学到波士顿近郊的卫斯理文理学院就读。至此,宋庆龄已完成了对妹妹的照顾,转交给宋子文,宋美龄心里也有了平衡和依靠。

宋庆龄回国那天,宋子文和宋美龄把她送到船上。宋子文心里有些难过,可宋美龄倒像无所谓的样子:"回国后,可别忘了给我们来信!"

宋子文入哈佛大学的基础,按说应该比三姐妹好。这也是宋查理的刻意追求。虽然在宋氏家庭中,男女都一样,但宋查理还是对长子宋子文下了一番功夫的。这是因为他自幼吃了"偏"食。在幼年时，宋查理专意为宋子文请了家庭教师。然后进入上海圣约翰大学少年班，基础一直打得比较牢。

圣约翰大学少年班，是美国基督教在上海开办的学校，师资力量较强。后在美国哥伦比亚区注册立案，设有神、文、理、医、工等学院和研究院。当时，在中国有许多教会学校，而圣约翰是所最出名的学校。当时因中国并不开放，敌视西洋文明，因此在中国招生人数极少。宋查理偏不信邪，坚持把宋子文送到圣约翰，可谓是有眼光的，为此他也遭到上海同行人的讥讽，可宋查理并不在意。燕雀安知鸿鹄之志。宋子文也不负父望，在该校毕业时，中、英两种语言运用娴熟。无论知识面，还是用英文演讲，都曾使美国老师大为惊叹。

由于宋子文基础较好，入哈佛大学后，各学科的课程成绩一直保持名列前茅。老师常夸奖，他自己学得也起劲。用他的话来讲，"学习对我来说，是一种兴趣，并没有压力可言。实际上我只用了百分之六十的劲儿，却得到百分之百的收获。"课余之暇，他常到市郊小妹的学校去玩。因为在二姐庆龄回国后，他实际上已成了小妹的保护神和监护人。

小妹美龄住在伍德楼，每个周六晚上，宋子文都准确无误地出现在这栋洋楼的台阶上。每当听到哥哥的皮鞋声，宋美龄总是迎过去。兄妹情谊尽在不言中。有时宋美龄也到哈佛去看哥哥，但比起哥哥到她这来要少得多。久而久之，宋美龄也通过哥哥的关系，认识了当时不少在哈佛和麻省理工学院的中国留学生。作为异国求学的莘莘学子，他们以"中华"二字牵线结情，形成了一股"东方派系哥们姐们"，亲情、爱情、友情也在这时萌生。

一天在伍德楼。宋子文与宋美龄交谈着家事。

"爸爸来信了，说二姐要与孙中山先生结婚。"宋子文道。

"这是不可能的事!"宋美龄大吃一惊,"孙中山是父辈之人。"

"要知道,爱情是不分年龄的。不过,这个事倒使爸爸、妈妈很伤心。"

"大姐有什么意见?"

"与妈咪一样,反对!"

"你呢?"宋美龄又问。

"我……"宋子文道,"总之,还没想好。因为这是二姐个人的事,我认为还是不干涉为好。小妹,你的意见呢?"

"我的意见很清楚,我早说了,除了我的脸蛋还是东方人的样子,其余的都西方化了。追求民主、自由,是西方社会的主流。细想年龄大一些,那是东方的传统习俗。当然是站在二姐一边了。"

"可是,爸爸为此事很气愤。来信要我们做做二姐的工作,给她写写信。"

"爸爸、妈妈太传统了,我们又是西方思想,怎么做二姐的工作?只能反其道而行之,做做爸妈的工作吧。"

"千万不能火上加油啊!"宋子文提醒道。

说到这里,兄妹俩都笑了。

不久,宋美龄收到大姐自国内的来信,谈到二姐的结婚,企图阻拦的父母,几经努力,没能成功。二姐和孙中山已在日本成婚。

宋美龄读完信后,思想起伏。一个身栖异国他乡的大学生,其思想感情往往是非常复杂的,中国的礼教习俗是一种可怕的东西,一想到父母企图干涉二姐的婚姻,联想到自己,父母会不会包办呢?她感到害怕。

知妹莫如兄。

宋子文对小妹的初恋是知晓的。况且小妹也将真情向他作了通报。美国是一个高度开放、高度文明的国家。在中西文化的背景下,宋子文没有像传统的中国人来干预小妹的婚姻自由,相反却做了她的高级参谋，给予支持，只是告诉小妹要自尊、自重、自强，不要影响学业。直到小妹最后与恋人分手，宋子文也觉得正常。

在波士顿求学时，兄妹二人虽然不在一所大学读书，但二人学业比翼双飞，互相鼓励。

暑期结束，新的学期又到来了，宋美龄终于如愿以偿，学院将"杜兰特学生"的最高荣誉称号授予了她。颁奖典礼非常隆重，使宋美龄兴奋万分。当她从校长手中接过证书时，她激动地流泪了。

兄妹两人互相支持，互相照顾，感情甚笃。在周日，他们一同下海游泳，一起逛公园和商场；在假期，他们又一起去旅游，一起去登山，一起给父母写信……尽量打发闲余思乡思亲的痛苦。这种在学生时代建立起来的兄妹手足之情，一直持续到小妹做了蒋介石的夫人，政治并没有割断兄妹亲情。在蒋家王朝"四大家族"的争斗中，宋美龄时不时还将亲情融入政治，示意老蒋对宋子文手下留情。

一分耕耘，一分收获。

1915年，也是宋子文进入哈佛大学的第四年。这一年，宋子文以优异的成绩毕业并获得该校经济学硕士学位。当他从校长手中接过学位证书时，像妹妹一样他也流下了热泪。此时，他想得更多的是远方的祖国，和那里的爸爸妈妈，姐姐弟弟。是啊，他没辜负他们的希望！此时，他仿佛看到了爸爸那双令孩儿尊崇的目光。他没有急于归国向亲人报喜。祖国急需知识。紧接着，他来到了宋美龄的学校，向小妹做了道别，急赴纽约，进入国际银行工作并到哥伦比亚大学听课。到银行工作并不是目的，攻读经济学博士才是他的刻意追求，也是家人的心意。说破了，国际银行是见习存身的机构。

在宋子文离开波士顿的那天晚上，宋美龄也为哥哥做了饯行晚宴。

说实在的，宋美龄为哥哥取得硕士学位而高兴，又为哥哥去攻读博士而自豪。但从感情上来说，她是不愿意哥哥离开的。并不是她失去了保护神，更确切地说，她失去了一位良师益友。哥哥来美四年，给她的帮助太大了。此时，她已长大了，懂得了人生的价值和父辈的追求。在哥哥的身上，她仿佛看到了爸爸的影子，那便是：好男儿以国为家，报效中华。当她理解这一切后，便尽量高兴地与哥哥分手。

"哥哥，你去吧，不必为我担心。"宋美龄大度地说。

"好妹妹……"宋子文有些口吃，兄妹深情使他热泪盈眶。

热爱是成功之母，成功是热爱之初。

作为哈佛大学的硕士生，宋子文到纽约国际银行见习上班后，他的心情是惬意的。因为这是当代世界金融中心，并且位于繁华的曼哈顿的华尔街。他要将多年学习的理论付诸实践，实现自己的理想和人生价值，继承父辈的伟业，做中西经济贸易的代理人，为落后的祖国崛起而迈开自己人生的第一步，亦是重要的一步。

西方人办事崇尚高效，以时间高于金钱的观念，令那些银行的大小职员们，不消说工作，连吃饭、走路、说话都是快节奏的。这是令东方人不可思议的。

宋子文作为国际银行的小职员，主要办理华侨、华商向中国亲眷汇款和在国内兴办企业事宜。按理说这项工作并不十分复杂，但他却干得认真。当时中国华侨在美国人数众多，其中不乏富商和大实业家。宋子文均与他们结下深交。这为他日后回国，实现自己的理想打下了坚实的基础，也对他了解国际金融业务，提供了见习的舞台。

宋子文的工作是忙碌的。只有每天的傍晚是属于自己的。送走了华侨、华商客人，整理完卫生，在院子里洒上清水，在自己的房间摆出那张活动的桌椅，打开自己的公文包，便埋头学习，或做笔记，或去近郊的哥伦比亚大学听课等。

平心而论，要做到工作、学习两不误是不大容易的。

心中大志在，何求办不到？宋子文靠他的勤奋和天才，每天都与时间赛跑。工作不误，学习良好。有时，他还能抽出时间，去波士顿看望在那里学习的小妹，给她些零花钱。实际上宋美龄不缺这些钱，但这表明了兄对妹的小小情谊。宋美龄也是高兴的。每次她都感谢地收下，并问一些牵挂的事情。

"家里来信了吗？"宋美龄问。

"二姐来信了。"宋子文道。

"OK，说了些什么？"

"爸妈都很好，二姐当了孙叔叔的秘书。孙中山的革命事业已成了爸爸的事业。大姐已与'哈哈孔'结婚。爸爸还说要来美国为孙中山的革命事业筹款等等。"

"关于爸爸要来的事，昨天我也收到了妈咪的信。关于大姐、二姐的消息妈咪并没告诉我。"

只有这个时候，他们才感到"家书抵万金"的沉重。

兄妹分别两年后，也即是 1917 年，宋美龄从卫斯理文理学院毕业。宋子文也在哥伦比亚大学获得了博士学位，真正做到了工作、学习两不误。在祖国的召唤下，在父亲的催促下，兄妹二人顺利完成了他们在异国求学的任务，结伴回国。

初恋风波

　　老板家的千金追宋子文，惊得家长棒打鸳鸯散。后来有人感叹这段姻缘，批评其没有远见。最终这一消息登在香港的《大公报》上。盛氏家长看了消息也是追悔莫及。

在那大海蓝色波涛的深处，启明星刚在天空中闪烁时，一只孤独的客船张满风帆，如箭一般地在海涛中搏击而行。

经过多日航行，宋子文终于回到了上海。六年前，他是从这里登船求学；六年后他以经济学博士的身份回到了这里。六年的时间虽不长，却给了他知识和力量，令他踌躇满志，血气方刚。

在上海港，父母以骨肉深情迎接了他和小妹。时空把他们隔开，时空又让他们团聚。亲情的话儿说不完，直到海关的钟声"咚咚"响起，他们才驱车驶回温馨的家。

这时的1917年，国内形势有所缓和，孙中山先生所领导的革命大本营，已由日本转移到国内。宋氏一家人也结束了流亡生涯。在举国讨袁声中，袁世凯这个窃国大盗，在国人的一片唾骂声中一命呜呼。此时，有人认为，袁贼已死，天下太平。而宋查理自有主见，对形势并不乐观。他主张为恢复约法应继续斗争，并积极协助孙中山先生起草《恢复约法宣言》。

宋子文和宋美龄的回国，使宋家的晚餐喜气洋洋。妈咪让仆人做了几个菜，加了法国葡萄名酒，以示庆贺。全家围着餐桌，谈笑风生，尽享天伦之乐。

"爸爸，我的工作……"宋子文抹抹嘴角问。

"本来，我想让你留在身边，统管财务。这也是我送你留学的初衷，大概你也知道。"说到这里，宋查理叹了口气，"形势不由人啊！国家已成这个样子，国将不国，军阀混战，烽火连天，不消说搞经济，就是连性命也难保全。国乱则民不安。爸爸已经与孙先生捆绑在一起，以兴国立邦为旨，铲除军阀割据，实现天下大同。可是这

个路还要走很长很长啊！关于你的工作一事，我已考虑很久，准备
让你去汉冶萍公司。这个大公司，是一个经营煤矿、铁矿和钢铁的
工业联合体，在国内外声誉很高。希望你能进去，发挥你的才能，
做出些成绩来，让爸爸看看。"

"爸爸，我听你的安排。"宋子文显得有些激动。

"不过，盛总裁还没有给我最后回信。我相信我们是多年的至
交，他会给面子的。"宋查理说到这里，站起来，"由小到大，一个
人连一个厂都治理不好，难成国家栋梁之才！子文，我说的对吗？"

"是，爸爸。我相信我的知识和我的异国关系，我能胜任的。爸
爸，请你放心。"

宋查理打量着西装革履的儿子，精神抖擞，因酒喝得多了些，
满面红光。在儿子身上，他看到了自己的血脉、自己的希望。"OK，
爸爸现在就给盛总裁去电催问。"

"谢谢爸爸。"

"你若是干得好的话，等革命胜利了，我向孙先生推荐你当国民
革命政府的财政部长，好吗？"

"爸爸，那是远话。让我从第一步开始吧！"

宋子文在上海与亲人团圆不到一周，在汉冶萍公司盛宣怀总裁
的催促下，便去武汉报到。

汉冶萍公司是中国最早的钢铁联合企业。统辖汉阳铁厂、大冶
铁矿和萍乡煤矿。1889 年（光绪十五年）春，两广总督张之洞等筹
划在广州建立铁厂，同年他调任湖广总督，筹办的炼铁厂也随迁汉
阳。1890 年在大别山下动工兴建铁厂。接着又决定在大冶开采铁矿，
1891 年大冶铁矿投产。1893 年汉阳铁厂基本完工，共有六个大厂，
四个小厂，炼炉两座，1894 年投产。开始均为官办。从筹办起至
1895 年，共用经费 580 余万两白银。中日甲午战争后，清政府因无
力筹措经费，于 1896 年改为"官督商办"，由盛宣怀招股 100 万两

接办。1898 年，为汉阳铁厂燃料，又招投 100 万两，开办萍乡煤矿局，在江西萍乡开采煤矿。厂、矿经营腐败，不几年负债高于股本。1908 年盛宣怀批准合并扩充，名为"汉冶萍煤铁厂矿公司"。实为"商办"，实权仍为盛把持。辛亥革命前夕，汉阳铁厂工人约 3000人，每年出钢 7 万吨；萍乡煤矿工人 3000 余人，每年出煤 60 万吨。腐败情况更甚，连年亏损。从 1903 年起，盛以厂、矿财产做抵押，陆续向日本借款，用生铁和铁砂廉价抵偿，公司逐渐为日本人控制。北洋政府和国民党政府时期，又续借大量日款，公司大权旁落入日本人手中。

1896 年（光绪二十二年）盛宣怀接办汉阳铁厂后，招募商股很不顺利，遂依靠兴借外币来维持和扩建。从 1902 年到 1906 年，汉阳铁厂先后三次向日商大仓组、兴业银行和三井物产株式会社借款 425万日元，约合库银 301 万余两。1898 年开办萍乡煤矿，又先后向德商礼和洋行、日商大仓组、华俄道胜银行借款。1908 年，汉阳铁厂、大冶铁矿和萍乡煤矿合并组成汉冶萍煤铁厂矿公司，预定商股 2000万元；其中由老股升值的占 500 万元，尚有 1500 万元需另招新股。但只招到百余万元，又不得不向日本借款。因此汉冶萍公司长期受到日本人控制。自 1899 年汉阳铁厂同日本八幡制所订立通易煤铁合同起，盛宣怀就开始同日本商人勾结。合同确定大冶铁矿砂除汉厂自用外，应尽先售与日本，八幡制铁所可以预购。从 1908 年到辛亥革命前夕，汉冶萍公司举借外债 12 笔，其中借自日本人的有 6 笔。借款都以厂矿财产和铁砂为担保，铁砂售价由双方议定，不受国际市场的影响，截至 1911 年，该公司总计用银共合银圆 3200 余万两，除股本 1000 万两外，其余 2200 余万两都是债款。负债既多，利息负担自然极其沉重。自盛宣怀接办至辛亥革命时的 15 年间，汉冶萍三厂矿先后支出的借款利息和股息共达 1000 余万元，约占同期总支出的 1/3。北洋军阀统治时期，该公司又继续向日本借款 17 次，借款

第四章
初恋风波

总额共约 370 万日元和白银 262 万两，受日本人的控制更加严重。对于博士生的到来，总裁盛宣怀和其子盛泽丞总经理表示出热烈欢迎的诚意，并为宋子文举行了接风晚宴。出席晚宴的，不光有盛宣怀和他的朋友，还有其家人，包括他的 18 岁的爱女盛谨如小姐。

席间，盛宣怀问："为什么不让你爸爸与你一起来？"

"爸爸很忙，抽不出身。"宋子文回答。

"我和你爸爸是老朋友了。当年为修筑中国的第一条铁路——淞沪铁路有过深交。你来，我并不只看重关系，而是注重你的人才难得。在美国，读了几年书啊？"

"在哈佛大学读了四年，在哥伦比亚大学读了两年。"宋子文一一作答。

"好啊，你是洋博士，我们公司也就缺这样的高等人才。"

"总裁，我的工作？"

"你的工作，当然要学以致用，主要是帮助你大哥盛泽丞管好账目。"接着，盛宣怀又把其子盛泽丞介绍给宋子文，"这就是你的总经理，我的长子盛泽丞。今后你们就在一起工作了。"

"欢迎欢迎。"盛泽丞伸出热情的手。接着又把小妹盛谨如介绍给宋子文，"这是我的小妹盛谨如，也是我的助手。"

"欢迎欢迎。"盛谨如莞尔一笑，楚楚动人。

"请小姐多多关照。"宋子文深鞠一躬，风度翩翩，给小姐留下了美好的第一印象。

席间，大家谈笑风生，好不热闹。盛谨如小姐不时地往宋子文碗里夹菜，倒使宋子文不好意思起来。

在宋子文来公司三个月后一个落霞的傍晚，爱情悄然地向他走来，使他猝不及防。本来一心扑于事业的宋子文，像所有男人一样，先建业后立家，并没有把爱情放到日程上来。他听了盛谨如小姐的表白，心里一时没有了谱。

爱情，多么撩人心扉的字眼！

上帝缔造了人，人就有爱和被爱的权利。爱和被爱是幸福的。这叫"自由"，亦为缘分。然而在"媒妁之言，父母之命"的封建社会里，自由会被扭曲，缘分也会被割断。

盛谨如小姐是拿着一张上海《金融时报》走进宋子文办公室的，报纸上登载着宋子文的大名，称他是"金融界的理财好手"、"汉冶萍公司的希望之星"，文章中大量列举了宋子文来公司后的几项大的举动，称他是公司的"智多星"。对这张报纸宋子文不屑一顾，可是，姑娘的爱火却在燃烧。她看着宋子文不屑一顾的样子，说："中国的金融界还有第二个子文吗？"

宋子文抬头看了看小姐一眼："好厉害的一张嘴！"

姑娘斜眼看了一眼宋子文："你这个人好怪噢！人家喜欢你还得让人家自己说出口。"

"你喜欢我什么？"宋子文道。

"我喜欢你的人品，还喜欢你的才能，你能答应我吗？"姑娘笑道。

宋子文摇摇头，心事重重："你是总裁的女儿，我岂能高攀得起？"

"总裁又怎么啦，他也是人呢，他也有自己的心上人。"说着她走到宋子文身边，用手指抚摸着宋子文的双肩，"我爱你，这并不是一时的冲动，从你到公司的第一天起，我就喜欢上你啦，一直到现在我才来求你，请你答应我吧？"

"怕是不行吧！"宋子文摇摇头，他认为自己很开放，没想到姑娘比自己还开放。

在谈对象方面，宋子文已有不少教训，当年在美国求学时，也有几个比较好的美国姑娘锲而不舍地追求他，终因中西文化的差距和父母的反对而"落果"，至今心中的伤口还没痊愈。面对如花似玉的盛谨如小姐，他不敢有非分之想。

"你怕什么，怕我爸我妈不同意？"盛谨如小姐直言相问。

宋子文点点头没有说话。

"明天我就给爸爸妈妈说，让你到我家来做客，公开我们的关系。"

"没那么简单吧，一下子让你爸爸妈妈接受我，那是不可能的，也得容一段时间让我考虑考虑。"宋子文的脸微微发红。

"还考虑什么呀！难道我不配你吗？我这个人就喜欢痛快。"

"那你也得容我和我的爸爸妈妈说一声吧！"

"OK，就这样定了。"

……

人说，爱情是人生的堕落。可宋子文和盛谨如的爱情却是事业的完美。在他们相爱相敬的日子里，宋子文好像换了一个人似的，昔日不爱打扮的他竟打扮了起来，精神焕发，常常埋在办公室里，一干就是半宿。盛谨如小姐常常陪伴在他的身边，端茶送水。只有在假日里，他们才能在湖边散步，清澈的湖水倒映着他们相依相伴的身影。

世上没有不透风的墙。

当宋子文和盛谨如的爱情悄悄向纵深发展的时候，此消息已传到盛家父母的耳朵里，令盛家父母吃惊和震撼，他们是从儿子盛泽丞口中得知的。开始，二老不相信，可盛泽丞把听到的和看到的，一五一十向父母做了交代，父母这才确信无疑。

女儿盛谨如是他们的掌上明珠，19岁正是怀春之龄，才貌出众，他们对她寄予极大的希望。关于爱女的婚姻，父母早已许配门当户对的他人，那男孩子长得英俊潇洒，现在清华大学攻读硕士，只因小女年幼，事先没有公开。

听到消息的这一夜，盛家父母睡不着觉了。

"宋家门户哪有我们显赫。这叫门不当,户不对,成何体统!"盛父咻咻不止。

"小女也太糊涂了,也太不懂事了,这么大的事也不给父母说一声。"盛母也紧敲边鼓。

"要说子文吧,本事也有,但他毕竟是个打工的,阅历还浅。虽说喝过几天洋墨水,但毕竟是个穷书生。他要追求小女,也是'癞蛤蟆想吃天鹅肉'。"

"谁追谁,那也不一定,要是小女追他呢,那话就另一说了。"

"要是生米做成熟饭了呢?那该怎么办?"

"不可能,不会那么快。"

"你敢保证?"

"都怪你,你养女不管女。"

"我养的女,难道没有你一份吗?"

"好好好,算啦,明天我就把子文调走,走得远远的。"盛父使劲地掐灭了烟头。

第二天。

一个花好月圆的晚上,宋子文找到盛谨如,向她告别道:"明天我要走了,请你保重。"

"上哪?怎么回事?"盛谨如感到吃惊。

"你应该比我清楚,问你的父亲吧,现在我要收拾东西。"

"今天,家父是训了我一顿,我也没客气,是我追的你,非你不嫁,家父生气,但并没有说把你调走之事。"

"你父亲不同意,我看就算了,各奔前程,有什么不好!"

"不,我不同意!爱是自由的,我喜欢你,他们谁也抢不走。"

"不要这样,父命为天。"

"不,我现在就找他去理论,坚决不让你走。"盛谨如说完,哭着跑了。

第四章
初恋风波

"谨如！谨如！"

任凭宋子文呼叫，她头也不回。

在讲究媒妁之言、父母之命的封建社会里，盛谨如也没有在父母那里讨回公正，只能眼睁睁地望着心爱的人儿走向远方。

宋子文走后的一年，盛谨如在父母的逼迫下，也出嫁了。宋子文得知这一消息，愤然辞去了江西公司的工作，去了广东，找到二姐夫孙中山，参加了革命，不久做了广东省银行行长，后出任国民党中央财政部部长。

后来，在盛宣怀之女出现婚姻危机时，有人感叹这段姻缘，批评盛氏家长，没有远见卓识，只顾眼前。最终，这一消息登在了香港的《大公报》上。据说，盛氏家长看了这则消息也是追悔莫及。

再后，宋子文登庐山，巧遇九江富商张若虚之女张乐怡，就是这次见面引起了宋子文对往日失恋的回忆，难道天底下还有比盛小姐漂亮的女孩？此前他曾发誓不娶，可是自从他与妙龄少女张乐怡一见钟情后，那种不可遏止的情感便一发不可收拾了，直到把她追到手。1928年秋天，春华秋实，宋子文与张乐怡的婚礼在上海举行。虽然婚礼比不上蒋介石的隆重，但仍然令平民百姓称荣。婚礼不久，张乐怡之父张若虚便谋了个副县长的头衔；张乐怡之弟一跃成为宋子文创建的税警团的团座。又一部传奇在当地人中传开……

第五章

追随孙中山

经济拮据的广州革命政府迎来了洋博士，点土成金，紧缩财政，舌战李宗仁，一次筹款500万元，解决孙大总统的燃眉之急。孙中山感动万分地对宋子文说："拿酒来，我要为你祝贺！"

正当宋子文与盛小姐热恋的时候，孙中山离开上海来到了广州。

孙中山这次南下是粤军将桂系军阀驱逐出广东后，粤军将领许崇智等邀请他回广州主持政局。

孙中山二次回粤，又投入紧张而繁忙的工作中。庆功宴后，便重新召开国会，建立国民政府，不再是军政府。

经过努力，4月7日非常国会在参议院议长林森的主持下，召开参众两院联合会，到会的国会议员二百二十多人，不少人是从上海、北京等地专程赶来。会议选举孙中山就任大总统。在222张选票中，孙中山得票218张，众望所归。会上还通过了《中华民国政府组织大纲》。

1921年5月5日，孙中山就任"非常大总统"，并同宋庆龄一起检阅了十万市民的庆祝游行队伍，随后又亲自参加了游行。

"中华民国政府万岁！"

"实行共和，建立共和！"

"民权主义万岁！"

晚间，孙中山夫妇观赏了广州人喜爱的灯会，各色精致彩灯，造型各异，色彩缤纷，竞放光辉，令人大饱眼福。

孙中山就职后，任陈炯明为内务总长兼陆军总长，伍廷芳为外交总长，唐绍仪为财政总长，汤廷光为海军总长，李烈钧为参谋总长，马君武为总统府秘书长，廖仲恺为财政次长，伍朝枢为外交次长。

一个月后，游行改成了打仗，战火重起。

总统孙中山下令要打倒桂系军阀陆荣廷，广东和广西两省之间

第五章
追随孙中山

爆发了战事。孙中山指挥军队迅速攻占广西主要内河港口南宁、梧州，直捣桂林陆荣廷经营了十年之久的老巢——桂林。

12月4日，孙中山带着一个警卫团到桂林组织大本营，准备出师湖南北伐。

漓江，猪皮滩。

这是漓江最大的一滩，延伸数里，水流湍急。

江上，百十条船只逆水而上，搏浪向前。

沿江岸边，上千名纤夫发出震天动地的号子声，艰难行进。不时有纤绳断，船只冲撞的情况。

孙中山着薄绒中山装，执手杖，摘下头上的拿破仑式帽，在马湘等副官、卫士陪同下沿岸边步行。

胡汉民从后面匆匆赶来："先生，仲恺来电，陈炯明对北伐仍持反对态度，既不愿调拨粤军参加，又不愿供给饷械。"孙中山听后不语。

胡汉民说："还有，共产国际代表马林，由张太雷陪同到了广州，希望能来大本营和先生会晤，并转达列宁的问候。"

孙中山的情绪明显好转："哦，他们受得了旅途的劳累吗？"

胡汉民说："仲恺把情况都介绍了，他们执意要来。"

孙中山点点头说："好，革命党人就应该是肯为主义吃苦牺牲的人。"忽而又感叹一句，"辛亥以前，我们党内这种人是很多的。"

北伐大本营设在桂林独秀峰山麓的王城。这里是元、明两朝藩王的故宫，也是清代乡试的贡院和民国初年的省议会。这里有一座钢材建筑的大礼堂，环境优雅，风景秀丽。

孙中山曾于1921年11月9日，将他在桂林北伐军大本营的决定电告蒋介石，并请他"节哀速来臂助"。蒋介石已在当年11月23日将亡母安葬完毕，但他迟迟没有动身。经廖仲恺、胡汉民、许崇智等迭次电催，才于12月22日抵广州；次年1月18日到桂林北伐军大本营，孙中山任他为第二军总参谋长。

1922 年 2 月的一天。桂林北伐军大本营指挥部内，要员满座。总指挥孙中山先生在主持一个军事会议。众将军正沉浸在讨桂之战结束、两广统一的喜庆之中……此时孙中山目扫一周，站起身来走到战区态势图前停了下来，润了润嗓子道："两广统一之战的胜利，只是第一步，打倒北洋军阀，统一全国，实现共和，实现民主自治，才是我们最大的目标！有人反对北阀，那是目光短浅的地域之见。"接着，他用指挥棒指点着地图，"仗要一个一个地打，北洋军要一口一口地吃掉。目下，我们第二个目标，由桂出师北上，穿湘北直插湖北！"

第二天一早，孙中山又到前线视察地形，当发现宜于攻守的险要地段，孙中山都要作战参谋做了详细记载，标在图上……

正当孙中山在桂林准备北伐的时候，宋子文与盛小姐的婚约，在盛父的干涉下，处在危机之中。恰在这时，宋庆龄接到大弟的来信。信是从广州捎回来的。信中谈了他的处境和苦衷，恳切地要求到姐夫身边来，做一些力所能及的工作。同时宋庆龄也看到血气方刚的宋子文，早已关注这里的战事。

孙中山视察地形回来，宋庆龄把信拿给孙中山先生看。

孙中山看后道："现在是用人之际，革命队伍越大越好，他愿来我双手欢迎啊！再说他到底是喝过洋墨水的人，懂经济会管理，等北伐胜利了，大有用武之地。"

宋庆龄道："那我就给他回信了？"

"好吧，代我问好。"

处在苦闷之中的宋子文，接到二姐的来信，着实激动一阵子：革命在向他召唤，他似乎看到了光明。宋子文真正抵达广州是 1923 年的 10 月下旬。

这天刚下完一场小雨。

第五章
追随孙中山

孙中山开完一个会回到家里见到了宋子文。作为直系亲属，自然受到热情的款待。

"怎么来得这么晚？"孙中山直言相问。

"接到你们的信，公司的事情拖了我一阵子，在上海又停留半个月，家里又有一些事，妈咪身体不好，我又不能急行。"宋子文道。

"妈咪身体怎么啦？"宋庆龄插言问。

"老毛病了，心脏不好。我来前基本稳定了。"

"听说你在汉冶萍公司做秘书工作？"孙中山又问。

"是的。"宋子文点点头。

"我这大本营正缺一位能干的秘书，那你就先实习吧，等工作和环境熟悉了，再搞你的本行。"孙中山把目光投向宋子文。

"是，总统先生！"宋子文双脚一并，敬了个军礼。

孙中山哈哈笑了："在家里不必这样。明天我就让他们下令。不过要干好啊！"

从此，宋子文的政治生涯揭开了新的一页。

当时的广东革命政权经费奇缺，着实令孙中山头痛。这时宋子文看得比较清楚，力谏孙中山道："经费紧张的事我已经看到了，有些事不知该说不该说？"

"你是学经济的，有什么好的建议只管讲。"孙中山道。

"当前的财政已经到了不整不足以维护政权的地步，我想应采取一些严厉的措施，也叫紧急刹车。这些紧急措施主要有三项：一是设立对橡胶、甲醇和制造化肥用的硫酸铵征收特别进口税，仅此一项就是一个不小的数字。"宋子文说到这里用巴掌翻了翻，"大概每年可征收 500 万吧。"

"讲得很好！"孙中山高兴地说。

"二是由革命政府发文，要求广州的每个商人都必须'借给'政府 5 至 500 元，渡过难关。这少说也有 30 万元。三是规定向在饭馆就餐者征收 10% 的附加税，征收清凉饮料税，对专卖药品、化妆品、婚礼、葬仪、宗教仪式、人力车都要实行征税。"宋子文一口气说出了以上的措施。

"好！你写一份书面文字，我马上办理。"孙中山一下子从凳子上跳起来，大为赞赏道，"到底是喝过洋墨水的人有办法！"

随着这些措施的陆续实施，终于使革命政府渡过了一个又一个难关。宋子文的才干也在孙中山眼中得到了升值。1923 年 10 月 27 日，正值两广盐运使邓泽如辞职，伍汝康继任，孙中山便任命宋子文为两广盐务稽核所经理。很快，又委任宋子文以筹备建立中央银行的重任。中央银行成立后，宋子文理所当然地成了中央银行首任行长。

一个职务犹如一副担子。

虽说是中央银行，有名无实。用钱的地方多，进钱的地方少，况且账面上的钱又不多。不消说北伐，单单维持正常的开支就很困难了。

困难，是对人之考验。

困难，也是一面镜子，更照出宋子文的精明。

宋子文并没被困难吓倒，他用他的智力、他的聪明、他的才干，一次又一次使孙中山渡过危机的难关，显示出当家理财的"智多星"，深得大总统的赞誉和赏识。

宋子文在当家理财中，像孙中山先生的"大管家"，每一笔账目，每一笔财源，每一项开支，都精打细算，有轻有重，有缓有急，既考虑眼前又考虑长远。一分钱掰成两半花，"好钢"用在刀刃上。用他的话说："吃不愁花不愁，计划不到发了愁。"

宋子文与众不同的即是宏观清楚，微观不失控；确保重点，兼顾全面；八方敛财，精打细算；强化政府，加强税收。具体当归为"五字方针"，这便是：

精，即是精打细算，无论是开支或收支，账目清楚，用法合理；

保，即是确保重点，分清主次矛盾，不该花的一分不花；

整，即是整顿金融秩序，严格财经纪律，纳入法制管理；

苛，即是苛政，税收应该统一归国民政府筹划，各地方财政不得擅自立规；

监，即为监督体制，所有财经公开，即为取之于民，用之于民，实行全民监督，杜绝腐败，杜绝贪污。

殊不知执行起来还有一段距离。这就要求政府和财政长官，不但要发号施令，还要率先垂范，身体力行。国无法不行，有法不依又不行。宋子文为此洒下了血汗，同时在复杂的实践中也显露出他的全部智慧和才能……

那是一个月高风啸的寒冬。

面对着财政的拮据，有些地方的税收一时上不来，尤其是"两广"统一后的广西，是个大省又是个穷省，僧多粥少，加上地方长官李宗仁拥兵自重，实行地方保护主义，不消说他们给中央交税，每年还伸手向中央财政要钱，无疑给中央背上了沉重的包袱。屡屡交涉，使宋子文伤透脑筋。

宋子文在办公室里踱着步子。

窗外呼啸着呜呜作响的北风。

如坐针毡的宋子文已经抽掉了第八支雪茄，当他再燃起第九支雪茄的时候，电话铃声响了。

宋子文走过去拿下听筒，里面传出了李宗仁的声音。

"财神爷，我已到广州。"

"什么时候到的?"

"刚刚下车。"

"有急事吗?"

"我广西的弟兄揭不开锅了，找你要饭吃。"

"请你过来谈，不过，我虽是财神爷，却没开财神店，你要有思想准备啊。"宋子文也针锋相对。

交谈持续了两个多小时。

与其说交谈，不如说是舌战。

谈判当然少不了火药味，少不了公说公有理，婆说婆有理。

宋子文开门见山："大有大的难处。你们广西，作为中央财政，已经补贴不少。再说你们的税收上不来。小河无水大河干。这是最明白不过的道理!"

李宗仁摊开双手："我不管你中央财政收支情况，那是你们的事。我作为一地之主，既属君管，叫中央统管也好，叫什么名字也行。军队是你们的军队，我这个乌纱也是你们封的。我有难处，中央不能不管!"

"中央的财政从哪儿来，说破了还不是地方的支持。广西的税收全部归你还不行吗?"

"广西是个穷省，穷省岂能与富省相比! 既是中央统管，还应有个调节问题。希望宋行长在调节上给我们做点文章。"

"我这里收支难以相抵。中央已经对你们补贴不少了。再调节政府正常开支就无法维持。"

"不管怎样，请你行长开绿灯。"

"不当家不知柴米贵。"宋子文不敢贸然答应下来，"作为政府，也有难处啊，目前，不怕你笑话，我已从家父的私产中拿上了部分钱。广东的财政也是竭泽而渔。为了替政府和军队筹措经费，已经到了横征暴敛、山穷水尽的地步。"

第五章
追随孙中山

李宗仁听到此，"扑哧"一声笑了："我的银行行长，也在逼良为娼了。"

"哎，不这样办，都来要钱，我也无法啊！"宋子文动起了感情，"谁叫我当这个行长呢！"

李宗仁沉思片刻："是啊，我也能体会到。亏你用了这狠心的办法，否则这个摊子，改一改人，就收拾不了。为革命而行苛政，其功过是非，真是无法定论了。"

"我已经把脑袋准备好了。"宋子文说完摊开了双手。

当李宗仁离开这里后，再也没为军费支出找过宋子文，而是开始用"魔高一尺，道高一丈"的自救做法解决地方军费问题了。

宋子文送走李宗仁后，接着又筹划着广东金融界的元老会，目的无非是两个字"要钱"。借也好，送也好，不兑现不散会。不过，他的口气很婉转，很动听，人说有外交之才。

随着北伐军的节节胜利，宋庆龄美言丈夫，而丈夫却不以为然，他还幽默诙谐地说："要说我有功，不如说你推荐的财神爷有功！到底是喝过洋墨水的人有办法，不保守有创造。"

宋庆龄听后嫣然一笑。对于弟弟，她是看着长大的。在学生时代，她没有发现弟弟什么特殊的天才，只是爱做一些吓人的恶作剧，令她们姐妹开心；他重姐弟义气，尊重各自的感情，有时又不免带些孩子气；他学习刻苦，不懂善问，有时又显得书生味十足；他爱交际，从不交一些不三不四的朋友；他对人诚恳，遇事爱打抱不平，但从没为父母惹出乱子；父母交给他的钱，他从不乱花一分，要花也花个明白；他数学成绩极好，日常算账，脱口而出……在姐姐的眼中，他永远是个没长大的弟弟。如今，宋子文在财政界崭露头角，随着人们日益增长的赞誉声，倒令宋庆龄刮目相看。

宋庆龄正在感慨中，宋子文进了门。

"大总统让我筹措500万，已按时筹足。"宋子文疲劳的脸上露出了笑容。

"哪儿筹的?"

"爸爸南洋的一位朋友。我们刚刚谈妥,明天就进账。"

"大弟学精明了,连爸爸的关系都用上了。"宋庆龄美言。

"我还不是为姐姐面子。大总统有令,我还敢不执行。"

"吃饭了吗?"宋庆龄从大弟身上看出了父辈的影子。

"吃过昨天的。"

"那我赶紧做饭,庆贺大弟筹款有功。"

"姐夫呢?"

"他刚去参加一个会。让我在家等你。"

……

当宋子文端起饭碗的时候,门外已响起了车声。

"他回来了。"宋庆龄迎了出去。

宋子文把饭碗放在桌上,孙中山进了门。

"我为了等你的消息,会都没开完。"孙中山先生一边脱外衣,一边递给宋庆龄。

宋庆龄说:"刚做好饭,你们一边吃一边谈。"

"款项的事落实了没有?"孙中山开门见山。

"你说呢,不落实我还敢在总统家吃饭。"

"先生,500万一分不少,全落实下来了。"宋庆龄插话道。

"子文,你真行!解我的燃眉之急,不然我要跳楼啊!"孙中山眉开眼笑。

"明天就到账,后天就可以支取。"宋子文道。

"太好啦,真是及时雨!"孙中山说着坐了下来,"庆龄,怎么没拿酒为大弟庆贺啊?"

"我拿酒,他不让嘛。"宋庆龄嗔道。

"都是自家人,何必那么客气。想喝我自己就拿了。"宋子文道。

第五章
追随孙中山

"庆贺就得喝酒，不喝酒哪能叫庆贺呢？来，我们俩一起喝。"

宋庆龄把酒拿到桌上，告诉弟弟："先生有肝病，让他少喝点，照顾照顾他。"

"我知道啦，姐姐，你太心疼姐夫了。"

在前方，在北伐的战场上，炮车注满了油，炮弹上了膛，一场厮杀，一场血与火的战斗重又开始。

美丽富饶的珠江的长洲岛上，黄埔军校就坐落在山坡上。

山坡上，身着黄灰色军装的学员们在进行操炮演习；操场上，学员们在操练拼杀，精神抖擞的口号声一阵阵传来……

为了给商团助威，盘踞在东江的陈炯明与石龙的土匪勾结起来，也向石滩进攻，准备进攻广州。在这种万分危急的情况下，孙中山果断下定决心，命令蒋介石立即率黄埔军校学生投入镇反。

省城，秋夜，突然响起高昂的军号声。

夜色中，戴着红色识别带的黄埔学生军跑步进入广州街头阵地，随后是工团军、农民自卫军的队伍。

西关阵地。

商团军堆砌栅栏路障和沙包掩体，架设轻重机关枪。火力猛烈，宛如暴风骤雨。

军旗飘扬，黄埔学生军在冲锋号中挺进，以排山倒海之势，冲越火光熊熊的街闸栅栏，跃过路障和街头掩体，向商团军压过去。

朝阳初露，海关钟声响起。

反动商团被消灭，这是孙中山三大政策的胜利，是国共合作共同战胜反动派的胜利……所有这些又成了对宋子文的鼓励和鞭策。

第六章

中山逝世

孙中山病危北京，宋庆龄悲痛至极，唤来孔祥熙说，发电广州，让宋子文过来吧。于是，宋子文成了总统遗嘱的见证人，并在遗嘱后签上了"宋子文"三字，随后他也成了名人。

公元 1924 年 11 月 13 日，一个风和日丽的上午。

广州军港。

孙中山偕同夫人宋庆龄健步登上永丰舰，向送行的党政军要员挥手致意。随着舰长令发，汽笛长鸣，永丰舰缓缓离岸，向墨蓝色的深海域驶去，任重而道远，目的地——北京。

这次孙氏夫妇的北行，是应北京"基督将军"冯玉祥之邀，共商和平统一大计。冯玉祥是直系将领，虽能征善战，却受到吴佩孚的排挤。20 天前，他趁直奉大战正酣之时，倒戈回师，发动了北京政变，赶走了由"猪仔议员"贿选出来的总统曹锟，还捎带着把已经退位的清朝最后一个皇帝溥仪逐出紫禁城，一举控制了北京。

政变成功后的第二天（10 月 25 日），冯即召集政治军事会议，决定暂由段祺瑞主政，同时电请孙中山北上，共商时局。段祺瑞、张作霖也致电表示欢迎。

孙中山一直关注着北方的局势，接电沉思良久，宋庆龄心里也犯犹豫。

孙中山痛恨军阀混战与割据给人民带来的灾难和痛苦，不愿放弃一线和平统一的希望。为了扩大国民革命的影响，加速和平统一，便毅然决然接受冯玉祥等人的北上之邀。

对于这么大的事情，或吉或凶，宋庆龄吃不准，找来宋子文商议。宋子文亦感到事非一般，他讲："此人（冯玉祥）靠不住，再说他也不是一个好东西！这次北京政变，是冯捣了他的上司吴佩孚的鬼。邀总统北上，不知又在耍什么鬼把戏？"

孙中山先生力排众议："不管他们有没有把戏，为求得全国统一，纵是刀山火海，我也得跳！"

孙中山先生已经决定，宋子文还能说什么，只是提醒孙中山说："长途跋涉，社会动乱，路上要多加注意。"

宋子文说的不无道理。帝国主义和封建军阀一致反对孙中山的国民革命，千方百计欲将其扼杀在摇篮中。因此北上之途困难重重，险象环生，有些问题难以预料。

"这些我已考虑了，是否能活着回来还很难说，不管怎么说，我到那里是进行斗争。一路平坦的话，还要我们革命者干什么！"孙中山的话颇有几分悲壮，说到这里，又话题一转，"不过，我们还要防备万一。路线可以调整，先到香港，再由香港搭日本邮轮绕上海，后到日本神户，再到天津驱车进北京，另外，多带些卫兵，加强防备力量。"

"希望你多想些困难。"宋子文再次叮咛道。

临登舰前，孙中山夫妇又在黄埔军校作了短暂停留，受到了全校师生的热烈欢迎和欢送。会议由周恩来主持，孙中山和蒋介石都讲了话，那是个何等激动人心的场面啊！

刺刀闪亮，军旗猎猎。

孙中山缓缓走到军校检阅台上。

迎面可见大字标幅："镇压商团，巩固广东革命发源地！热烈欢送孙中山先生北上主持国事！"

学员们排成整齐的队列，精神饱满，手持苏式步枪，朝气蓬勃，意气风发，斗志昂扬，正步通过检阅台，以崇敬的目光注视着孙中山。

汪精卫看着这场面感慨万千地说："镇压商团，黄埔学生军初试锋芒，冯玉祥在北京政变，又邀请先生主持国事。局面总算日趋好转！"

廖仲恺走到孙中山身旁，恳切地说："请先生训示。"

孙中山摇一摇头，沉默。

军旗随风飘动。

廖仲恺再一次劝请："先生还是说几句吧！"

孙中山右手按着肝部，凝望着这支军容整齐、生气勃勃的新型军队，不禁心潮激荡。在他眼前交替地出现了一幅幅图景：火奴鲁鲁的华侨兵队的操练；头包红巾的惠州起义军蜂拥冲来；臂缠白布的黄花岗之役的敢死队拼杀向前；辛亥革命时期的各路军民汇成汹涌的海洋……叠印的记忆又化为阳光下行进的黄埔军。他的声音哽咽，似乎是对自己说："我可以死而瞑目了。"

廖仲恺等沉默，面容戚严。

码头上站满了欢送的人群。

军人们一齐向孙中山、宋庆龄敬礼告别。

黄埔校歌高唱，响彻珠海："怒潮澎湃，党旗飞舞，这是革命的黄埔……"

孙中山深沉的目光，凝视在革命军战士身上。

战士们望着缓缓离去的舰只，热泪盈眶。

永丰舰当天抵达香港，再由香港换船，经过四天四夜的航行，抵达上海港。在上海孙中山夫妇一行受到了三万群众的热烈欢迎，盛况空前，令孙中山先生感叹不已。他们在莫里哀路寓所住了下来，看望者、拜访者络绎不绝，再加卜开会商讨国事，忙得整天团团转。本来停留主要是为了休息一下，缓解途中之疲劳。宋庆龄面对这种应接不暇的情况对孙中山说："还不如路上休息好。"因此，他们在上海只停留了四天，就又起程了。

12月4日中午，朔风怒号，船到天津大沽港，二万余名前来迎接的各界群众，已立于码头和主要街巷。孙中山夫妇立在甲板上，同欢迎的群众见面，挥手致意。在这数万群众中，其中也有一名女大学生，后来成为周恩来的夫人——邓颖超。她在回忆中写道：

第六章
中山逝世

　　我在欢迎行列中，看到为推翻清朝帝制，为中国独立、自由、民主而奋斗不息的伟大的革命先行者——孙中山先生，坚定沉着，虽显得年迈，面带病容，仍然热情地向欢迎的人群挥帽致意。同时看到亭亭玉立在孙先生右侧的宋庆龄。她那样年轻、美貌、端庄，安详而又有明确的革命信念。她以一位青年革命女战士的形象，从那时就深深印入我的脑际，至今仍然清晰如初。

　　可就在这天晚上，孙中山突发高烧，肝病复发。连日的旅途劳累和多年的忧愤积劳，终于使他病倒了。

　　孙中山一行在北上之前发表的《北上宣言》中即提出了召开国民会议解决时局问题的主张，并明确指出此会必须有工农代表们参加。但段祺瑞却故技重演，召集了一个只有旧式的将军和政客们参加的"善后会议"，作为抵制。他还擅自照会各外国公使馆，声明"外崇国信"，尊重历年来和帝国主义所签订的一切条约。此时已卧病在床的孙中山怒斥道："我在外面要废除那些不平等的条约，你们在北京却偏偏要尊重那些不平等条约，这是什么道理呢？你们要升官发财，怕那些外国人，要尊重他们，为什么还来欢迎我呢?!"孙中山百思不得其解。

　　京津线上，载送孙中山入京的专列奔驰着。

　　专列冲破迷雾，减速驶过一个小车站。小站两侧站立着稀落的欢迎人群。他们在寒风中颤抖着，手摇各色小旗。孩子们瘦骨嶙峋，睁着失神的眼睛，依在大人们身旁，注视着列车。

　　孙中山从卧榻上撑起身来，向窗外频频招手。

　　孙中山一行到京后，冯玉祥却一直没有见面。冯玉祥之所以如此，有其难言之隐。在北京政变刚开始时，确有一番革命新气象，但是后来局势逆转，政变的革命意义逐渐消失，北京的情况一天不如一天。冯玉祥不得已乃急流勇退。当孙中山到京时，冯玉祥先在天台山，后在张家口，两地均与北京相距不远，不是没有可能与孙中山晤面，而冯玉祥所以没有前去晤面，是因为当时的北京，已经是段祺瑞的天下。段祺瑞对孙中山用尽一切手段进行抵制，使冯玉祥感到如果与孙中山过于接近，必会招致段祺瑞的更加猜疑和不满。特别是冯玉祥很明白孙中山所以北来，是由于他的真诚相邀，等到孙中山抵京的时候，北京局势已与政变初期相比发生了根本变化。即使见了面，又将如何谈起呢？后来冯玉祥每与副将鹿钟麟谈及此事，总是耿耿于怀，似有不胜愧对孙中山先生之感。

因为冯玉祥主动邀请孙中山北来，当孙中山到京时，冯玉祥虽不在京，而国民军早即准备好举行盛大的欢迎宴会，但因孙中山累于病，不能出席，乃临时中止。国民军将领为了表示欢迎，特在1月6日于西车站食堂宴请孙中山随行人员，赴宴的有汪精卫等数十人，从下午6时开始，直进行到8时始散。

孙中山移住协和医院的当日下午5点，即施行手术，医生诊定为肝癌，确认是不治之症。当时虽用镭锭治疗，仅可减少痛苦，不能解决根本问题。

宋庆龄真正的痛苦不在孙中山先生得病的时候，而在她亲眼看到大夫在化验单上的癌症签字，那字虽小，却宣判了先生的死刑。痛苦中的宋庆龄含泪对孔祥熙说："子文还在广州？"

"夫人的意思是让子文也过来？"孔祥熙道。

宋庆龄点点头："让子文也过来吧，帮你一把。"

宋子文得知这个不祥的消息，心急如焚，饭也没吃，午夜径赴北京。他一面安慰二姐，一面跑里跑外，请大夫，买药品，竭尽全力，关心和照料重病中的孙中山。

1925年2月24日，孙中山病危，宋子文、孔祥熙、汪精卫、孙科心事重重地进入病房。

第六章
中山逝世

孙中山从昏迷中醒来道："汝等前来，将有何言，不妨直陈。"

宋子文犹犹豫豫，不敢言语。过了一会儿，汪精卫说："1月26日先生入院后，诸同志皆责备我等。想请先生留下些教诲之言，如先生的病痊愈无所说矣，如不痊愈吾等仍可永听教诲也。"

孙中山听后，沉默良久，然后说："我何言哉！我病若痊愈则所言甚多，吾先至温泉休养，费数日之思索，然后分别言之。假使不幸而死，由汝等任意去做可矣，复何言哉！"

宋子文四人再次请求说："我们仍愿听先生之吩咐也。"

汪精卫说："我等今已预备一稿，读与先生一一请听，先生如肯赞同，即请签字，当作先生之言。如不赞成，亦请别赐数语，我可代为笔记。"

孙中山闭目片刻，然后道："可，汝可试读之。"

汪精卫立即取出所拟文稿，即著名的《总理遗嘱》，低声慢读。

孙中山听毕，点头说："好，我极赞成。"

汪精卫取来笔具，请孙中山签字。

孙中山说："汝暂时收存可也，今日不需签字，俟数日后再酌。吾总还有数日之生命。"

3月11日，孙先生再次报病危。

这天是星期三，孙先生要求把他从那张舒适的床上移到行军床上。宋子文、孔祥熙、孙科等围绕在病榻旁。汪精卫将预备好的《总理遗嘱》呈上去，孙中山先生因手力甚弱，不停地颤动，无法持笔。晚9时，夫人宋庆龄含泪托起孙中山先生的手腕，执钢笔签上"孙文"二字。

宋子文又将孙中山的英文秘书陈友仁起草的《致苏俄同志的一封信》轻声读了一遍，先生听过后，用英文签上自己的大名。

3月12日，这是一个无风的日子。

上午9时30分，中国民主革命的伟大先行者孙中山先生在北京铁狮子胡同行辕溘然长逝，走完了一生坎坷不平的路。终年59岁。

这样，宋子文以见证人之一的身份，在孙中山的两份遗嘱上签名，并且参加了全部治丧事宜。这使宋子文的社会地位进一步提高。随着报纸铺天盖地的宣传，宋子文的名字渐渐引起了国人注目。

苏联公使馆立刻下半旗致哀。苏联政府为表示友谊还从莫斯科运来一口特殊的带玻璃盖的漆成黄色的钢棺材，这种奇形怪状的新玩意儿不符合中国的传统。不过也运来晚了，被放在一边未曾使用。

宋子文由于与孙中山的亲戚关系，加上宋庆龄对他的特殊交代，便被推为主办治丧事宜。在宋子文的建议下，在西总布胡同住宅里，专门腾出一间房子存放挽幛花圈。

3月19日，由宋子文安排，宋家为哀悼这位远行的亲人，私下举行了一次未做公开宣扬的丧礼。

接着，又在北京协和医院的小礼堂举行公开丧礼。仪式由加拉罕做主祭人，由前司法部长许崇智致悼词，充满着浓郁的基督教风俗。悼词宣读完毕。一队穿白色法衣的唱诗班打破了肃静，走过来了。他们是由燕京大学的学生自动组成，手持点燃的大蜡烛，唱着孙中山生前喜爱的歌，"甜蜜的和平，上帝博爱的礼物……"他们排在灵柩旁，在优美、壮观而简朴的仪式进行过程中，一直站在那里；在外面，成千上万的人等待着，一直等到唱诗班把送葬者从小礼堂里领了出来，哭声也从小礼堂里引了出来。在哭声中，宋庆龄悲痛得不能自恃，不得不让人搀着。

宋庆龄身穿丧服，臂戴黑纱，是那样虚弱和哀痛。她的小妹宋美龄和孙科扶架着她的双臂，后面还有宋子文、孔祥熙夫妇以及其他亲友。再后面是24个护棺人抬着巨大的灵柩。

巨大的灵柩通过北京十里长街时，街道两旁挤满了数十万送别的人群。人们早就汇集到这里，从凌晨3点到上午10点，整整七个小时。他们在寒风中等待着和伟人告别的那一刻。最后，巨大的灵柩通过十里长街，伴着人们的哭声移至坐落在白皮松林中的西山碧云寺大殿。

3月24日，发表致祭，前后参加致祭悼念的多达14万余人。整个葬礼期间，宋子文忙前忙后，不但担任葬礼的全盘主持，还兼顾着对姐姐宋庆龄的照顾和安慰。

葬礼结束后，宋庆龄含泪把宋子文叫到身边做了一番安排，宋子文即匆匆赶回广州，因为广州政府已处在群龙无首的状况。

广州的天空越来越暗。

广州的雨一下就是几天。天空中有种白滢滢的东西，似雾又似雨，正像先生的逝世一样给人压抑。街面上水明明的，似是很滑。路上很少有人行走。偶尔有一两人，都是打着蘑菇般的小伞。宋子文匆匆忙忙地赶回广州，正遇上这个鬼天气。

这雨、这天、这雾，似是对先生的哀悼。不过广东革命政府的形势还是好的，这是先生生前几经奋斗的结果。经过镇压广州商团叛乱、两次东征，击溃陈炯明反革命军队，平定滇军杨希闵和桂军刘震寰两部的叛变，革命力量得以壮大，革命根据地得以巩固和迅猛发展，为宋子文施展理财筹款的才能提供了一个难得的机遇。

宋子文回到广州不几天，宋庆龄一行也回到了广州。人们化悲痛为力量，工作有声有色。同年7月，国民政府在广州成立。广东省政府依照国民政府所颁布《省政府组织法》改组成立。广东省政府设民政、财政、教育、建设、商务、农工、军事七厅，宋子文出任商务厅长。8月20日，国民政府部长廖仲恺遇刺身亡。9月20日，国民党中央任命宋子文为国民政府财政部长兼广东省财政厅厅长，并仍保留中央银行行长与商务厅的兼职。

国民党"二大"在汪精卫的主持下，于翌年1月1日至19日在广州召开。会议决定以孙中山的遗嘱作为国民党永久的基础，宣布孙中山的在天之灵永远是党的灯塔。

　　会议从 258 名代表中选出了 36 位新的执行委员会委员，其中 7
位是共产党人。毛泽东是其中之一，他负责国民党的宣传工作。另
外，中共创始人之一的陈独秀，在广东负责国民党党务。宋子文也
被选为执行委员，主管财政。会上，宋子文报告了他的财政计划，
针对当时存在的问题，明确提出改善广州国民政府财政制度的任务，
要求在短时期内迅速统一国民政府的财政，上一台阶，并向各军政
单位提出三点紧急要求。这便是当时有名的"宋氏钱袋"。虽有几分
讥讽的含意，却为当时的财政危机解决了大问题。

　　"宋氏钱袋"大体内容有三：

　　一是核算军政各费，确定预算案。这是孙中山先生在世时宋子
文就提出了的，但并没有真正执行。

　　二是实行统一财政，无论何种部队不得从中截留。

　　三是高级机关以下及各军各部队的财政公开，并实行军需独立、
金库独立。

　　宋子文是位学者型的官员，干起工作是讲效率的。因他受西方
教育较长，时间观念较强。接着国民政府还于 1926 年 3 月 27 日公开
宣布了修正统一军民财政条例，严禁擅自征收或截留钱款。

　　随后，经过宋子文的努力，颁布了一系列条令条例，真正显示
了他的超人才能。这些条令是：

　　——清理田赋。由于"田赋之册籍湮没"，无法稽考，
宋子文特设立田赋清查处，进行登记清理工作，他还责成
各县县长将旧欠新粮，按章征收，解交国库，并要求扫除
浮收巧取之弊。对各县长解缴钱粮作为"征收考绩"。成绩
显著者，予以奖赏；违章县长，分别予以记过、记大过和
罢免处分。这样，从 1925 年 10 月至 1926 年 9 月，国、省
两库共收 301.8 万元，超过上年近一倍。

　　——清理厘捐。当时厘金税捐，名目繁多，稽核困难，

国民政府遂建立改良税捐委员会，逐渐取消苛捐重税及一切不良征收制度。将商人承包饷税制，推广到各厘税局，公开竞争投票，并将土丝出入酌收保证金。这些办法颇有成效，全年厘捐增加，每月平均达 100 万元，"实三倍于前年"。

——整顿盐务。广东国民政府在歼灭军阀邓本殷的反动军队、完全克复粤南后，即恢复了沿海各销售区的原状，并改组了盐务行政与稽核公权的隔阂，裁并运署及稽核所，将盐务总处直辖财政部，招商承包运销，"均能抽出溢额"。在盐场产地，国民政府清查产量与盐户丁口名额，取缔产场走私，并发给场业盐证。这样，产地运销配套联络一气，因而产销两旺，"比较前一年增加盐税近百万元"。

——改革印花税。印花税原本是很丰富的税源，以前由于管理不善，虽缴款领票但并不粘贴，这就给一些人以可乘之机，乱收滥罚。国民政府"徒蒙恶名"，而税收还极其微薄。1925 年 12 月，印花税归财政部接办后，宋子文一面重新公布税法，加强宣传教育，使商民养成粘贴印花习惯，一面派员认真检查，遇有违反漏贴情况，即依法处理。对于"奥可加、爆竹、烟、酒各项印花，改由检查所代贴"。仅此项收入，一年间竟达 304 万元。在烟酒奢侈税方面，过去招商承办，起色不大。财政部派员设局，加征烟、酒牌照等级税及出产入境税。结果，1926 年各月税收，已过 30 万元。

——整理沙田耕地。广东沙田多是海滨淤地。1926 年 4 月，国民政府财政部派出人员，先从沙田最多的中山、顺德两县着手，按户升科，"已熟之田，限期登录，占筑沙坦，查催补价"。1925 年 9 月、10 月间月收入仅数千元，经苦

073

心经营，逐渐加增，全年收入，有 64.5 万余元。

——设立筹饷局。在 1925 年 12 月以前，各项防务军饷，多被驻军把持据收，或任意将饷款截留。为了保证供应北伐军需粮饷，1925 年 12 月，国民政府设立筹饷总处，宋子文派出人员多次向驻军进行交涉，陆续收回了一些款项。同时，还将原来归军队附征之保护费，呈准咨请军事委员会通令取消，充作正饷。经过几个月的努力，征饷工作有了起色，在 1926 年的一段时间，"每月收数已达 140 余万元"。

——募集国内公债票与金库券。广州士敏土水泥厂（附砖瓦厂）系 1908 年建立，年生产水泥约 15 万桶。辛亥革命后，由广东省政府接管，1924 年因为战事不断，经费奇缺而停产。广东省财政厅、商务厅为帮助士敏土厂开工以及建筑黄埔商港，通过募集国内公债票与金库券，共收有 2428 万元，与 1924 年全年库收 789.6 万元比较，增加 9 倍。

在国民政府的支持下，宋子文整理财政的措施，如期取得了比较显著的成效。国民政府的收入消灭赤字逐年增长。1923 年政府收入为 1031.6 万余元，1924 年为 798.6 万余元，1925 年增至 2518.2 万元，而 1925 年 10 月至 1926 年 9 月底猛增至 8020 万余元；1926 年全年收入则为 10013.6 万余元，1927 年为 10876.8 万余元。

庞大的天文数字令人难以想象。殊不知这里投入了宋子文多少智力和心血！宋子文不是靠吹牛而是靠实干。宋子文的成功不是偶然的，也不是靠其亲属关系，而是像其父亲一样，凭才能一步一个脚印干出来的。"三朵姐妹金花"固然可爱绚丽，但也掩盖不了宋子文的功绩。难道这组数字不是最好的证明吗？

政治并不等于经济，但政治的核心是经济。经济发展会影响政权巩固。成绩使人欢欣鼓舞，宋子文也颇为满意。正如他自己所说，前半年尽其全力，将各军队及支出机关之财政权，收归本部直接管理。后半年废除庞杂无定之组织与其管辖之移置，明确系统而便稽查。然后取消不良之管理，改善租税制度。正是宋子文的卓有成效的努力，使广东革命根据地财政经济状况好转，取得突破性的长足进展。如果孙中山先生有灵，也会倍加赞赏的。

第七章

宁汉分裂

　　九江的雾大，难识庐山真面目。蒋介石与宋家大姐宋
霭龄的"九江会晤"，隐藏着不可告人的政治目的。欺骗世
人，同时也出卖了孙中山的革命，出卖了亲人……

　　与其说"天下为公"是孙中山先生的胸襟，倒不如说是他一生不泯的孜孜追求和伟大人格的体现。

　　孙中山逝世后，虽说是对革命的巨大损失，但他那不死的英灵和遗嘱，鼓舞着千千万万个后来人去继承、去实践、去攀登。宋子文揩干泪水，为广州革命政府理财使出浑身解数，终获成功。这无疑给后来革命者又加了一把火。这把"火"不是别的，而是用亿万金钱变成的枪支、大炮和石油，以及源源不断的军饷供给，使大炮昂起了头，铁军迈起了步。

　　战争的胜负在于正义，在于人心向背——这些北伐军倒不缺，缺的就是弹药、枪支和军饷。倘若有了这些，北伐军还有什么强敌不可战胜？北伐军在国人的支持下，高举着孙中山先生的革命旗帜，以摧枯拉朽、势如破竹之势，又鸣炮北进了。1926年下半年，革命军一举攻克重镇武汉，占领长江流域。

　　武汉，当年辛亥革命的第一声枪响从这里发出，改朝换代从这里起步。革命虽有挫折，今天革命军又重新攻占，岂不是大喜大庆的日子。

　　军民们走向街头，欢庆这一胜利的节日。

　　久违了，革命军！人们热泪盈眶。

　　武汉三镇，闻鸡起舞；大江两岸，锣鼓喧天。同时，他们又翘首南方，企盼革命政府的北移，跨过长江天堑，去夺取全国更大的胜利，实现孙中山先生的理想——"天下大同"。

　　形势是决定政策的依据。

　　1926年11月，广州总统府。

第七章
宁汉分裂

国民党中央一次紧急会议在这里召开。

中央充分考虑民意，考虑革命中心北移的现实，考虑前线的需要和形势的发展，决定迁都到这个有光荣革命传统的重镇——武汉。

决议无一人反对，充分表明中央政府的核心统一。

迁都方案已定，人员分两批撤退。

对此，宋庆龄是十分高兴的。她从失去丈夫的巨大悲痛中，又看到了丈夫未竟的遗志得以实现的希望。一散会，她便高高兴兴地来到宋子文办公室，宋子文正在收拾文件。

"你这个财政部长看来要走到我们后头了?"

宋子文正正眼镜道："我可没有你们利落。你们先走一步，我会随后跟上。"

"好吧，我在武汉迎接大弟。"

"二姐，你还有什么事，需要我做的?"宋子文道。

"我走后，子安、子良两位弟弟，你要照顾好。他们要回上海的话，顺便给母亲捎点礼物。"

"什么礼物?"

"我给妈咪买了一条头巾。"

"二姐，你的心真细!"宋子文似对母亲有些愧疚，"我随你去拿吧?"

"不，你正忙。我让小王给你捎来。"宋庆龄挥挥手。

随后，宋庆龄、孙科、陈友仁、徐谦、蒋作宾、鲍罗廷等人离粤北上，作为先遣队，为国民党中央和国民政府北迁武汉做准备。

一周后，宋子文处理完公务，送走两个弟弟，同汪精卫等一起也来到武汉，与先遣队接上了头。至此，迁都已全部就绪。

这时，前线吃紧。

在江西北伐的蒋介石来电，要求商谈有关军事、财政等事。中央便派宋子文和孙科前往。12月8日，宋子文又马不停蹄来到风景秀丽的庐山，开始与蒋介石的会谈。使宋子文吃惊的是，小妹宋美龄也在这里。

"小妹，你怎么也来了？"

"兴哥哥来，不兴小妹来这里玩？"

"妈咪怎么样？身体好吗？"

"只能报告一周前的情况，她很好，老念叨大哥。"宋美龄说完莞尔一笑。

"还是那么调皮。"宋子文又道，"大姐还在上海？"

"不，她也来了。现在九江。"

使宋子文意外的是，他和孙科二人与蒋介石的会谈并不顺利。一开始，蒋介石便摆出一副盛气凌人的架子，谈的不是军事、财政，而是迁都问题。有些话很难听，不是商量而是质问。他似乎感到一场暴风雨就要来了……

庐山的景是美的，庐山的雾是大的，大得使他看不出庐山的景色，而不识庐山真面目了。虽说第一次上庐山，庐山却给他留下了不泯的记忆。难怪他在后来回忆说："也许是庐山的雾太大，蒋介石给我的印象是高度错位。"

是山的因素还是雾的原因，宋子文也说不清楚。

宋子文在庐山停留了三天，第四天便踏上了回武汉的路途。一路上蒋介石那盛气凌人的模样，以及大姐带小妹去庐山的蹊跷，反复在他头脑中显现。这究竟是为什么？斗大的问号不时地在质问着他。常言道，人以群分，物以类聚。看来老蒋与大姐间有种气味相投的东西。老蒋的野心他已看得清楚，反对迁都无非是想独立，分庭抗礼，而大姐的野心，也许还有一层亲情的遮盖，没有被他看出来。

实际这时的宋氏家庭内部已经出现了第二次分裂的迹象。如果说宋氏家庭的第一次分裂缘起于一场婚姻危机的话，那么，第二次

第七章
宁汉分裂

分裂则完全是一场政治危机。导致这场危机的根源是国民党内以蒋介石为代表的右派集团，正在酝酿一场背叛孙中山遗训的反革命政变。反对迁都即是借口，其实质是要建立军事独裁统治。

果然，在宋子文回武汉不久，蒋介石看到武汉的革命形势已经脱离了自己所能掌握的程度，便着手成立南京国民政府，与武汉国民政府相对抗。这就是中国近代史上有名的"宁汉分裂"。

随着蒋介石的野心昭示，这种分裂不可避免地要反映到宋氏家庭中来。应该说，宋家大姐起了推波助澜的作用。这也是宋霭龄的个性和处境所决定的。作为女人，历史已注定她当不上总统夫人，她忌妒二妹宋庆龄已到了发疯的地步。这是宋氏两姐妹在政治上所以分道扬镳的主要原因。于是，宋霭龄不惜抛弃姐妹亲情，转而投向名声不好的蒋介石的怀抱，把未来形势的"宝"押在蒋介石身上，大有政治赌博之嫌，可见她的实用主义之足。而蒋介石也自知名声不佳，自立政府被人称"伪"，但他制变机先，深知"得天下必须得宋家"的奥秘，这也是他的高人之处。因此，先发制人，先人一步，把宋霭龄争取到南京政府一边来。这不能不说是他转败为胜的一招。这时再说起"宁、汉"两个政府，说起"蒋、汪"之争，其实变成了宋氏姐妹自身之争。

这是蒋介石变的一种戏法。于是两府都标榜是孙中山的嫡系传人，是国民党的正统政府，并不惜开动一切宣传机器，揭露、指责与攻击对方。但是，不能不承认南京政府仍处于下风，因为孙夫人宋庆龄坚定地站在武汉一边，武汉完全有理由和根据宣布南京是"伪府"，蒋介石是"独夫民贼"，这也是蒋介石的一大心病。

再说孙夫人虽说不是汉府的首脑，但在党内地位来说无人能比，不仅蒋介石难以望其项背，就连汪精卫也难以与其争锋。因为只有她才可以说是孙中山的忠实革命伴侣和亲密战友，是孙先生的革命政策的坚决捍卫者、保卫者，乃至继承人。因此，蒋介石欲自立南京政府以来，一直在做争取孙夫人宋庆龄的工作，包括拉拢宋霭龄上船，也是这个目的。然则，宋庆龄对南京政府的不承认和对蒋介石的绝断态度，又使他很清楚孙夫人绝不是一个苟同的人，这使他对宋庆龄感到既恨又怕。

应该说，在武汉政府除了宋庆龄以外，宋氏家庭的另一个重要成员宋子文也是蒋介石争取拉拢的对象。宋子文虽不像宋庆龄那样显赫、在政治上居于重心，然而却掌握着武汉国民政府的财政大权。又由于他与江浙财团的业务关系，在财政方面具有举足轻重的重要作用。争取到了宋子文，也就是争取到了江浙财团的支持，这对南京政府来说，也是成败的关键。遗憾的是，这个宋子文，在蒋介石眼里一向自视清高，也跟在武汉国民政府的后面跑，并不把蒋介石放在眼里。

古人言，降龙先擒首。虽然宋氏家庭的两名重要成员都与南京对抗，但是蒋介石还是首先俘获了宋氏家庭的大阿姐宋霭龄。苍蝇不叮无缝的蛋。他很早就发现这位孔夫人在党内虽没有位置，但在家庭大事上却是一人说了算。往往社会的问题不好解决，拿到家庭上解决便会迎刃而解。同时她对时局还有诸多见解，竟往往与自己不谋而合。于是，蒋介石在率军北伐途中到达南昌的时候，就曾经秘密差人到上海送信，邀请宋霭龄到九江会面，磋商要事，以便争取她的助力。宋霭龄接信后，当即搭乘中国银行的船赶到九江。但是，宋霭龄并没有下船，而是着人把蒋介石请到船上，与蒋介石做了24小时的长谈。事后，她又把小妹宋美龄请到庐山陪蒋介石玩了几日。只有这次被宋子文撞到了。宋子文纵有三个脑袋也不会想到大姐做手脚。

关于蒋介石和宋霭龄的九江会晤的具体内容，只有天知地知了。但是有一个人倒是记住了这次谈话的内容，她不是别人，正是蒋介石的第三夫人陈洁如，也是这次会晤的直接受害人。在近年来披露的陈洁如回忆录《我做了七年蒋介石夫人》一书中，陈洁如回忆说：

> 蒋介石与宋霭龄会晤后，宋径自回到上海，蒋介石则
> 回到他们当时在南昌的临时住所袁宅，并一五一十地将经
> 过情形全部告诉了陈。蒋介石说，在这次谈话中，两个人
> 以讨论当前的政治时局为突破口，渐渐深入，谈到即将形
> 成的两个政府、谈到可能遇到困难时，蒋介石则向宋霭龄
> 摊牌，请求宋霭龄对他给以紧急救援，如果成功，天下
> 平分……

蒋介石的聪明在于他看透了一个能帮他大忙的人。也正如他事
先预料的那样，这一次他又亲见宋霭龄施展其才干的风采，着实眼
界大开。宋家大姐宋霭龄果然是宋家三姐妹中最有手段、最有头脑、
最有办法的，她不但意志坚强、精力充沛，而且是一位醉心权势、
灵活狡诈、野心勃勃、讲求实用的女人。金钱和权势是这个女人最
热衷的全部灵魂。因此，蒋介石把反败为胜的赌注与希望完全寄托
在这个女人身上。结果会晤很成功，并没有使蒋介石失望。在会谈
中，宋霭龄单刀直入，有板有眼，首先帮助蒋介石分析了时局和蒋
介石目前所处的危险境地。接着宋霭龄站立起来，明确地告诉他：
"你是一颗明日之星。要让你这颗明星陨落得与升起时一样快吗？今
天，鲍罗廷的意旨是要夺走你的权力，交给加伦将军。你定会被他
们除掉的，只是时间迟早罢了，这点毋庸置疑。"说完这番令蒋介石
毛骨悚然的话，宋霭龄接着又帮他剖析："难道你怯于斗争，乖乖接
受失败吗？我要老实告诉你，你如单枪匹马为国民党的目标奋斗，
我可以说，你纵使有此精神，但却无足够的力量推动你的工作。但
是，精神并非一切。这个解放并重建中国和制定国家宪法的重责大
任，需要很大的影响力、金钱与威信。照目前情形，这些你一样都
没有。环绕在你周围的，净是些无能懦夫，其兴趣所在，无非私利

而已矣。他们所汲汲营求的，无非一己的私利私益，并非你的目的。你当知这些都是真话。"

话到这里，宋霭龄见蒋介石面色惨白，神情悲哀而凄惨，并且一个劲地搓手，已知自己的一番说辞击中蒋介石的痛处，当下话锋一转，开始这次会谈的核心问题。宋霭龄说："不过，局势也并非绝望。我愿与你做成一项交易。是这样的，我不但要如你所愿，怂恿我的弟弟宋子文脱离汉口政府，而且还要更进一步，他和我并将尽力号召上海具有带头作用的大银行家们，以必要的款项支持你，用以购买所需要的军火，俾得继续北伐。我们宋家人拥有所有的关系和门路。你自己知道，你不会再从汉口获得任何经费或支援。而作为交换条件，你要同意娶我的妹妹美龄，也要答应一旦南京政府成立，就派我丈夫孔祥熙担任阁揆，我弟弟子文做你的财政部长。"

对于宋霭龄开出的价码，蒋介石没有反对，或许正是他求之而不得的目标。于是，他向陈洁如转述的时候说：

> 我已走投无路。她开出很凶的交换条件，但她说的话却有道理。我不能期望汉口方面再给我任何金钱、军火或补给，所以，如果我要继续贯彻我那统一中国的计划，她的提议乃是唯一解困之道。我现在请你帮助我，恳求你不要反对。真正的爱情，究竟是以一个人甘愿做多大牺牲来衡量的！避开五年，让我娶宋美龄，获得不理汉口，继续推进北伐所需要的协助。这只是一桩政治婚姻。

陈洁如在她的回忆录中披露了九江会晤的实质。

九江会晤，无疑是中国近代史上的一件大事。由此而开始了蒋宋两大家族合作的体制，同时也开了宋氏姐妹分裂的先河。

接下来便是宋霭龄与丈夫的双簧戏，一幕幕惟妙惟肖、惊心动魄，致使宋家手足人人自危，人人心口流血。

第七章
宁汉分裂

九江会晤后，宋霭龄便正式开始在暗中策划倒汪助蒋、灭汉扶宁的系列活动。她一方面运筹帷幄，精心设计，一方面将孔祥熙从广州召回汉口，以便夫妻联手，共同纵横捭阖，助蒋成功。宋霭龄与孔祥熙在相互配合的同时，也对各自的工作重点做了分工。宋霭龄主内，重点做好宋氏家庭成员的分化瓦解工作，软化宋庆龄，俘虏宋子文，实现蒋宋合作体制；孔祥熙主外，重点联络北方的实力派军人冯玉祥助蒋，并协调汪、蒋矛盾，促进宁汉合流成功。孔祥熙的联冯活动进行得很顺利，蒋、冯合作很快有了密议。蒋汪合作虽有反复，但也颇有成果，汪精卫暗中已有与宁方合作的意向。孔祥熙由此在以后蒋介石及南京国民政府要员心目中，身价倍增，这为他以后的飞黄腾达奠定了基础。

然而这一切，宋子文却被蒙在鼓里。

宋子文回到武汉后，日子并不好过。他先向二姐汇报了这次江西之行的全部经过，并谈了对蒋介石的印象。宋庆龄一针见血地用"野心"二字来形容、概括。

"你走了一周，家里乱了套，先把工作开展起来。"宋庆龄安慰宋子文道。

于是，宋子文把在广州理财的成功经验也统统来个"拿来主义"，并为之做出努力。然而已是今非昔比了。措施虽有，我行我素；付出虽大，收效甚微。有时，连他自己也失去了自信。

1927年1月22日他在答记者问中，便公开流露出这种不自信的话语来。有记者问："国民政府发行纸币不一，对此财政部有何解释？"

他说："窃思以小洋单位改成大洋单位，同一银行所发行之纸币，票面上文字应当统一，及由西建为洋建等等，皆为今日货币统一上重要问题，急望其能早日实行。但现在之国民政府，于军事政治外交方面，诸端待理，今欲即行从事于此等之改革，乃极困难，换言之乃不可能之事，故拟与各般施政之改善，同时详细研究，而徐徐谋其进行也。"

宋子文以"军事政治外交方面，诸端待理"作由，抑或搪塞，不是没有道理。同时，他也想起了庐山与蒋介石会谈的那一幕。事后，果然与他设想的那幕吻合。蒋介石明挑暗拨，仗着他的军力和关系，设置种种陷阱，使武汉国民政府困难重重。

不久，蒋介石从暗处跳到明处，公然成立南京政府，以此为对抗，一党两府的矛盾达到公开化、尖锐化。作为财政部长的宋子文，因其地位不但成为派系的争夺对象，也成了家庭争夺的对象。

伴着一场阴谋的进行，武汉政府面临着考验，同时也面临着挑战。宋家面临着考验，同时也面临着分裂。

南京政府插手江浙财政，武汉政府告急。宋子文回武汉时间不到五个月，便匆匆赶赴上海。此行目的有二：

一是对蒋介石"助阻分裂"。

二是控制上海和江浙一带的财政金融。

因为这些地区的财政收入占全国的 40% 左右，掌握了这些富庶地区的财政收入，武汉政府就有了可靠的财政支柱。政权的问题说破了还是个经济问题。

为此，在宋子文赴上海之前，武汉国民政府正式颁发通令。通令指出："南京政府为不合法政府。为实行财政统一，派财政部长宋子文到上海主持江浙两省财政金融界事务，非经宋子文办理概不承认。"

临行时，宋子文在武汉对记者发表谈话："上海是我的家乡，希望此行，能得到上海和江浙财政金融界朋友的鼎力配合和支持。"

在码头，二姐宋庆龄看出形势严峻，在上海的家人非拉宋子文"请君入瓮"不可，再三叮咛大弟要立场坚定，旗帜鲜明。

宋子文道："二姐，请你放心，我会有所警惕的。"

第七章
宁汉分裂

"不仅要警惕，还要注意自己的安全。蒋介石这个人什么事都干得出来的！"

"我倒听说，蒋介石要娶小妹为妻，这是真的吗？"宋子文又道。

"子良给我说过此事，又是大姐的主意。蒋介石背叛先生，这是天下人皆知的事，我不知道大姐在卖什么药。"

"在庐山时，我与老蒋会谈，看到小妹也在那里，着实使我吃惊，不过，作为兄长的能说什么？"

"到上海后，你要劝说母亲，对小妹也要劝说一下，不能同意这桩政治婚姻。只要母亲不同意，事情就办不成。"

"我懂。"

"代问妈咪好。一路顺风。"这时，江轮鸣起了沉闷的汽笛声。

4月的上海，杨柳吐絮。

孔氏夫妇的住宅。

窗幔低垂。

由于宋霭龄与蒋介石在九江会晤，达成了某种默契和谅解。这对夫妇像赌场中的瞪着血红眼珠的赌徒，把宝押在了蒋介石的身上，把个人的命运及前途均寄希望于蒋介石政权。在他们心中，良心算什么？还不是地摊上的烤白薯——2分钱一斤。在一阵酒食争逐之中，在一片轻歌曼舞下，酝酿了一个又一个的阴谋。那阴谋便是"蒋家天下陈家党，宋家兄妹孔家财"的美梦。

孔祥熙坐在沙发上抽着他的美国雪茄，宋霭龄进了屋，旋即把门反锁，略有慌张地走到丈夫面前道："听说子文今天下午3点到上海。"

"听谁说的？"孔祥熙顺手掐灭了烟头。

"姓蒋的来了电话。"

"有什么交代没有？"孔祥熙欠身问。

"按计划进行。先来软的，软的不行就来硬的。"

"时间不早，你作为大姐，先到码头迎接。"孔祥熙下了命令。

"你和我一起去岂不是更显得热情？"

"热情不等于效果好。你们是一奶同胞，说话方便。再说你也代表了我。"孔祥熙说完摆了摆手，似乎告诉宋霭龄就这样定了。"宁汉对立"，孔祥熙是旗帜鲜明地站在蒋介石这一边的。夫妻二人有分工有合作。同时，他还通过拉拢冯玉祥和劝诱宋子文等手段，向汪精卫施加压力，酝酿宁汉合流。宋霭龄也极力站在丈夫一边，诱降二妹宋庆龄，归顺蒋公。因为宋庆龄和宋子文姐弟俩可以说是武汉政府的左膀右臂。如果说宋庆龄是汉方的政治支柱的话，那么宋子文则是汉方的财政支柱。他们认为抓住牛鼻子就能解决大问题。

宋霭龄简单收拾一下，便下楼上车迎接大弟；孔祥熙便接着抽他的第二支雪茄。

宋子文，天网已布下，你能逃脱吗?!

歧路彷徨

　　宋子文的态度，使蒋介石十分气恼。蒋介石置宋子文财政部长的权力于不顾，而自行放贷，并且指派财政官员。最后采取流氓手段，施行暴力，封闭宋子文的办事处，没收财产和银行存款，派兵监视宋子文，使其形同囚犯。

上海码头。

在浓雾笼罩下，人流熙熙攘攘；江轮的轰鸣，像笼罩在黄浦江面上的雾一样沉闷；码头上已列队一群人，他们手执小旗，头顶有一条红色横幅，上书："有朋自远方来不亦乐乎！"显然他们是工商界人士，在欢迎来自武汉国民政府的财政部部长宋子文先生。

宋子文下了船，走出码头，被前来欢迎他的工商界人士围住，一阵寒暄过后，宋子文上了前来接他的车。车要启动时，宋霭龄的车到了。

"大弟，我晚了一步。"宋霭龄道。

"谢谢大姐。"宋子文又下了车，有警惕地打招呼道。

宋霭龄又道："住到我们家吧？正好妈咪也在。"她把母亲搬了出来。

"不啦！有机会我去看妈咪。请你代问她老人家好。"宋子文把前两个字"不啦"咬得很重，显然他没有进入大姐的"伏击圈"。

"大弟，那你要住在哪？"大姐皱一下眉头，接着又像查户口似的问。

"莫里哀路。"出于礼貌，宋子文不情愿地说出。如果不是大姐问，他很可能就保留了。

"啊，是你二姐那里。"

宋子文不置可否。

宋子文作为武汉国民政府的财政部长，来到上海，按照二姐宋庆龄的再三吩咐，住在宋庆龄和孙中山先生的莫里哀公寓。在看望老母、圆了亲情之后，第二天便造访蒋介石，商量接收江浙财政事宜。

第八章
歧路彷徨

"宋先生风尘仆仆而来，有失远迎。"与庐山时的蒋介石相比，此时的蒋介石就像换了一个模样——热情有礼。

"我这次来，主要奉政府之令，接收江浙一带财政，请司令出面帮忙和协助。"宋子文单刀直入。

"那好哇。不过，我提醒宋部长，我要不配合呢？"蒋介石察言观色。

"不配合，是先生的玩笑话！"宋子文呷了一口酽茶道，"我们都是一家人，尽管意见有些分歧，都是为了工作，是可以理解的。司令有什么话，要捎给政府，或有什么要求我可以代转，只要司令提出，我觉得问题不大。"

"看来，你是劝降我？"蒋介石指着自己的鼻尖。

"不，谈不上劝降。为了党国的利益，以大局为重嘛！"

"宋部长，你来上海的事，要说配合，我蒋某没啥话可说。汪精卫那里，我把话说清楚，我是一刀两断。"

"不要把话说得那么绝对。具体你与汪的问题是你们两人私交，我不便多说什么。"宋子文把话锋绕开。这也是艺术。

"这可是真的！"蒋介石重复道。

宋子文见对方软中有硬，也不再多劝。话锋一转正题道：

"我这几天的工作打算是，想与上海金融界的朋友先接上头，恢复正式联系，取得支持。下一步计划准备在沪设立三个顾问委员会。一个是关于政府证券的，一个是关于国家预算的，一个是关于银行业和商业的。先开几个会，也欢迎司令参加。司令不参加也可，只要支持二字。"

"好，只要时间允许，我会参加的。"蒋介石满脸堆笑，不过笑得已经不是那么自然了。

"对不起。时间不早了，我该告辞了。"宋子文站起身来。

蒋介石送走宋子文后，恶狠狠地对身后的副官道："这个宋公子，我会让他束手就范的!"

随后,蒋介石拨通了孔氏夫妇的宅电,告诉他宋子文来访,按既定方针办。接着又电告戴笠,对宋子文严加防范,让他处处碰壁。随即又通知有关人员加印蒋氏债券,与宋子文分庭抗礼,一切抢在他的前面……

随着蒋氏一个又一个电话,宋子文像一头野鹿撞入猎人的伏击圈。用蒋介石的话讲,看我怎么收拾他。

宋子文从蒋处出来时,太阳已经偏西。他对这次造访,老蒋能讲出配合,平心而论,他是很满意的。此时作为知识分子出身的宋子文,他没有把老蒋看得那么坏,也不愿意把老蒋看得那么坏。看看表,还不到4点,心想再会几个工商界有声望的朋友,听听他们的意见更重要,往往私下的意见比会上的更有参考价值。于是他向就近的一位叫王福来的朋友家走去。王福来是爸爸儿时的朋友,是经营纺织机械的,在上海是位德高望重的长辈人物。

对宋子文的来访王老双手欢迎。头一句话就是:"来了就在这里吃饭。"双方没有过多寒暄,便进行交谈。

王福来开门见山:"早就盼你来。你主管财政我们放心。因为宋家声望在那里,海内外朋友在那里,关系信誉在那里摆着,我们知根知底。再加上汉方是正牌,放债贷款放心,钱多也是血汗挣来的。子文,你说是吗?"

宋子文点点头:"说得有理。我也早想来,你们都是父辈人,办事实在。但是我想知道目下你们最担心的是什么?"

"不瞒你说,我们最担心,也是最最不放心的就是蒋介石,他的出身我们清楚,若是让他当了政,恐怕就没有我们过的了。"说到这里他把话音压低,"现在社会传言很多。"

"都说些什么?我倒想听听。"

"宁汉分裂是怎么回事?你是汉府来的人,就说你来主持财政他会干吗？说起来你也得小心。听说你要放券，我看他不会俯首听令的。别看你是财政部长，就是汪精卫他也没放在眼里。"

"我来以前，已经造访他了。他说得很好，要支持和配合我的工作。"

"要相信他的话太危险了。他的话你能听吗？有多少是真话？子文啊，你也太书生气了。"

宋子文哑炮了。

"听传言，他们要搞清党和大屠杀，包括你也要注意呀。他们这些人急了什么事都会干出来的。"

"蒋介石这样搞是不得人心的！"

"人家有军权实力，武汉政府有吗？因此你的工作有困难，困难还很大。你要有思想准备啊。"

"那我应该怎么办？"

"因此我们盼你来又怕你来。"

"你还有什么话要说？"

"最近有人放出风声，蒋介石也在抓紧印制纸券什么的，只是听说。"

"这个消息很重要。我要查个水落石出。"

……

二人谈话还没结束，电话铃响了。王福来拿起电话筒，里面传来宋霭龄的声音："王老，听说大弟到你那里去了？"

"有一个叫宋子文的，不知是不是？"

"王老，你又开玩笑了。"

"有事吗？"

"我们家庭会餐。"

"我这里还管不起饭吗？"

"说到哪里去了，王老。今天除外，你什么时间请，我都不怪。

请你告诉他好吗?"

"好的。"王福来放下电话,问道,"你来前通知她了吗?"

"我是临时决定,谁也没有告诉。"

"看来我说的话没错吧? 现在你的行踪已被人监视,所以你要处处小心。"

宋子文再次哑炮了。

王福来又道:"今天你一定去。要不去的话,又会说我做鬼了。"

宋子文摇摇头。

在大姐家里,宋子文刚刚落座,宋霭龄就神秘兮兮地说:"大弟,多亏你来了。我真想到武汉去请你。不是为别的,形势很严峻啊!"她把"严峻"二字拉得很长、咬得很重。

"大姐,有什么事吗?"

"天要下雨,娘要改嫁。我是说为家、为你个人前途,也要想一想,不然糊涂一时后悔一生!"

"大姐,瞧你说的,有这么严重吗?"

"你犯糊涂了不是! 这一党两府,不是明摆着的事吗? 选对了,你就前途无量,选不对,那就是十八层地狱。大姐还不是为了大弟好,全家人都着急,包括妈咪。"

宋子文道:"但是,这里面还有个谁正谁伪的问题。"

"什么谁正谁伪! 谬论说一万遍不就成了真理了吗?"

"老蒋有什么好?"宋子文反诘。

"要说老蒋,他有军权实力,汪精卫能比吗?"

"再加上一句,还有野心。"宋子文一语击中要害。

"不想当皇帝的人永远当不了皇帝,有野心有什么不好。你要跟他,大姐就保证让大弟你做他的财政部长。"

"我不想高攀,宁愿下十八层地狱也不跟他荣耀。"

"大弟,这你就犯傻了不是?"

第八章
歧路彷徨

接着孔祥熙又来开导一通，宋子文并不动心。

饭没吃好，大家不欢而散。

宋子文走后，孔祥熙不甘心地对宋霭龄说："允许他思想有一个过程。他一时难以'转弯子'的原因，一是他一向把武汉政府视为'正统'，而把宁方视为'伪府'；二是子文素来自视清高，对蒋介石靠几根破枪出身的新军阀更是不屑一顾；三是他与汉口方面的许多人和事毕竟卷入太深，特别是与二姐庆龄感情颇深。现在要他弃汉投宁，无论是从他的一贯性格与气质方面，或是人格伦理上讲，都是他一向不屑作为的。为今计，只有采取软硬兼施的办法，一方面对他施压力，使他不得不从；另一方面让他能在心理上有所解脱，洗脱所谓'叛徒'的罪名。"

"说的也是。"宋霭龄道，"大弟虽然上了武汉国民政府的船，但是，他对武汉地区近来出现的形势则表示不满，对国民革命及武汉政府的前途表示悲观失望，尤其对自己的前途地位与财产深感忧虑。因此，子文不同于庆龄，他应属于那种能够争取过来的对象。形势会教育他的。"

孔祥熙点点头说："这就对了。"

宋子文来上海不几天，不消说别的，亲戚邻居给他"洗脑子"就让他招架不住，他有气没法出，只是见了小妹宋美龄发了一通火，谴责她千不该万不该与老蒋谈对象。气得小妹再也不理他，说他是神经有毛病。他又跑到母亲那里，说老蒋的坏话，说小妹若是嫁了老蒋，真是瞎了眼。母亲听到了他的诉说，表示不是对小妹的担心而是对他的担心。看来大姐已向妈咪做通了工作，力劝宋子文弃汉投宁。天下母亲谁都喜欢自己的孩子留在身边，宋母也不例外。她没有从更多层考虑，只是认为南京比汉口近。所以宋霭龄没有费很大的劲就说服了母亲。

宋子文回到自己的住处，一封恐吓信安然在门上等着他取。

不看便罢，一看着实令他心跳。上写：明日不要外出，外出要毙命！宋子文把目光从信上移到窗外，几个监视他的黑影正在树荫下，似鬼非鬼的，驱而不散。

这些日子，宋子文有些失眠了，眼望着天花板就是睡不着。眼皮似有个小松针支着……

"丁零零……"电话又叫了，他心烦透了。

"谁呀？"

"我是二姐庆龄呀！"

"听出来了，二姐还没休息？"

"睡不着啊，你那里情况怎么样？"

"二姐，叫我怎么说呢？实话相告，工作没法开展，我已经被人监视。"

"是哪一方面的？"

"家庭。让我烦死了。"

"谁气你了？"

"大姐、姐夫，还有小妹等都给我气受。再说妈妈也被他们说服了，跟他们一个鼻孔出气。"

"老蒋那方面怎么样？"

"问题很复杂，一时还说不清楚。"

"债券搞了没有？"

"正在印制。"

"有什么困难，你随时来电话。我想告诉你的，就是一句话：立场坚定，绝不动摇，尤其是信念。"

宋子文道："我谁都不怕，就怕妈妈给我下命令！"宋庆龄也不再说什么。

第二天，他不愿意看到的现实发生了。

一种蒋氏债券抢先于他的债券在街上发行。

第八章
歧路彷徨

这蒋氏公债如同绑票一般，向富商硬性摊派，谁家不买，就有一群青帮打手和军警到商号前大闹；如还不知趣，就硬说这里有共产党，将人抓走，最后家属只得用钱赎"票"，搞得人心惶惶。

这些银行家和企业家也有不怕的。他们认为蒋和蒋的政府已失去信誉，不甘心把钱白白送蒋，希望能拿到一张有宋子文签字的书面保证。宋子文自然是拒绝。因为他知道自己是一位不名一文的财政部长，蒋氏债券实际是个无底洞，全部用于军队的开支，弄不好血本无归，因此他才不干败坏名声的蠢事。宋子文的态度，使蒋介石十分气恼。

于是，蒋介石置宋子文财政部长的权力于不顾，不同宋子文商量而自行放贷，并且指派财政官员。最后采取流氓手段，施行暴力，封闭宋子文在上海的办事处，没收宋子文的财产和银行存款，派兵监视宋子文的行动，使其形同囚犯。

这天，宋子文回到住处，又一封恐吓信在门上，上写："如不签字，让你脑袋搬家！"

一时，宋子文寝食难安。真真是秀才遇见兵，有理说不清。

蒋介石看透了宋子文的文人骨子，使一阴招宋子文就成了一个无家可归的街头流浪者。一股大浪把宋子文打入旋涡，他正在旋涡中挣扎，精神世界几乎崩溃。

接着，蒋介石又连施数招，只是宋霭龄有言在先，招可用，以不伤性命为前提。宋子文的座车先是被放气，后是出了车祸，脑袋被撞了个大包。那么接下来等待宋子文的又是什么呢？此时的宋子文已如坐针毡。

第九章

屈服淫威

　　宋子文反问大姐："你把二姐往哪儿放？"宋霭龄回答："她是现在的第一夫人，小妹是将来的第一夫人。"说到这里宋霭龄瞅了一眼孔祥熙，"就是我这个大姐，永远做不了第一夫人啦！"

继宋子文车祸不久，头伤还没彻底痊愈，蒋介石及其同伙又对他连施毒招。戴笠打电话到孔氏夫妇家，接电话的是宋霭龄："噢，是雨农啊，原来我还以为是大弟求援来哩！深更半夜的，你有什么急事吗？"

那边传来声音说："那边还是没有回心转意，怎么办？"

"子文已经发慌了，离胜利只有一步之遥了！你们不要太急了，略施小计，就可以使他就范了。"宋霭龄道。

"那我们推迟到明天关他的门！无家可归了，你们再做好他的工作吧！"

"什么时间？"

"明天下午6时整，太阳落山。记准这个点。明天这个时间咱们再通一次电话。"

"好吧。"宋霭龄默许了这个计划，放下电话。

翌日下午6时，宋子文回到办事处，大门被白色封条封上，封条上写着黑字，他的脑袋一下子涨大了。几个办事员见宋子文回来，赶忙向他哭诉……

"部长啊，我们到处打电话找不到你。"

"什么时间封的？"宋子文瞪大眼睛问。

"大概还不到一刻钟。"

"是些什么人？"

"八个戴臂章的人，开着一辆吉普车。他们很凶很凶的，我们都被打了。"说完就又哭了起来。

宋子文多少有些心烦："哭什么！我还没死呢！"说完转身登车

去公寓，可是公寓也同样被封。

宋子文傻眼了，立时没有了主意。

天渐渐地暗淡下来。

夕阳像个硕大无比的叹号无奈地下沉，下沉，宋子文的身影被拉长，拉长，最后被黑暗吞没。

正在这时，一阵风响。接着一辆海蓝色的轿车驶到他面前，停了下来。车门开处，孔祥熙立在面前，随后大姐也身披风衣走出来。

"子文，回家吧？"孔祥熙温和地道。

宋子文道："不，我不回。"这时他的底气已不像先前那么足了。

"大弟，我听了此事，急死我了。到处找你不见。找到了还不回家。这不成心找大姐的难看吗？快上车吧？"宋霭龄走上前。

"不，大姐。你要让我回家，除非把我的私宅启封！"宋子文坚定地道。

"那好说，我去找政府交涉。"宋霭龄满口答应。

孔祥熙也敲着边鼓道："蒋介石也真是的，封办事处还封人家的私宅，也太霸道了！让你大姐去交涉，你跟我先回家吧。"

"你家我不去。"

"那就到妈咪家吧。"

"OK。"

宋子文无奈只得驱车到了母亲家。

母亲也成了宋霭龄的炮手，天天在做宋子文的工作。整整三天，宋子文没说一句话，只是摇头叹气。等莫里哀的房子开启后，他才回到"家"里。但是，一些不三不四的人还在监视着这栋房子，这更使他感到紧张。虽然大姐、小妹、宋子安、宋子良经常来看他，帮他"洗脑子"，但也免不了心惊肉跳。

半夜间，他拨通了武汉二姐的电话，把自己的处境如实向二姐做了汇报。

宋庆龄沉思半天，道："你的伤好了没有？"

宋子文叹道："头上的伤好了，可心灵上的伤难愈啊。"

"我知道你的难处。如果是这样，请大弟注意安全，保重自己。如果你有办法，尽快离开上海为好。"

"不行啊，他们有暗探，我已失去自由。"

"你等着，我设法营救你。"

在这种极度恐怖的日子里，宋子文坚持一个多月，于 1927 年 6 月上旬，美国记者希恩受宋庆龄之托来到上海，推开宋子文的门。

"宋先生，您好，还认识我吗？"希恩摘下礼帽，介绍了自己的身份，"我是驻汉记者希恩。我们有过一面之交。"

"原来，你是受二姐之托，接我的。"宋子文露出惊喜。

"是的，宋先生，听说你在这里的安全有问题。"

宋子文点点头。

"我们一同走，这里是我们的租界，我会确保你的安全万无一失。"

"OK，谢谢您了。"

"不客气。"

"那船票怎么买？"

"你放心，我会有办法的。"

接着，宋子文又一一询问了武汉方面的情况，希恩一一作答。

一个小时后，希恩起身告辞："你做好准备，等我办完船票来接你。"

"谢谢！"

宋子文把他送出门外，然后又驱车赶到西摩路母亲的住处，向老太太告别。就是这一告别，改变了他的人生，他走不了了。因为母亲不让他走。接着母亲又把这个消息转告给宋霭龄。宋霭龄听了此事，和孔祥熙一起马上跑了过来，瞪大了眼："大弟，你真的要

第九章
屈服淫威

走啊?"

"是的，我真的要走!"宋子文道。

"那我们的话就白说了，我们的工作就白做了。"宋霭龄一语道破了天机。

"噢，你是在受命做我的工作啊?"宋子文反讥道。

"大弟，大姐不是受命而是为你好。"孔祥熙解释道。

大姐道:"武汉当前的情况你了解吗?告诉你乱得很!我真替你担心回武汉后会不会被暴民拖出财政部，撕得你粉身碎骨呢。再者你干财政的，在武汉你怎么知道上海的货币贬值?上海是你的根据地，武汉是个兔子不拉屎的地方。革命，离了钱行吗?"

宋子文哑炮了。

这时老太太出来说话了:"子文，你姐姐、姐夫说的有道理，你走了我还不放心哩!"

"妈咪，我已与二姐商量好了。"

"你二姐我也让她回来!"

宋子文道:"妈咪，你不能这样做。我和二姐求你了!"

母亲并没心软:"只要你是妈的儿子，今天你不能给我走!"

"要是二姐让我走呢?"

"我还当不了你二姐的家?就说我不放你走!"老太太生气了。

……

在家庭成员的强烈反对下，宋子文开始犹豫了。第二天傍晚，希恩来到宋子文住处时，宋子文对希恩说:"母亲身体不好，我现在不能去武汉。"

"不是昨天说得好好的吗?怎么变卦了?"希恩两手一摊，显得惊奇。

"确切地说，我是一个学者，我不应是一个社会革命者。如果战争和劳工政策使所有资本家和商人都吓跑了的话，我这个财政部长一文不名，我无法使中央执行委员会理解……看看他们把我的钞票弄成什么样子，多好看的钞票啊……它们膨胀得一文不值了！"宋子文说到这里扶一下自己的金边眼镜。

"那我如何向你二姐交代呢？说我没完成任务？"希恩无奈地问。

"告诉她是妈咪不同意我现在回去，我回去妈咪会出事的。同时妈咪也让二姐回来。谁也不理解我现在有多么困难。如果都不断地鼓励罢工和群众集会，那么干什么也无济于事。请想想，我是不讨人喜欢的。我从来没有讨人喜欢过。那些暴民不喜欢我。去年冬天要不是士兵及时赶来，他们就把我杀了……他们都知道我不喜欢罢工和群众集会……我能怎么样？"精神的刺激已使宋子文的话语不能连续起来了。

"请你给二姐写几个字吧，我带回去好做交代。"希恩认真地说。

"也好。"宋子文道。

作为学者出身的宋子文，面对着国内政治局面的急剧变化，外攻内压，他的精神世界终于崩溃了，亲情战胜了政治。为了母亲，为了亲情，为了自我，屈服淫威，倒向了南京政府蒋介石一边。

宋子文倒向蒋介石这一边无疑是南京政府的一大胜利；同时也是对武汉政府一个着实不小的打击。宋庆龄得知此事，首先落了泪。说实在的，宋子文倒向蒋介石不亚于丈夫去世给她的深重打击。如今，她已是独飞的孤雁。

蒋介石得到了宋子文后还不死心，接着又向宋美龄求婚，演出了"得美人者得天下"的闹剧。说是闹剧，其实，红娘媒人就是大姐宋霭龄。这在宋氏家庭中再次掀起了轩然大波，带头反对的又是宋子文。

为此事，宋家成员专门开了一次家庭会议。

上海，孔氏豪华的公馆里，拉上窗帘，谢绝宾客。

宋霭龄坐在丝绒沙发上发表着她的高谈阔论，坐在她旁边的是对她百依百顺的丈夫孔祥熙。

"要我看，中国的形势要变，上海更不用说了。宋庆龄那边的武汉政府迟早要垮台，只是时间问题。美龄这门亲事应当尽快定下来，不然，机不可失，时不再来。再说，迟了青帮这伙人是什么事都能干出来的。"显然大姐在给宋子文上政治课。

"是的，"孔祥熙始终赞同他太太的看法，在一旁敲着边鼓，"太太说的也是，政府要分裂，形势就变化莫测。现在看来，老蒋的命运也是我们家族的命运。听说老蒋要去日本，我看是要寻找支持者，说实在的，那小日本，是靠不住的。"

宋子文微笑道："前些日子美国对他这位总司令公然采取不信任的态度。所以他此行日本，是为给美国施加压力。说实在的，美国表面上对此事不露声色，但在暗中活动得可厉害哩，也怕老蒋真的投靠了日本。总之，形势可复杂哩。"他放下雪茄，"谁不知我们宋家同美国的关系，美国对我们不错，我们也不能错待了人家！说实在的，对蒋介石我还信不过，莫说小妹嫁给他了。"

"小妹也不小啦，总得嫁人吧？"宋霭龄插嘴道。

"是啊！"宋子文说，"小妹不是有情人吗？"

"她已经跟人家吹了。"大姐道，"现在已经与姓蒋的谈上了。"

宋子文问："大姐一定是媒人了？"

大姐支吾道："他们是自由结合，一个愿打一个愿挨。"

"如果真是这种情况我不发表意见。如果不是这种情况我可要反对。"宋子文想起庐山的一幕来。

"我也看出来了，小妹有那个意思，姓蒋的也有表示。"孔祥熙把话接过来。

"姓蒋的说什么来着？"宋霭龄插言。

"他说，青工会童工会不是美龄干的活，他想给美龄安排安排工作。"

"什么工作?"宋子文问。

"秘书。"孔祥熙道。

"秘书,"宋霭龄眼珠一亮,两手一拍道,"我说是一个愿打一个愿挨吧!把美龄嫁给他也不错。我想改天他上台,就不会把我们宋家搁在脑后的。"

"男大当婚,女大当嫁!"孔祥熙再次赞同,"只要他们双方没意见,我们能有什么意见?"

宋子文一言不发。

"你是不是赞成?"宋霭龄瞪着一对黑眼珠,"美龄当了他的秘书、夫人,有利于他打通美国的关系,这不仅对蒋介石有利,对我们宋家也有利呀!你不赞成吗?"

"我不赞成。我想老太太那里也通不过。"宋子文不软不硬地答道,"再说二姐也是不答应的。大姐,我看你趁早不要操这个心了!闹个全家反对,何必呢?"

"是的。"孔祥熙道,"可是,谁让她是我们的妹妹呢?"

"庆龄反对,她算老几?"宋霭龄气愤地说,"庆龄根本不能算是我们宋家的人,她早已背叛父母,管她干吗!至于老太太的工作我包了。小妹这次的婚事实在太重要了!子文,你也给个话,到底同意不同意?"

"我是说姓蒋的这个人不怎么样,个性暴躁,生活放荡,风流韵事又多。我们小妹又不是嫁不出去的人,何必非找他这个老头子。这不是个光彩的事!"宋子文说完一甩袖子。

"姓蒋的今年多大了?"孔祥熙问道。

"40。"宋子文不冷不热。

"小妹今年多大?"孔祥熙问太太。

"你管她多大!爱情是不分年龄的。"宋霭龄瞋一眼肥头大耳的丈夫:"她今年18,你还问我?"

"说正经话嘛!"孔祥熙笑道。

"她今年实际年龄是 30，30 对 40，也不能算太离谱吧?"宋霭龄反问。

"我不是这个意思，"孔祥熙说，"小妹恋人那里要吹得干净利索!"

宋霭龄淡淡地说:"只要老蒋给安排个好工作，她会乐颠颠地愿意!"

"姓蒋的那边的太太也得离婚?"

"没有关系，只要姓蒋的明白他同小妹结婚以后有些什么好处，他纵有十个八个太太也得离婚。"宋霭龄又道，"要我看老蒋这个人，有本事，前途无量，未来天下还不姓蒋? 小妹当了第一夫人，还不是咱们家的荣耀! 子文啊，你不要再认那个死理了!"

"那你就先做老太太的工作吧。"宋子文道。

"谁做媒人呢?"孔祥熙又问。

"这还不好办!"宋霭龄十分有把握地说:"在上海这个地盘，找个合适的媒人怕是不难吧，张静江、杜月笙……"她一连气说出八九个。

"唉，原来大姐早有谱啦!"宋子文挪了挪身子，惊奇地说。

"不是大姐有谱，因为父亲在世的时候，已把小妹的事情嘱咐过我。"宋霭龄说到这里，追问，"大弟你对小妹了解吗?"

宋子文答道:"小妹在美国的时候就有一位恋人，而且，"他放低声音，"他俩又快结婚了，怎么一下子又变卦了? 叫人为难。再说姓蒋的绝对比不上她的同学。哪个女孩子不爱漂亮的小伙子，我怕小妹不是真心爱他。"

"我说她爱他就是爱他!"宋霭龄力排众议，"不信我同你打赌! 哪一个女孩子不喜欢丈夫做大官! 何况姓蒋的，嫁给他，她就是今后中国的第一夫人!"

"你把二姐往哪儿放？"宋子文问。

"她是现在的中国第一夫人，小妹是将来的中国第一夫人。"宋霭龄瞅了一眼孔祥熙，"就是我这个大姐，永远做不了第一夫人啦！"

孔祥熙装作没听见，只管大口大口地吃苹果。

"先问问小妹再说！"宋子文抬腕看看表，"我还有事要办。明天我还要出差去武汉呢？"

为了说服宋子文，蒋介石请其要好的朋友谭延闿出面劝解，使他明白，他要反对这门亲事，他就什么事也干不成，也休想在上海混饭吃，结果宋子文不得不又一次屈服于蒋介石。

1927 年 7 月 12 日。

蒋介石征服宋子文后，武汉政府人心恐慌，四面楚歌。这时蒋介石又策划"两府统一，实现联合"的阴谋。于是又派宋子文充当说客去武汉谈判。

宋子文爽快地答应了。

临行时，蒋介石面授机宜。

宋子文到武汉，首先拜见了二姐宋庆龄。因大弟倒向老蒋，宋庆龄心里很难过。因是姐弟关系，还不得不热情地接待他。宋子文讲了自己的难处，宋庆龄表示理解。

宋庆龄道："你这次来有什么目的？请你说清楚。二姐能帮办的一定帮办，不能帮办的也请大弟理解。"

"二姐，我这次来前，妈咪、大姐、小妹，二弟、三弟都向你问好！也希望你回到上海来，不要在这里受罪了。尤其是妈咪非常挂心你。"

"我明白了。还有呢？"宋庆龄又问。

"我来的另一个目的，也是南京政府的旨意，实现两府联合统一。条件一个，武汉方面必须抛开共产党人和鲍罗廷。否则，联合是一句空话。二姐你说，武汉这边能答应吗？"宋子文喃喃地道。

第九章
屈服淫威

"我答应了，先生的在天之灵也不会答应的。我不能违背先生的遗志，因此我也答应不了你。他们谁答应你那是他们的事，我也管不了那么多。"宋庆龄说话时泪水潸潸。

宋子文见二姐极端伤心，也不便多劝。从二姐的住宅出来后，径直到汪精卫的办公室，向汪精卫转交蒋介石的秘信，汪精卫乐得合不上嘴……

当天，宋子文密电上海的大姐夫。

孔祥熙见后，立呈密电于蒋介石处。蒋看了大喜，并做了批复。

宋子文第二天清晨就接到回电，他做梦也没想到会这么快。电文中写道：

> 告诉卖主，商人同意按所索取的要价支付。期望在商定的日期交货。

电文中净是商人用语，诸如"卖主""支付""交货"等，显然，他们把中国的命运和个人的灵魂完全当成商品在市场流通买卖。因是晦涩的商人用语，令国人难以看清其灵魂的丑恶，只能猜测而已，但从以下发生的历史事实，不难看出一二来：

1927年7月15日，汪精卫急急忙忙在武汉下令召开紧急"分共"会议，正式宣布与共产党一刀两断。并密切配合蒋介石在上海的"四一二"大屠杀，接着在武汉也高举起屠刀，扬言"宁可错杀一千，绝不放过一人"，致使许多共产党人与革命群众遭到屠杀。

南京方面，蒋介石因"四一二"大屠杀不得人心，于1927年8月13日突然宣布下野。8月16日辞去总司令一职。

9月28日，蒋介石同张群等人东去日本。此时宋子文及其母亦在日本，蒋由宋子文引见，拜见宋老夫人，要求娶宋美龄为妻。

10月下旬，宋子文回国，为蒋宋联姻筹办婚事。

11月10日，蒋介石满载而归。回到上海后，立电武汉汪精卫赴上海商谈党务组阁。蒋介石复任司令。汪精卫任国民政府主席，宋子文复任政府财政部长……

12月，汪精卫投蒋介石不得好报，亡命法国，蒋介石便成了国民党的中心人物——军政大权独揽一身。

12月1日，蒋介石和宋美龄的婚礼在上海大华饭店举行。"新娘宋美龄，由其兄宋子文搀扶，送到蒋介石的怀抱。"

从此，"蒋宋孔陈"四大家族粉墨登台，拉开了"蒋家王朝陈家党，宋家兄妹孔家财"的帷幕。

第十章

理财高手

在蒋介石的眼里，宋子文是一棵摇钱树，一摇就能掉下银两来。在宋子文的眼里，自己好比绑在蒋介石战车上的一条狗，只有守家的份儿，没有喘气的份儿！

宁汉合流后的 1927 年。

蒋宋联姻，蒋家受益，宋家沾光，真正实现了"蒋家天下陈家党，宋氏姐妹孔家财"的蓝图。宋子文投靠了蒋介石，蒋政权也没有亏待他，紧接着复出任南京国民政府财政部长。在很短的时间内，又平步青云，官运亨通，身兼数职，主要有国民政府委员，行政院副院长、代院长，国民党中央执行委员，中央政治会议委员，国防会议成员，中央银行总裁，特别外交委员会副会长，全国经济委员会常委以及财政监理委员会、外交委员会、预算委员会、禁烟委员会、首都建设委员会、黄河水利委员会、建设委员会、国军编遣委员会委员等职。

历史把他推到仕途顶峰，成为了中国近现代史上又一风云人物。

1928 年底，北洋军阀的割据基本结束，南京政府名义上统一中国，但并不太平。蒋介石一上台就遭到中国共产党为代表的人民革命力量的反对。在国共两党这场势不两立的政治斗争、军事较量之外，国民党内的汪精卫系、胡汉民系以及地方实力派不断围攻蒋介石集团。直到 1930 年 10 月中原大战结束，地方实力派对南京政府的军事威胁才告解除；再到九一八事变和"一·二八"抗战，蒋介石的"龙椅"才算放稳。在这四年间，宋子文为蒋介石政权出力甚多。论本职工作，只因南京政府忙于军阀混战，经济建设无大作为，主管财政，当然是为蒋介石战事筹款，时常另有重任，奔走于各派政治和军事力量之间。作为蒋介石军事打击之外的第二条战线，中央军发射的是枪弹，宋子文发射的是"银弹"。

宋子文有使用金钱、收买对手的条件。新军阀混战和国民党内

第十章
理财高手

本无本质之争，只是权力、利益分配不均所致。因此只要谁开的价码合适，提供的金钱、职位称心，对手可以握手，对立可以并立。有金钱可以发挥作用的场合，还要有"钱源"。宋子文利用掌握国民党财政的便利，倾中央财政，慷国家之慨，为蒋介石一人服务，专营收买政敌、对手的勾当。宋部长的"银弹"击中不少地方实力派的主将，大大缩短了蒋介石收编作乱军阀的周期，减少了军事围剿的难度。

九一八事变和"一·二八"抗战把中华民族推到最危险的关头，蒋介石没有因此而停止"围剿"红军，继续反共内战，"攘外必先安内"，可统治集团内部却有变化。日寇侵略缓和了国民党上层争权夺利的矛盾，南京政府出现从未有过的统一、合作局面，蒋介石的领导地位走向稳定。

从南京政府成立至此，历时五年，蒋介石在组建领导班子、巩固统治地位的过程中，培植起一批骨干力量，以适应全国统治的需要。宋子文作为老朋友、亲戚，当然成为蒋某优先考虑的人选。宋则不负蒋望，既为自己，也为蒋某，辛勤工作。此五年，打下"四大家族"统治大陆22年的根基，宋子文成为蒋家王朝的创业者。

应该说，宋子文临危受命，一登台就面临着一个连年兵燹之灾，政府财政拮据，百事待理，百废待兴的局面。如果说宋子文是个难得人才，蒋介石不惜血本相争相挖说是"慧眼识玉"，那么宋子文也果不负蒋望，在此烂摊子上起家，将其财理得有条不紊。在蒋介石的眼中，宋子文好像是一棵摇钱树，一摇就掉下银两来。将滚滚财源不断流向蒋介石横扫军阀和后来的"围剿"共军的金库；在宋子文眼里，"我好比绑在蒋介石战车上的一条狗！只有守家的份儿，没有喘气的份儿！"

宋子文的聪明才智，主要表现在他的视野开阔，在他掌握西方文明国家的财政管理的基础上，将其运用到中国，实现新的结合和应用。新官上任三把火。他大开了"五刀",果然是金石开花。这五刀也砍出了他的识、他的胆、他的智。

哪五刀?

一是争取关税自主。关税是近代各国收入的大宗,在中国却是个近百年没有解决的问题。自鸦片战争以来,因受不平等条约协定关税的束缚,我国关税一直是值百抽五,少得可怜。自1858年修订税价后又长期不变,海关征收的税款折合税率还低于值百抽五。使很多白银源源不断地流入帝国主义国家的银行和口袋,根本无法统计。宋子文曾痛心疾首地说:"协定的约束,产业不能振兴,洋货不能抵制,权利外溢,百业凋残。理财人又不懂此事的重要,是个悲剧。取消协定关税,势在必行,迫在眉睫。"于是,宋子文便从关税开刀做起。

然而开刀谈何容易?情况是宁汉虽然合流,但北京张作霖政府还未覆灭。实际上一个中国等于南北共有两个政府,意见不一,诸端难理。

1928年1月27日,新上台的宋子文首次代表南京政府发表宣言,指出"国民政府现统辖二十一省之十六省,所收关税约占百分之七十。北京政府又不承认政府之法律继承者,国民政府自不能承认任何团体有单独行使管理关税的权利,或有派任何代理人行使此种管理之权。"宣言不难看出,宋子文当时考虑的还不是废除协定关税,而是同北京张作霖政府争一席之地。但也表示出他对关税的重视态度。

第三天(29日),南京政府代理外长郭泰祺接见路透社记者,解释宋子文27日宣言时说:"此举并无干涉以海关税续付外债之意;至于内债,以在国民政府辖境之关余,供北京政府用作抵御国民军之兵费,似欠公允。"郭泰祺的这番话说明南京政府行使关税权后,将继续以关税抵付外债,请诸国不必为此担心,造成不必要的混乱。

第十章
理财高手

　　宋子文的海关宣言发表后，署理总税务司英国人易纨士从北京南下。

　　2月7日，易纨士在上海访晤南京政府外交部长黄郛，略述关税问题的意见，共分四点：一是以前关税会议修正之七级表实行加税；二是由南北两政府各发同文通知书与各国；三是增加数目全国约六千万两，以一千万两留抵提保不确实外债之基金，余数按三七或六四比例分配于南北两府，这样南方可净增年额一千七八百万元；四是第一次南北委员会议地点在大连，以后各次在上海。

　　2月16日晚，财政部长宋子文在上海私邸设席宴易纨士。席散后，宋子文乘夜车回南京商定关税问题解决办法，并与北京政府交涉。北京政府从中作梗，致使废除协定关税拖了一段时间。宋子文心里骂娘，因为这是一笔大的款项。

　　"娘希匹，不行就用大炮轰！"在蒋介石的命令下，同年6月，南京政府第二次兴师北伐，张作霖败北，放弃北京。在退往沈阳途中被小日本炸死。此后，障碍消失，协定关税废除的进程随之加快。

　　7月25日，这是一个值得大书特书的日子，宋子文与美驻华公使马克谟在北京签订了《中美关税条约》。条约规定："历来中美两国所订立有效之条约内所载关于在中国进出口货物之税率、存票、子口税并船钞等项之各条款，应即撤销作废，而适应用国家关税完全自主之原则。"随后，宋子文又代表政府先后同挪威、比利时、意大利、丹麦、葡萄牙、荷兰、英国、瑞典、法国、西班牙等国缔结了"友好通商条约"或新的"关税条约"。

　　在此期间，宋子文规定：凡进口货物均分为7类，按类别分别缴纳一定的税率，以7.5%为起点，1928年最高到值百抽27.5。到1933年5月，南京政府再次修改税率时，最高税额已达80%。长期以来，中国关税税款一直是交给外国在华银行保管的，并且由外国银行经手办理外债的还本付息事宜。自1932年3月1日起，海关税款全部集中存在中央银行，而且由中央银行办理外债还本付息业务。除去偿还外债税款，剩余的全归南京政府自由支配。关税是南京政府的最大税源，超过总收入的一半。例如 1932 年关税收入是 3.88 亿元。除去偿还外债 2 亿多元，还有 1 亿多元可由南京政府自由支配使用。

关税的解决，使蒋介石看到了灭共的希望，宋子文亦对此充满信心。

宋子文的第二刀便是改革盐业统税。

应该说，中国的海岸线非常之长，约占国界线的 2/3，因此盛产海盐。并且中国是个大国，人口众多，盐量的需求巨大。早在封建社会盐税即是当局政府的重要收入。民国以后，盐政与厘金、资本税同称为中国的三大恶税之一。

盐政诸弊，首当其冲的是包商制度。其制度的最大危害是，它使少数盐商凭一点儿租资，把千百万人的食盐权利独握在手，借此中饱私囊。每年国家损失亿万之多。

与包商制度关联的是分区和引岸制度。所谓分区，是指当时全中国在盐务上分两淮、四川、东三省、两浙、长芦、山东、两广、河南、福建、云南、甘肃等 12 个区。各区所产的盐，不得到他区销售，一个地区销售的盐，必须由某一包商从某一指定盐场运，否则即视为私盐；所谓引岸，是指那些不产盐的销盐地区，如湘岸、鄂岸、皖岸等，这些地区销盐也要由某一指定盐包商运来，否则也视为私盐。当时，各盐场的生产条件不一，盐的成本也不一样。照理讲，产盐区和交通比较便利的地方，人民应该吃到质优价廉的食盐，可是由于分区和引岸制度，许多地区的人民只能吃质次价高的劣盐。

盐政诸弊，其次为盐务稽核所的存在。盐务稽核所成立于袁世凯统治时期，是为偿还外国借款而成立的，以中方为总办以洋人为会办，实际权力掌握在外国人手中。开始，盐务稽核所只管稽核造报，后来，把权力扩充到发给引票、编制报告、征存盐税、签支盐税、收放盐斤，成为中国盐政的主管机关。孙中山在世时，曾经痛骂这帮人"无恶不作"，"包办一切，好像小皇帝一样"。

上述盐税中存在的弊端，不只为舆论所谴责，同时也影响了南京政府的财政收入。作为主管税制改革的财政部长宋子文，在他秘密调查的基础上，提出了关于盐税改革的思路。这个思路在1928年7月召开的全国财政会议上正式公布，他提出"就场征税"的办法作为整理盐税的入手之路。随后，他在《训政时期施政纲领》中，又提出统一收入、统一税率、整理场产、推广销运等四点改革建议。

宋子文这一废除包商制度的改革，普遍受到人民群众和舆论的一致好评。

然而，宋子文废除包商制度，在实际工作中并不是一帆风顺的。阻力之大也是他难以想象的。当时，一方面官商勾结，官商还与兵匪结伍，严重干扰盐税改革；另一方面，当时南京政府刚成立，百废待兴，财政奇窘，实际上也没有充足的美金以取代盐商，来负责食盐的运销。因而在1931年6月30日新《盐法》公布之前，包商承办仍是广大地区食盐供销的基本方式。新《盐法》公布后，虽然明确规定"盐就场征税，任人民自由买卖，无论何人不得垄断"。但在全国大多数地区，包商仍然存在。据不完全统计，1932年，撤销了江浙地区18县的包商；1933年，废除了山东地区4县的包商，其余仍旧沿袭。

宋子文原主张撤销盐务稽核所，但由于各方阻力，非但没有成功，反在30年代初达到了全盛时期，据1930年9月的统计，其大小机关达1870处，服务人员14815人，经费达16 892 000元，盐务稽核所实际上已成为仅次于海关的第二大税务机构。

宋子文并非不知道由外人把持的盐务稽核所在中国人心目中的形象是何等恶劣，但他希望通过控制盐务稽核所，以达到为我所用的目的。他规定，盐务稽核所直辖于财政部，由财政部任免人员、制定规章制度，希望以此来控制稽核所。但由于盐务系统长期的稳定性和独立性，财政部对其也难以完全控制。

为了阻止盐务走私，宋子文于 30 年代筹建了税警团，税警团招募有知识的青年人，并在军校加以培训，素质较高，加上全部美式装备，战斗力较强，税警团共分三团，其中有一团在成立后被蒋介石"借用"到江西参加"剿共"，另两团分驻私盐最猖獗的两淮盐场各地。宋子文还和军政部联系，在税警团无法进行海上缉私时，可以取得海军的协助。蒋介石也是点头同意的。

由于宋子文措施得当，南京政府初期，盐税收增加较快，从 1928 年度到 1932 年度，盐税收分别为 3000 万元、1.22 亿元、1.5 亿元、1.44 亿元、1.58 亿元，呈直线上升趋势。除 1932 年度因东北沦落而损失不少收入外，其他年份都处在稳定的增长之中。所以，宋子文颇为得意地提出："迨十八年九月，财政部竟能宣布不但能逐年偿还盐债并用余力可清偿旧欠矣。"

如果说宋子文第二刀盐政改革是成功的话，那么第三刀则是税制改革。严格地说，这一刀比盐务改革还要成功。

宋子文税制改革的另一方面是统税制。所谓统税，就是一物一税。具体地说，就是对国内工业产品进行一次性征税后，即可通行全国，不再征收税捐。南京政府成立后，鉴于全国各地举办的具有通过税或物货税性质的"厘卡林立，重叠征收"的弊病，即着手整理国内税务，以便增加收入，稳定财政。

1928 年 1 月，宋子文上台伊始，即颁布《烟草统税条例》，明确规定卷烟统税为中央税，由财政部设立专门机构掌握。2 月在上海成立卷烟统税处，随后又在各省设立卷烟统税局。卷烟税率在开征初期，为值百抽五十，已成为国税大宗。1928 年冬，宋子文修改《烟草统税条例》，规定洋烟交纳 7.5%，土烟为 40%，未制成卷烟的熏烟，税率定为每百斤征收国币 3.6 元。

1929 年 9 月，宋子文在上海设立棉纱统税筹备处，办理棉纱统税事宜。当时我国大机器纺织工厂很少，规模也不大。据 1929 年调查统计，全国华商经营纱厂只有 73 家，每年产纱额在 130 万包左右。宋子文规定：本土棉纱在 23 支以内者（即粗纱），每百斤征收国币 2.75 元；本色棉纱超过 23 支者（即细纱），每百斤征收国币 3.75 元。

1930 年，宋子文又主持制订了《征收火柴统税条例》。规定税率为：长度不及 4.3 公分，或每盒不过 75 支者，每大箱征税 5 元；长度在 4.3 公分以上，5.3 公分以下，或每盒在 100 支以上者，每大箱征税 10 元。同时，还开征水泥税，其税率为：每桶重量 380 磅者，征税 6 角；每桶重量不及 380 磅，其差额在十分之一以上者，按其重量比例征收之。面粉方面，宋子文规定，其税率为值百抽五，即每包一角。

以上为开征时的生产税。实际上，随着统税条例的不断修订，各货物的生产税是变化的。统税的开征，为南京政府开辟了财源，以 1931 年为例，南京政府的统税收入为：卷烟税 0.50018 亿元，棉纱税 0.15656 亿元，火柴税 0.04168 亿元，水泥税 0.01735 亿元，麦粉税 0.05837 亿元，熏烟税 0.01584 亿元，啤酒税 0.00663 亿元，以上各项计约 8000 万元。1931 年财政收入为 5.53 亿元，统税收入约占七分之一。宋子文筹款理财的这些做法，确实为南京政府的财政问题，解决了不少困难。

但是，收入增加并不意味着税制改革卓有成效，相反，它在"体恤民间疾苦"的口号下，为人民增加了许多苦难。以盐税为例，就盐税本身而言，根据亚当·斯密征税原则，一种优良的税法必须坚持平等的原则，即收入多，多负担；收入少，少负担，以调节贫富，为大多数人造福。而盐税则不然，它是按消费量征税，而穷人并不因为穷就比富人需要的盐少，对于这种不良税法，南京政府应该加以废除，而代之以所得税之类按纳税能力大小而征收的新税。但宋子文目光短浅，只为保持收入，继承了封建王朝的弊政，致使中国广大的贫苦人民仍不能摆脱长期以来压在头上的经济枷锁。

宋子文的第四刀为建立中央银行，实行金融统制。

宋子文上任之初，中国银行和交通银行早已有之，只是它不归国民政府而已。中国银行是1905年在北京创立，前身为"户部银行"。1908年改称"大清银行"。进入民国，在"大清银行"基础上，1913年2月，另组中国银行；交通银行在北京成立于1908年，初系清朝的邮传部，主要经营铁路、电报、邮政、航运四项业务的收付款而设立。全国各地已有支行。这两家银行是当时中国金融界独有的银行。和西方文明国家比较，我国的银行业还是显得陈旧落后。

政治的核心是个经济问题，这是经济学家的共识。蒋介石要独霸天下，也知银行的举足轻重。宋子文早年作为广州银行行长，更知其重要。

1928年夏天，是一个酷燥炎热的夏天。

天上有云不落雨，地上无风热死人。

被称中国"四大火炉"之一的名城南京，更是热浪烤人。

白天无法办公，夜间无法睡眠。人们坐着就出汗。

就是在这样的日子里，作为财政部长的宋子文，连续主持召开两次全国大型会议：一是6月的全国经济会议；二是7月的全国财政会议。就是在这两次大的会议上，宋子文同与会人员反复论证了中央银行成立的必要性、紧迫性和重要性。得到了与会人员的一致认可。

会议下来，宋子文又组织班子，冒着酷暑，通宵达旦，起草了《中央银行章程》。

第十章
理财高手

　　章程共分五大部分。其性质为国家银行；注册资本 2000 万元，由国库一次拨出 2000 万元公债预约券作为股本；行址设在上海外滩 15 号，各地设分行；其特权有发行兑换券，铸造及发行国币，经营国库和内外债；业务范围主要有：经营国库证券、商业票据买卖和兑现，办理汇兑发行期票，买卖金银，接受存款及贷款等；总裁为宋子文，亦称行长，副总裁为陈行；中央银行除设总裁外设有理事会和监事会。

　　宋子文提出组建《中央银行章程》书面报告，蒋介石极力赞成。报告呈上没有三天，就被批复下来了。

　　1928 年 11 月 1 日。

　　这是个吉利的日子。中国银行终于在上海成立。蒋介石亲自剪彩，总裁宋子文披红戴花，实际上也是蒋宋银行的成立。一切都由他们二人说了算。所谓理事会、监事会不过是摆设而已。

　　中央银行成立后不久，由于业务的需要，下面又成立一个特殊的棉麦处，是一个独立的半公开的机构。因对外借款关系，不属于业务局，归总裁直管。这是因为民国二十一年（1932 年），长江洪水成灾，宋子文求援美国，订立美麦借粮 45 万吨协议，每吨 75 美元作价，计 3375 万美元。

　　接着 1934 年，宋又凭关系和美国签订棉麦借款 5000 万元。该机构是个短暂的机构，随着支付的平衡也就随之撤销了。

　　中央银行的成立，标志着南京国民政府对金融的重视。其实这不是目的。对于野心勃勃的蒋介石来说，争霸天下才是他的目的。既然要争霸天下就要实行对金融的垄断和控制，因而其第一个猎取的目标就是现有的中国银行和交通银行。

　　中国银行原有资本 2000 万元。1927 年南京政府指令将该行总管理处由北京迁至上海，并修改其银行条例，定资本为 2500 万元，强行加入"官股"500 万元，并指定其为特许的"国际汇兑银行"。

1928 年宋子文又将交通银行总行从北京迁至上海，颁布该行条例，资本为 1000 万元，加入"官股"两成，即 200 万元，并指定其为特许的"发展全国实业银行"。这样，四大家族官僚资本就渗入了"两行"。

宋子文虽然采取了如此手段，但当时"官股"在中国银行股本中仅占 1/5，在交通银行股本中只占 1/6。就资本、信用的实力而言，中国、交通两行都超过了中央银行，宋子文对"两行"一时还难以驾驭。到 30 年代初期，宋子文提出修改"两行"条例，分别予以增资。到 30 年代中期，"两行"中的"官股"已超过半数，宋子文直接任中国银行董事长，对交通银行也派其嫡系人物任董事长。这样，终于实现了对中国银行和交通银行的控制。

宋子文的第五刀：废两改元，统一中国货币发行权。

废两改元，与秦始皇当年的统一度量衡极为相似。因此宋子文的功德也就在这里。

所谓废两改元。就是废除银两，改用银元。中国原来使用白银货币，其单位为两。称量银两的衡器为"平"。清代国库所有的"平"称为"库平"。一两等于 37.3125 克。废两改元前，中国各地使用的银两单位，主要有海关两、库平两、规元两三种。自 16 世纪以来，外国银元开始流入中国。鸦片战争后，在通商口岸已流行西班牙、墨西哥、英国、香港和美国贸易银元。原有的银两标准既不一致，新进的银元重量也有差别。银两与银元之间的折算称为洋厘。通常 1 银元折合 7 钱左右银两，依市场上银元与银两的多少而浮动。1882 年吉林机器局首铸银元，1889 年广东亦设局铸造，其后各省仿之，市场较乱。1914 年北京政府颁布《国币条例》，铸袁世凯头像银币，重 7 钱 2 分，通行全国，起到过主币作用。但市场上仍是银两、银元并用，有碍于商品经济的发展。

1928 年 3 月，浙江省政府向国民党政府提出《统一国币应先实行废两改元》，其意见是"我国货币之紊乱，至今日已达极点"，"自民国建立以来，银元需要既繁，流通亦广"，"现元宝数量又如此之少，实无沿用银两之必要"，请示废两改元，"积极实行，以立我国币制之基础"。

这一提案呈送到南京政府财政部部长的办公桌上时，立即引起了宋子文的高度重视。

1932年上半年，内地银元大量流入上海，达5447万元。较之以往，增加很快。一般舆论也认为废两改元时不可失。上海工商界的代表也致电国民政府，表示："对于废两改元之原则莫不一致赞同，切盼实现。"因此，废两改元的条件渐趋成熟。

1932年7月，宋子文在上海果断召开银行界会议，讲座废两改元问题。在这次会议上，确定了废两改元之原则：

一、废除银两，完全采用银元，以统一币制；

二、采用银元制度时，旧铸银元仍照旧使用；

三、每元法价重量决定后，即开始铸造新币。

上海钱庄闻讯后，即召开会议，并致函财政部，表示原则上同意废两改元，但需假以时日，不应操之过急。7月22日，宋子文决定组织废两改元研究会，就废两改元之事进行专门研究和试点。

1933年3月1日，宋子文发布《废两改元令》，提出："为准备废两，先从上海实施，特规定上海市面，通用银两与银本位币1元，或旧有1元银币之合原定重量成色者，以规定7钱1分5厘合银币1元，为一定之换算率，并自本年3月10日起施行。"上海从3月10日起，各行各业的交易往来，一律改用银币计算。

上海废两改元之后，国民党政府又于1933年4月5日和6日，先后发布废两改元的布告和训令，规定4月6日起，所有公私款项之收付与订立契约票据及一切交易，须一律改用银币，不得再用银两。有银两者依照《银行本位币铸造条例》办理。其主要内容是：

"银本位之铸造权属于中央造币厂。银本位定名为元。总重 26.6971 公分，银 88%，铜 12%，即含纯银 23.493448 公分。"

宋子文为使废两改元顺利实现，还采取了以下措施：

第一，财政部委托中央、中国、交通三银行代为兑换银币。中央造币厂还要铸一些厂条，以适应市面巨额款项收付之用。

第二，对各行庄宝银进行登记及兑换。至当年 12 月 15 日，登记宝银总计 14621 万两，即按成开兑。至 1934 年 7 月，共兑进宝银 2794 万两，兑出新币 3907 万元。

第三，经财政部批准，暂设立冶金小炉，将碎杂银冶炼成银饼，送到中央银行估价兑换。

从 1933 年 3 月 1 日起，国民党中央造币厂开始铸造银币，银币正面为孙中山半身像，背面为帆船图案，俗称"孙头"和"船洋"。

中央造币厂一经成立，就由美国"造币专家"葛来德担任顾问，成立中央造币厂审查委员会，审查铸币的重量和成色。自 1933 年 3 月到 12 月铸 2806 万枚。1934 年铸 7096 万枚，1935 年上半年铸 3356 万枚。自 1933 年 3 月至 1935 年 6 月铸 13258 万枚。1935 年下半年实行法币政策后，未再铸造，改印纸币。

废两改元的实施，规范了中国币制，活跃了流通，方便了人民，搞活了经济，拓宽了中央银行活动的规模。同时也为以后法币制度的实行打下了坚实的基础。有权威人士评说，这是继秦始皇统一度量衡后中国的又一大货币改革。

第十一章

挥兵抗日

在这亡国亡家之时，宋子文急忙把自己的心肝宝贝——税警团拉上抗日前线，可见他的赤子之情可映五洲明月；宋子文亲自颁布作战命令，亲自督促训练，亲自接见官兵，听取他们的汇报，可见他的抗战热忱。

公元 1931 年 9 月 18 日深夜。

没有星光没有月亮。黑夜掩盖着罪恶，罪恶伴着黑夜发生，炮声、枪声交加，曳光弹在夜幕中拖着长长的尾巴，把人们从酣睡中惊醒……

原已根据不平等条约而驻扎在东北的日本关东军向中国东北军驻地北大营和沈阳城突然发动进攻。第二天，日本军队轻而易举地占领了沈阳、长春等二十多座城市。二十多座城市同时飘起了日本的国旗。继而，四个月内，辽宁、吉林、黑龙江三省全部沦陷，东北人民陷入水深火热的亡国惨痛之中。

翌年 1 月 28 日，日本在中国东北宣布成立以清朝末代皇帝溥仪为"执政"（后改称皇帝）的伪"满洲国"。

应该说，事件的突发，是蒋介石南京政府长期奉行不抵抗政策而把主要精力用于与汪、胡政治"分赃"和"剿共灭共"的政策上所导致的必然结果。

面对突发的九一八事件，宋子文是震惊的。想当初，作为南京政府要员的宋子文，只看到英美之大，而忽视了小日本侵略的潜在危机。正是由于这种认识不足的原因，宋子文在九一八事件前夕，对蒋介石 1931 年 8 月 16 日致电张学良 "不论日本军队以后如何在东北寻衅，我方不予抵抗，力避冲突" 的政策也未提异议。所以他对蒋介石调张学良东北军主力入关攻打石友三后仍留驻河北，不回撤东北驻防，表示支持。正是由于南京政府的这种妥协退让的政策，给日本关东军以可乘之机，才使日本得寸进尺，导致了九一八事变的全面爆发。

第十一章
挥兵抗日

事变的爆发令国人大哗！

日本亡我之心不死，国难当头已迫在眉睫！

日本帝国主义武力打进中国本土的事实，使中日之间的民族矛盾逐步上升到主要地位，使中国国内的阶级关系发生了重大变动。中国的工人农民是要求反抗日本侵略的。青年学生和城市小资产阶级，在经过四年多的低沉状态后，也纷纷行动起来要求抗日，沉寂多时的城市重新沸腾起来。北平、南京、广州、武汉等地的学生、工人和市民群情激愤，纷纷游行示威，罢课罢工，发表通电，强烈要求南京政府抗日。

1931年9月28日，上海、南京的学生几千人前往国民党政府和国民党中央党部要求对日宣战，痛打外交部长王正廷。民族资产阶级的态度这时也有明显变化，开始积极行动起来。上海《电报》和《新闻报》刊登学生的抗日宣言。上海、汉口、天津等地的商号抵制日货，要求"实行对日经济绝交"。在被日军占领的东北，兴起了为数众多的抗日义勇军，他们在白山黑水之间展开艰苦卓绝的抗日游击战争，得到全国人民的热烈声援。而南京政府在日本的大举侵略面前一再退让。

九一八事变发生时，日本关东军不过1万多人，中国东北军除在中原大战后期调进关内7万人外，仍有16.5万人驻在东北。但蒋介石在这年7月已提出"攘外必先安内"的方针，坚持以主要兵力"围剿"主张抗日的工农红军。九一八事变发生后，南京政府电告东北军："日军此举不过寻常寻衅性质，为免除事件扩大起见，绝对抱不抵抗主义。"南京政府采取这种态度，使日本帝国主义无所顾忌地用武力大规模进攻中国。由于民族危机已到严重关头，国民党阵营内部也出现分化和破裂。宋子文是亲美派，也是主抗派，对蒋介石的不抵抗主义表示愤慨。

他虽是西装革履，却有民族风骨。

他虽是党国要员，却有民族气节。

他虽是西学学子，提倡开放，却不媚外。

主抗派有主抗派的姿态。

九一八事变爆发后，在国民抗战高潮的推动下，宋子文积极开展国际外交，谴责日本侵略罪行，争取道义声援，并依靠"国联"出面解决东北领土一事。

经过宋子文多方努力和争取，9月30日国联理事会终于做出决议：要求日本政府于10月10日前"将其军队从速撤退至铁路区域以内"。

日本政府宣布接受国联理事会的决议，但又以"中国政府不能担保东北日侨生命财产之安全"为理由，拒绝撤兵。国联对此协调受阻。

南京政府对"国联协调结果，道德上固属胜利，实际成为僵局"深感忧虑。为此10月初，政府成立对日交涉特种外交委员会，宋子文任外委会副会长。为研究对日政策，宋子文连续召开了一系列会议，商讨对策，周旋国联……

——10月14日宋子文召集外委会的成员顾维钧、颜惠庆等开会。

——10月15日，宋子文邀请蒋介石，召集戴季陶、顾维钧等人在宋宅开会，继续讨论对日政策。

——10月17日，外委会议确定了对日提案大纲预备方案：在国联监视下，日兵退出占领区，中日将来一切交涉必须在国联指导之下进行；交涉地点在日内瓦或欧美各地；中日将来一切交涉必须在国际公约原则——尊重中国领土行政之完整、门户开放、机会均等，为维持东亚和平计划，不得用武力行使国策下进行，日本必须负此出兵责任；无论日本提出任何条件，中国皆有保留修正及另提案之权。此项提案中强调"门户开放，机会均等"，实际是为了讨好英

第十一章
挥兵抗日

美，企图借英美的力量压制日本。

——10月24日，国联安理会采纳中国提案并通过一项新的决议：要求日本政府于11月6日前撤兵完毕。日本投反对票，拒绝接受。宋子文闻息，再次邀请外委员成员顾维钧、颜惠庆、邵元冲、孔祥熙等商讨对策。会议决定发表宣言和声明。"相信日本尊重世界公意，于11月6日前将军队撤尽，其他问题可循序进行"，以留与日接洽余地。但是日本帝国主义侵略者，置国联决议及中国政府的提案于不顾，于11月22日，又开始向锦州发动进攻。

——10月25日，施肇基向国联提出"划锦州为中立区"的建议，由英、法、意等中立国军队据守，日军于"中立区"成立后15日内撤出占领区。同时宋子文便召集外委会讨论锦州问题，宋子文认为锦州若能保全，则日本尚有所顾忌，否则东北难保。但由于英、法、意等国不提供军队据守"锦州中立区"，以及日本提出划锦州在日本管辖区内的要求，国联理事会于12月7日决议放弃"锦州中立区"计划，并要求双方各守现地。南京政府依靠国联调解计划破产后，12月8日，宋子文、顾维钧致电张学良，请其勿抽调驻锦州部队入关，坚守防地。

1932年1月，国联成立调查团，准备赴中国东部进行实地调查。调查团由英、美、法、德、意五国组成，由英国代表李顿任团长。调查团赴中国东北并非为了彻底阻止日本侵略，使之退出东北，而是希望使东北由日本独占而变为由国际帝国主义共管。

日本占领东三省后，便开始策划成立"伪满洲国"，使东三省成为日本的殖民地。为了转移国际舆论和中国人民的视线，1932年1月日本帝国主义又在上海发动了"一·二八"事变。对于日本帝国主义的侵略行径，蒋介石不予积极抵抗，仍希望能依靠国联干涉，得到"和平解决"。1月29日，蒋介石确定应付"一·二八"事变的原则为"一面预备交涉，一面积极抵抗"。在方法上，交涉开始以前，对国联与九国公约国先与接洽，及至交涉开始时，同时向九国公约国声明。对日本先用非正式名义与之接洽，必须得悉其最大的限制。在程度上，交涉必须定一最后限度，此限度至少不妨碍行政与领土完整，即不损害《九国公约》之精神与不丧失国权。又确定以"十九路军全力守上海"，"前警卫军全力守南京"。并以宋子文留驻上海，所有上海行政人员归其指挥。

在这些日子里，宋子文坚守上海，从外交交涉转移到实地抗战，二者兼顾。

2月6日，上海英海军司令克莱访问宋子文，提出中日停战及划定和平区等办法，并表示愿与顾维钧、郭泰祺洽谈。当天下午，宋子文召集顾维钧、郭泰祺、孔祥熙、吴稚晖等表示，应接受英美全部调停办法，乘机谋得中日问题的总解决。2月7日，克莱偕英国领事到宋宅续商双方停战退兵事宜。克莱表示"注重上海租界之安全，欲谋上海问题之局部解决"。但因宋子文等坚持上海问题为中日问题之一部分，须照英、法、美、意四国提案办事，以致形成僵局。

因宋子文这一主张与蒋介石的方针相违背，而遭到蒋介石的严厉批评。蒋希望上海问题先解决之后，再谈其他问题。因此2月8日何应钦致电宋子文，指责他说："昨英海军司令在沪会商调解，闻诸同志中多主张……连同东三省问题整个解决，以致毫无结果，失此斡旋良机，深为可惜。请兄等在沪诸外委，从速设法先求停止战争。"

蒋介石还未来得及给宋子文下指示，2月18日，上海日军司令植田谦吉、总领事村井仓松分别向十九路军和上海市政府发出了最后通牒，限中国军队20日下午5时前撤退。中国方面未予答复。3月1日，日军向上海驻军发起全线进攻。

天亮后不久，大片大片的火光掠过天空，震天动地的炮声撕裂了晨霭，在震耳欲聋的坦克和装甲车的重压下，碎石铺成的路面惊惶不安地颤动着。一架架漆着太阳旗的飞机贴着江面飞来，抖抖翅膀，扔下一颗颗重磅炸弹；停泊在黄浦江中的日本海军"名取""氖思""得内""由良"号巡洋舰也一齐开火，顿时繁华的市井化为一片火海。

此后，战火弥漫了大上海。

上海的天空，一片燃烧的天空。

同时，大上海保卫战开始了。

一群群市民，在中国军队的掩护下，奋不顾身，顺着街区往前奔跑，奔向枪声最剧烈的地方。

胳膊上缠着红十字标记的年轻护士，平时手无缚鸡之力的市民，今天却一个个抬起了担架；刚从工厂里出来的工人，顺手抄起太平斧，端起锋利的钢钎；无法读书的大、中学生，挨家挨户募集门板、棉被，送往市郊加固工事。戴眼镜的教书先生，把长袍掖在腰间，不顾吱吱横飞的流弹，跳上方桌，发表慷慨激昂的演讲。

越来越多的市民涌上街头汇成了一股股汹涌的人流，涌向前方。叫喊声、咒骂声、命令声此起彼伏：

"到闸北去！到闸北去！"

"杀尽鬼子！杀尽鬼子！"

"鬼子不投降，就叫它灭亡！"

"叫长官给咱们发枪！给大片刀也行，老百姓能打仗！"

"保卫大上海！上海不能失！"

人们的呼喊声压住了机枪的射击声，压倒了坦克的履带声和迫击炮弹尖厉的爆炸声。几艘冒险驶入苏州河的日本汽艇，还未抛锚，便连人带船被平射炮弹掀翻在江中。那些落水的日本海军陆战队士兵，刚从水里冒出头来，眨眼间便被岸边扔过来的石条石块砸成了肉泥，喂了河里的鱼虾。

日本海空军发狂了。

从巡洋舰"出云""川内"号上起飞的九二式水上攻击机，犹如大雷雨前的扑灯蛾，不顾死活地扑进上海市区。它们那宽大的机身，几乎擦着美丰洋行的屋顶，见工事就往下投炸弹，见人就往下扫机枪。

"嗒嗒嗒"，苏州河岸上蹿起更多的火苗。四下蔓延，烧得焦枯的洋槐树上挂满了断臂残肢，暗红色的血液在马路上流淌……

偌大的祖国没有制空权。

上海遭空袭！

上海人无处藏身！

伤员增加，无处安排……一封又一封的加急电报发往南京；一声一声呼叫着——"南京，南京国民政府……"

蒋光鼐、蔡廷锴指挥的第十九路军奋力抵抗，给日军以沉重打击。由于上海、南京是国民党统治的心脏地区，当日本大举增援后，南京政府迫于形势也派出第五军军长张治中率部赴上海参战。可是蒋介石的基本方针依然是求和，害怕战事扩大，引火烧身。

作为财政部长的宋子文，不顾蒋介石的反对，依然决定调税警团参战，配合十九路军抗击日军的进攻。平心而论，宋子文是文官，他手中没有兵权，所能拥有的或能指挥调动的只有税警团。

说起税警团，应该交代一下。它是一支非正式部队，是宋子文财政机关的警卫部队，主要负责保卫财政机关正常工作和安全。它的指挥和调动权由宋子文一人说了算，无须与蒋介石商量。

"一·二八"事变前夕，税警团大部分驻守在上海、浦东一带，第一团驻徐家汇，第二团驻南翔，第三团驻闸北，第四团驻浦东，总部设在徐家汇。

在这亡国亡家之时，宋子文急忙把自己的心肝宝贝——税警团拉上去，可见他的赤子之情可映五洲明月。

宋子文亲自颁布作战命令，亲自督促训练，亲自接见官兵，听取他们的汇报，可见他的抗战热忱。

不靠天不靠地，只能靠我们自己！这是宋子文经过一系列努力后所得到的结论。

税警团参战，还有一难题。由于税警团的一些经费是由八国银行团拨给，如果税警团参加抗战，八国银行团会表示反对，并将停发其余经费，所以税警团不便用自己的名称参加抗战。为瞒过八国银行团的眼睛，2月中旬，淞沪抗战正打得激烈之时，宋子文找到蒋光鼐、蔡廷锴等磋商，决定将驻闸北的税警三团和南翔税警二团，归第十九路军指挥，参加抗战。因此，当第五路军增援上海抗战时，税警团的参战部队就改名为第五路军第八十七师独立旅，以原税警团总团长王庚为旅长，受第五路军指挥。因此，淞沪抗战自始至终，报上不见税警团参战的名字。

税警团虽不是正规部队，但其编制、装备及士兵素质并不比一般正规部队差。税警团参加了守卫龙华机场和庙行镇等战斗，许多官兵英勇无畏，奋勇杀敌。税警二团二营官兵在战斗中，几乎全部壮烈牺牲。但是由于税警团指挥官内部不团结，从而严重削弱了战斗力。

这事得从税警三团团长张远南说起。

张远南是宋子文的小舅子，不然他也进不了税警团，公子哥儿出身，自恃与宋子文有裙带关系，骄横霸道，根本不把税警团总团团长王庚放在眼里，说王庚有十大罪行，想取而代之。此事败露，王庚知道后又拉拢另外两个团长，合谋赶走张远南，以雪平日之恨。因此，他们合伙在宋子文面前告张远南在日军进攻时挖墙逃跑的罪行。宋子文果然大发雷霆：

"我要撤张远南的职！"然而撤他的职好说，让谁干呢？宋子文一时还定不下来。

接着，莫雄和王庚一同又去找宋子文。宋子文明白莫、王二人的来意开口说：

"张远南是无胆匪类，怕日本人怕得要命，不能当抗日的团长，我决定撤掉他！由你莫雄接替他的团长职务，以免将来丢人！"

"我……"

"我看你行。"

莫雄也是精明人。他不是不想干，他顾虑的是张远南毕竟是宋的妻弟，现在宋正在气头上要撤他，火气过后，难免又要用他。与其现在去接替张远南，代他在战火中拼命，替别人火中取栗，倒不如卖个人情。想到这里，莫雄对宋说："张团长是部长的亲戚，人所共知。当此抗日战事这样激烈的时候，突然撤职，名誉扫地，他在社会上怎样见人，如果你认为用得着我，我不在乎当不当团长，也不一定事实上要当团长才能指挥部队作战，平时就做王庚总团长的幕客吧。想是王团长也会同意的?"

王庚虽想撤掉张远南，但也有所顾忌，一听莫雄这话，也插嘴说："这个意见很好，请即委莫雄为总团部总参议吧！"

宋子文不加考虑地连声说："同意，同意。"立即亲笔委莫雄为税警总团部总参议，并说："马上到差。"

从此，莫雄就以总参议的名义指挥第三团参加淞沪抗战。

2月下旬，王庚参加军事会议，散会后带走会上发给的第十九路军"部署地图"和"作战计划"各一份。王庚当晚跑到租界舞厅跳舞，被日军侦知，将王庚逮捕，并搜去该项军事文件。第二天，日本报纸吹嘘俘虏第十九路军团长王庚云云。王庚是美国军校毕业，与美国有来往，当晚被日军扣押数小时，即由美国领事馆取保释放。

王庚出事后，宋子文命莫雄为代理总团长，即战时的独立旅长。莫雄指挥税警总团参加了淞沪抗战末期的战斗。

尽管如此，这支部队还是给侵沪日军以重大杀伤。宋子文在民族危亡的紧要关头，能以国家利益为重，主张抗战，这一点与蒋介

第十一章
挥兵抗日

石是有明显不同的。而蒋介石的消极抗战已引起了全国人民的不满。

时间到了1932年10月，汪精卫出任行政院长之后，因手中无兵权，所以处处受到蒋介石的节制，蒋、汪矛盾再次激化。汪精卫不满蒋介石的专制独裁，于1932年10月愤然离职出国。汪精卫出国后，蒋介石委任宋子文代理行政院长。具有抗日倾向的宋子文正好想利用这个机会，来改变蒋介石的对日政策。

12月，宋子文联络孙科等人在国民党中央执行委员会上，提出一个议案，以达到抗日目的。该议案要求将军队集中于"热河、察哈尔和河北地区，以抵抗侵犯中国领土的日军"，如有可能，"军队进入满洲收复失地"。议案号召全国民众一致抵制日货，并谴责全国大同盟对付日本侵略的行动缓慢。"中国人民必须效法奋勇抵抗日本的十九路军和第五路军。"但是该议案又被国民党中央执行委员会否决了。

1933年初日寇开始向热河进犯。

1月6日，日军进攻山海关。山海关守军何柱国部奋起还击，安德馨营全体官兵三百余人力战殉国。长城抗战爆发。但因孤军无援，没有抵挡住日军陆海军的联合进攻。

1月8日，山海关沦陷。之后，日军开始向长城一线推进。张学良退至热河、河北。山海关战事一开，张学良便知，如再不抵抗，热河、河北就不能保住，于是决定调长城以内的东北军四万人进入热河布防。但是张学良对抵抗没有把握，便致电蒋介石求援。

1933年2月11日，行政院代院长宋子文受蒋介石之托开始北方之行。随行的有军政部长何应钦、外交部长罗文干、内政部长黄绍竑、参谋部次长杨杰等。专车经徐州陇海路经郑州，再转平汉路到达北平西站。宋子文抵达北平后，即在阜成门内原清朝顺承王府会见北平军分会委员长张学良，听取前方情况的汇报。

2月18日，张学良陪同宋子文视察热河。热河省主席汤玉麟在承德热情款待宋子文一行。在一次欢迎会上，宋子文慷慨陈词："本人代表中央政府，敢向诸位担保，吾人绝不放弃东北，吾人绝不放弃热河，纵是敌方占领我首都，亦无人肯做城下之盟。"

在此期间，宋子文、张学良等人在承德清宫清音阁召开一次军事会议。会议期间，宋子文、张学良联名致电日内瓦中国驻国联代表团，表示中国军民"决心抵抗日军之进一步侵略"。张学良还与宋哲元等二十余名高级将领发出通电，表示抗战到底，呼吁国人支援。

为了确保热河的防守，回北平后，宋子文还与张学良拟定了《热河保卫战计划草案》，决定成立两个集团军，每集团军辖三个军团。第一集团总司令由张学良兼任。第二集团总司令由张作相担任，辖孙殿英、汤玉麟各一军团和张廷枢的第十二旅及冯占海等义勇军。

2月21日，日军纠合伪军共十万人，分三路进攻热河，一路由绥中攻凌源，一路由锦州攻朝阳，一路由通辽攻开鲁。当地守军20万人，不做抵抗，望风而逃。日军长趋直入，于3月4日以百余骑兵先头部队突入承德，热河失陷，热河省主席汤玉麟把搜刮来的民脂民膏，装满了二百多辆汽车，运往天津租界，他本人也跟着逃走。

热河失守，全国舆论哗然。张学良自知失职，曾表示要亲率王明哲等军去与日军拼杀，收复热河失地，结果落空。

全国上下，一致谴责南京政府，并要求对张学良、汤玉麟等按军法处置。迫于舆论的压力，张学良于3月8日电请辞职，以谢罪于国人。南京政府同时发布命令："热河省政府主席汤玉麟，身兼边疆重任，兼统军旅，乃竟于前方军事紧急，忠勇将士矢志抗敌之时，畏葸弃职，贻误军机，深堪痛恨。着即先行逆职，交行政院、监察院同军事委员会彻底严缉究办，以肃纲纪。"

此后，全国舆论攻击的矛头开始指向蒋介石。蒋介石深感自己是"泥菩萨过河自身难保"，必须迫张学良下野，为自己代罪受过。蒋介石要求张学良下野也有多种原因：一是北方的阎锡山军队和冯

第十一章
挥兵抗日

玉祥的旧部都因张学良曾在中原大战中与己作对，所以不听张学良指挥。这就无法靠张学良在北方指挥各军抵抗日寇，而中央军又不能调往北方。二是因为张学良体力不支，精神颓丧，统率诸军精力不济。三是蒋介石要张学良为自己代罪受过。张学良也曾说道："蒋先生认为，热河失守之后，我守土有责，受到全国人民的攻击。中央政府更是责无旁贷，他首当其冲。正如同两人乘一只小船，本应同舟共济，但目前风浪太大，如先下去一人，以避浪潮，可免同遭沉没；将来风平浪静，下船的人仍可上船。若是与守不舍，势必同归于尽，对自己对国家皆没有好处。"

3月9日，蒋介石约张学良在保定会晤。张学良抱着蒋介石可能决心抗日，并补充给东北军充足的弹药，以便让自己戴罪立功，收复热河的希望，从北平赶往保定，面见蒋介石。张学良到保定后，首先与先期到达的宋子文会面。宋子文转达了蒋介石的旨意："失东北，丢热河，中央与张均责无旁贷，全国舆论指责于委员长与总司令必须有一人下野，方可以平民愤。"

张学良只得表示："既然如此，请立即免除我本兼各职，严予处分，以谢国人。"

3月9日下午4时，蒋介石的专车到达保定，张学良在宋子文的陪同下上车与蒋介石商谈。蒋介石不待张学良开口，首先用很严肃的口气对张学良说："我接到你的辞职电报，知道你的诚意。现在全国舆论沸腾，攻击我们两人，我与你同舟共命，若不先下去一人，以息全国愤怒的浪潮，难免同遭灭顶。所以我决定同意你辞职，待机会再起。"蒋介石要求张学良于次日飞往上海，免部下夜长梦多，并说张学良到上海后赶快出洋治病，出洋的名义和手续，他已办妥。张学良表示："我不该丢失东北，早应引咎辞职，以申国法，振军心……"张学良还提出，"日本野心要吞并中国，希望中央迅速调劲旅北上，收复热河保卫华北。"

蒋介石连声说："好，好，好!"

蒋介石离去之后，张学良失声痛哭，并与随从说："蒋先生对日仍以外交为主，并想用黄郛（亲日派）到北平来主持政务，专办对日外交"，"骂我不抵抗，我也不辩。但下野后，天知道我这不抵抗的罪名要背到哪天呢？我记得仿佛林肯有几句话，说人民是欺骗不了的，我只不过是个替罪羊，代人受过罢了"。

1933 年 3 月 21 日，张学良通电下野，宋子文为其办完了出国手续。

4 月 11 日，张学良起程赴欧洲考察。

宋子文送走张学良后，蒋介石对宋子文说："你为此事帮了忙。听说你与张学良的交情不错，做了不少工作。张学良这张牌还要打，等一定时机再说。"

第十二章

母亲葬礼

　　宋子文悲痛地哭道："我们没有妈咪了!"宋庆龄扶着
小妹哭道："妈咪,我在此,你在哪里?"哭声传染了姐妹
们,一个个泪流满面。这时,不少目光投向蒋介石,他亦
频频拭目。

古人云天灾人祸。上面讲了人祸，下面再说天灾。

公元 1931 年，人称是民国史上最黑暗的一年。如用"天灾人祸"四字形容，丝毫不能说是夸张。

这一年，日本帝国主义悍然发动了九一八事变，整个东方海岸线成了炮火连天的战场。短短几个月，东三省沦陷，民族处于危难，人民处于水深火热，国将不国。

这一年的 7 月汛期，神州的上空又飘来一块不祥之云，驱而不散，祈之不走。狂风暴雨，一连下了七七四十九天，湖塘暴溢，沟壑爆满，江河溃堤。

中国两条大河流，举世闻名，先是长江告急，后是黄河决口，全国发生了大面积的水灾。

有史志记载：

　　——7 月 20 日，苏、皖两省告急，暴雨成灾；几座名城，如南京、镇江、无锡、扬州、芜湖等尽成泽国，街头撑舟；南京长江水位已超过警戒线 3.7 米。三个区街面水深 1.2 米。芜湖全城汪洋，最高建筑仅见楼顶……

　　——7 月 25 日，长江上游告急，湘、鄂两省暴雨成灾。灾民无法安置，有的地方已经断炊。

　　——7 月 28 日，汉口江堤溃水，整个古城和百万市民生命受到威胁。

　　——8 月 2 日，暴雨连下，江汉水涨，江堤决口，汉口全镇被水吞没，死者不计其数。

　　——8 月 9 日，长江水标达 50.5 尺。

第十二章
母亲葬礼

——8月17日，水标增达53.7尺，达历史最高纪录。陆地即可航行50吨位的船舶。

——8月18日，河南、山东暴雨成灾，黄河水涨决口，8000万亩农田颗粒无收。

同日，浙江全省暴雨成灾……

……

一封封告急电报如雪花般飘落到南京政府的办公桌上，忙坏了政府的工作人员；平时"火上房不着急"的官员也绷紧了高度紧张的神经；机要室接收电报的小姐们，也一抹往日的微笑；有的在偷偷抹眼泪，许是她们的家乡已变成泽国。

经过工作人员统计核对，这次水灾面积共达八省；受灾良田达1.6亿亩；灾民达6000万人。面积之大，灾情之重，属民国史上空前。

此时，蒋介石正在江西大规模地"剿共"，形势不明，自不暇顾，而且还一个劲儿地向宋子文要款要粮。电函混在水灾告急的电报中一封封发来。在天灾人祸面前，宋子文着实上火。

宋子文平均每天要收到16封来自全国各地的告急电报，要他答复要他处理。他的工作人员和他一起陷入了忙乱之中，宋本人已经有一周没有与家人团圆了……

天有不测风云，人有旦夕祸福。

在这众多的电报中，有一封来自宋子文家庭的急电，那便是他的老母，于7月23日在青岛溘然去世。

国难未理，家难又来。对宋子文来说，无疑是雪上加霜。

宋子文对老母有无限的内疚，在六个兄弟姊妹中，他是长子；在母亲病重时，他没能在身旁服侍，如今在国难当头之际，又将是忠孝两难全。难道真应了古训了吗？

宋子文心中的天平倾斜了。

民国财长
宋子文

在同事的说服和催促下，宋子文为奔丧告了假。他把手头上的工作简单交代一下，便回到家里动员妻子张乐怡一同前往，殊不知妻子正患重感冒无法前行，又与孔祥熙商议，先孔早走一步。

宋子文一行坐飞机径直青岛，大姐宋霭龄、小妹宋美龄和宋子良、宋子安正在那里焦急地等待着他——这个家庭的长子拿主意。

"妈咪走了，我来晚了。"说完宋子文大哭。

宋子文瞻仰完母亲的遗容后，问："二姐通知了吗？"

宋子安说："大姐不让通知，我认为不合适，向莫斯科发了电报。到现在她也没有回电，不知收到没有？"

"事不宜迟。先把母亲送往上海再等她。小弟，你再给二姐发一封加急电报。"宋子文交代道。

这样，宋老太太的遗体便由青岛运往上海，停放在西摩路宋家老宅。在那里设下灵堂，整个宽敞的房间布置得庄严肃穆。花圈摆满四周，一直延伸到外面的院子里。它们分别写着：孤哀子宋子文、宋子良、宋子安；孤哀女宋霭龄、宋庆龄、宋美龄；婿孔祥熙、蒋中正。

从这些名字上看，有这些显赫地位的子、女、婿的母亲，实属中国近代史上独有。宋母，您该安息啦！

宋老太太遗体到达上海的当天，孔祥熙已到上海。这时宋子文想把母亲的丧事搞得体面一些，知道老蒋在江西"剿共"，不知能否来到，便把小妹召来问："中正通知了吗？"

宋美龄回答："通知了。"

"他能来吗？"

"他没说能来也没说不能来。"

"小妹，这个任务就交给你了，让他一定来！"宋子文下了死令。

兄长有令，宋美龄自有她的招数，及时拨通了蒋介石的专线电话交涉。那边传来了老蒋的声音："狡猾的共军已经从我的眼皮子底

第十二章
母亲葬礼

下溜过，我正在牙痛呢！"

"我不管你牙痛不牙痛，你一定要来。"

"我要不去呢？"

"还记得当年吗？你为了我，不远千里漂洋过海到日本，向老太太求情。要不是老太太，还有我们的今天吗？不要好了伤疤忘了疼。你也可以不来，我并不求你。"宋美龄一下子讲到老蒋的痛处。

老蒋缓了一下口气说："祥熙到了吧？"

"他在等你哩！就缺你这个孝顺的女婿了。你可以不来。"宋美龄激将道。

"庆龄从莫斯科回来了吗？"蒋介石又问。

"电报已经来了，今晚要是不回来，明天就到上海了。"宋美龄回答道。

"好，我就去。庆龄那边还有事吗？"

"你到底是为母亲奔丧，还是找我二姐而回来？你说清楚。若是找二姐你就不要回来了！我也不让二姐见你的面。"宋美龄较起了真。

"你不是要叫我当个孝顺的儿子吗？好，我回去，我听你的命令，可以了吧？"

"这还差不多。"宋美龄道，"你什么时间回来？"

蒋介石回答："最迟明天下午 5 点。"

宋美龄又向宋子文通报了情况，宋子文点了点头："知道了。"

宋老太太病逝时，因宋庆龄尚在国外，葬礼不得不延期举行。8月13日，宋庆龄从欧洲回到了上海。宋老太太的治丧委员会全是南京政府的要员组成，他们决定，8月17日"开吊"，18日"引殡"。

8月17日，为宋母倪太夫人开吊之期，灵堂设在西摩路宋家老宅的外客厅中。厅外悬挂着南京政府颁给的"孝忠报国"四字横匾一方，灵堂内置满花圈挽联，备极庄严。宋老太太躺在万花丛中，面目安然，等待来人的凭吊。

这天，丽日中天。

上午 8 时到下午 6 时，中外宾客前往吊唁者，络绎不绝。他们是：赵晋卿、张群、王晓籁、王一亭、杜月笙、日使重光葵及各国领事等，约数百人，尽是名流显宦。

12 时 30 分，公祭开始。

南京政府特派参谋杨啸天、田沛卿二人主祭。二人分立灵柩两旁。上海市长张群，西装革履，代表南京政府致祭于宋母倪太夫人之灵柩旁致辞：

> 呜呼，猗惟贤母，系出汉儒，毓灵珠浦，钟秀罗浮；
> 幼著柔嘉，长称淑慎，刘葛知勤，采菽识敬；相其夫子，
> 经营四方，比翼万里，联璧一堂；教有义方，既周且至，
> 封鲊敦廉，丸熊励志；令仪令誉，遐迩无间，鱼轩就养，
> 鸠杖看出；九点烟青，二陵峰碧，一旦仙游，遽归真宅；
> 人怀懿范，国褒女宗，陇闾纪德，彤史扬风；一代哀荣，
> 始终有则，酹酒陈词，灵其歆格。

张群的祭文不乏溢美之辞，亦是南京政府对宋母的最高评价。试问当今还有哪一位母亲可与之相比？宋母养育的三姐妹、三兄弟，个个天生丽质，聪明过人，皆是国家栋梁。难道这不是一位做母亲引以自豪的吗？

1931 年 8 月 18 日，历史应该记住，这是为一位中国最伟大的母亲举行葬礼的时刻。

葬礼是隆重而奇特的。

由于宋母是虔诚的基督徒，清晨 6 点举行了宗教仪式，宋氏家人亲友齐集宋宅花园草坪上，开始听牧师讲述太夫人生前恩德和为人。

第十二章
母亲葬礼

牧师开头引用了几句《圣经》中的话，接着就宣读手中事先准备好的稿子：

> 先妣生前待人宽厚忠诚，遇事忍让，心地善良，吃苦耐劳，治家有道，竟享誉四邻八舍。其亡故天候有象，滴雨数点，遗体三日不僵。虽为普通人，却存伟大精神。勤劳之魂千秋流芳，养育之恩百代永唁。
>
> ……

在教徒们的带领下，儿女们齐唱赞美诗，使悲恸的气氛变得轻松。

"让老夫人的灵魂在我们的祈祷下升入天堂吧！"随着牧师的一声祈祷，出殡开始。

蒋介石带领他的政府代表团如期赶来。声势之大，人员之多，前呼后拥，着实令人大开眼界。蒋介石下车时，着青色长衫，戴着草帽和墨镜。抵宋宅后，即改换黑衣布袍，黑袜黑鞋以示哀悼。

灵柩原定清晨5时由西摩路宋宅出发，而参加的政府部长及执绋亲友均于4时30分前就在宋宅集合。但因蒋介石来沪奔丧，5时40分才到宋宅，故改迟至6时30分出发。

军乐队鸣锣开道。宋子文等三兄弟走在最前面，接着是三个女儿宋霭龄、宋庆龄、宋美龄以及女婿孔祥熙、蒋介石依次前行。宋家三姐妹都是"黑纱旗袍、脚履黑色纱袜，面罩黑纱，垂首饮泣。蒋、孔两氏亦是黑纱长衫的克尽半子之礼"。

随着一声"灵起"，宋庆龄哭声尤烈。联想到政治把亲情分开，她犹如一只离家的孤雁，痛不欲生："妈咪呀，我在这里，你到哪里去了?!"一声哭泣一声泪，连声哭泣泪满襟。

在灵前灵后，参加和保卫葬礼的部队，有上海警备司令部宪兵一个营和军乐队；海军陆战队一个连和军乐队；公安局第一大队机车队和军乐队，以及英法两租界中西巡捕，总数不下千人。显示出死者的崇隆地位。

队伍从西摩路出发，至万国公墓。十里长街，警备森严。

公安局机车队及捕房探捕为先导，沿途巡视，上海市公安局长陈希曾为总指挥。执绋来宾，有何成浚、贺耀祖、连声海、杨杏佛、虞洽卿、张群、马福祥、朱培德、王正廷、杜月笙、黄金荣、陈绍宽、王柏龄、蔡元培等。此外，于凤至女士、于右任夫人、戴季陶夫人等亦亲自乘车送殡。

上午9时许，灵车缓缓驶至万国公墓中央礼堂，宋子文三兄弟及宋霭龄、宋庆龄、宋美龄三姐妹，还有蒋介石、孔祥熙等恭站灵前，由江长川牧师主礼举行一次约五分钟小小的仪式。当灵柩伴着祈祷送入墓穴时，宋家人的泣声变成了号啕大哭。

宋子文悲痛地哭道："我们没有妈咪了！"

宋庆龄扶着小妹哭喊："妈咪，我在此，你在哪里？"

哭声传染了姐妹们，一个个泪流满面。这时，不少目光投向蒋介石，只见他亦频频以巾拭目。

接着十名身着蓝色长衫的彪形大汉，盖棺论定，并在棺上盖以青天白日党、国旗两面，对灵柩加封。9时50分，葬礼完毕。

墓穴在左首，即宋子文父亲宋查理旁西侧，穴深五尺，穴内铺以水泥，墓外四周铺以青草。宋子文等依次在墓前最后行三鞠躬礼向母亲告别，一场隆重的葬礼就这样结束了。

母亲的葬礼过后，兄妹姐弟又重新回到母亲的住宅。对母亲住宅如何处理，大家又发生了分歧。宋霭龄坚持把住宅交给教堂，因为母亲一生信仰基督；宋美龄坚持保留下来，作为姐妹兄弟的感情的纽带。宋庆龄首先站起来支持宋美龄。大家也同意宋美龄和宋庆龄的意见。此事才算达成共识。

亲情使他们团聚，政治又把他们分开。倪老夫人的葬礼过后，

第十二章
母亲葬礼

宋家姊妹由于不同的政见，又使他们很快地分离。宋庆龄不满蒋介石对中外进步人士的镇压，着手筹建中国民权保障同盟；宋美龄支持丈夫转返江西，指挥"剿共"军事；而宋子文、孔祥熙返回南京，应付急救水灾事宜。

如今七十多年过去了。我们不禁想起宋老夫人生前的遗嘱，子女们辞世后都要安葬在她和父亲的墓周——生前是骨肉，死后是同魂。可是由于种种原因，今天只有她的二女儿宋庆龄归孝了，而已故的大女儿、大儿子、三女儿、二儿子、三儿子却遗憾地落葬在异国他乡，未能回到父母的身旁。

遇刺之谜

　　宋子文回忆：当烟雾消散的时候，我发现同我并肩走的唐秘书，肚子、臀部和胳膊都中了枪弹。子弹是从两侧打进他的身体的。他的帽子和公文包弹痕累累。我比他高好多，可我哪儿也没伤着，简直是个奇迹。

事情无独有偶。亦言祸不单行。

如果说 1931 年是南京国民政府"天灾人祸"的一年,那么说该年 7 月 23 日又是宋子文"祸不单行"的一天。

这一天,母亲在青岛溘然去世;亦是这一天,宋子文又在上海北站遇刺。

究竟是怎么回事?需从中原大战说起。

早在 1930 年下半年,一世枭雄蒋介石逐鹿中原,几个有力的对手接连败北,赶走麦城。至此中国实现南北"统一",蒋介石暗感"上帝恩赐,助吾成功"。他认为这是上帝的安排。上帝在哪里?先前在他向宋美龄求婚时,岳母曾给他讲过《圣经》、基督的故事,并劝他入教。蒋介石也满口答应下来。如今炮火停止,硝烟已散,南北"大同"。似乎又有一只基督的神手向他伸出来——暗助他荣登总统宝座。如果当初他还半信半疑的话,这时他才彻底由疑转信,祈祷上帝早日助他成功。中原大战一结束,他便向宋美龄提出入教之事。在宋美龄的安排下,10 月 23 日,夫妇携手回到上海,拜见了倪老夫人,然后在宋家老宅,由美籍传教士江长川牧师主持仪式,为其洗礼入教,并向新闻界发布了消息,然后投入"剿匪平共"的战争,为实现他那总统梦幻,扫除一切障碍。

蒋介石入教,并不仅仅是信仰问题,另外还有一个政治问题。明眼人一看便知,那是为讨好宋家,因宋家与美国交情甚笃,眼下小日本靠不住,靠近美国必须亲近宋家。这是其一;其二,在前他与宋子文在抗日上因有不同政见,关系好生紧张,入教也是缓解这种矛盾;其三,大姐宋霭龄和其姐夫孔祥熙当年是其红娘。入教也能取得他们政治上的信任，稳定政权，收买人心，为其荣登总统宝座创造资本。

在这个遮人耳目的幌子下，他的权力欲极度膨胀。比如他提出早日召开"国民会议"，制定训政时期的"约法"，实际上是他想登基总统宝座的第一步。关于"约法"，早在1930年孙中山之子孙科便一针见血地提出："蒋氏实欲于国民会议提出总统，不敢明言……拟收买云贵及长江以南之各省猪仔代表，于开国民会议时临时提出修改约法，加入'总统'一词。其目的昭然若揭。"

立法院院长胡汉民，这位国民党最有资格的要员竟与孙科看法不谋而合。同时蒋介石的独裁，早使胡汉民不满。再说蒋、胡之斗已有时日。他竭力抵制蒋介石的这个提议。

一次胡汉民公开发牢骚，意思也是传给蒋介石听："有一次，在中央党部开会，立议了什么案？这案议决了，陈立夫说：还得问问介石的意思。这时蒋介石在前方。我听见立夫这么说，先站起身说，祖燕（陈立夫）向来最圆通。大家也忍不住了，慨然说：既然党部的决议还不能作准，又何必提出来？有一次，我在中央党部告诉立夫说：其实什么机关都可以不要，只存一个陆海空军总司令部便可以了。既简捷又经济，这样一实行，对于减少目前的财政恐怕也不无小补！介石是不是什么事都要闻问，我不得而知。但陈立夫、陈果夫等，对任何事件，总说：介石不知意思如何如何……难道在政府党部之外，又有一个太上政府和太上党部，总持一切吗？"

胡汉民力持不能由国民会议制定约法，目的是反对蒋介石权位欲的无限膨胀。

果然有人将此话传给"剿共"前线的蒋介石。蒋介石雷霆大发："娘希匹，你胡汉民不就是立法院长吗？不行我撤了你！"

后来又有人把此话传给胡汉民。胡汉民伤心泪下："我胡汉民出于公心，以党国利益为重，好像我这个立法院长是他封的！独裁！

最大的独裁！他不仁我不义！"

　　难免后来蒋介石从江西回到南京，二人为"约法"之事动起肝火，舌枪唇剑，互不相让。蒋介石甩掉了帽子，胡汉民拍红了巴掌。多亏宋子文等人出面相劝，此场风波才算平息。

　　可是蒋介石却耿耿于怀，记恨心头，必欲除之而后快。于是又发生了下面一幕，也是人们极不愿看到、极其痛心的事。

　　1931 年 2 月 28 日，天狗吞吃了月亮，夜黑如墨。

　　胡汉民正在家中看报，随着敲门声，突然闯进两个膀大腰圆的军人："蒋总司令邀先生赴宴。"随呈上蒋的手书。

　　"深更半夜的请人吃饭，我们已经吃过了饭。"胡太太听到说话声，情知凶多吉少，直向丈夫使眼色，劝胡不要去。"这，这……"胡也犹豫。

　　"这是命令！"说完那两位军人连推带拉地把胡汉民带到了门外，塞进一辆早已准备好的吉普车里，送到了总司令部作战室。

　　"你们不是说司令宴请我吗？"胡当场质问。

　　"是，司令宴请你。这是菜单，你看看吧？"一位军人随即呈上一封指责胡汉民的信件。信上加了蒋介石的许多红笔批注，构成了胡汉民的所谓罪状。重要的有：

　　　　一是勾结汝为（许崇智）；

　　　　二是运动军队；

　　　　三是包庇陈（群）、温（建刚）；

　　　　四是反对约法；

　　　　五是破坏行政；

　　　　……

　　不看不知道，一看吓一跳。胡汉民几乎昏了过去。连声大骂："这是栽赃！无中生有！"

第十三章
遇刺之谜

"什么栽赃!" 说话间蒋介石进了屋。

"总司令,你们这样不择手段地整人,不是栽赃是什么?我胡汉民还能干下去吗?我辞职!" 胡汉民也出言不逊。

蒋介石冷笑一声,立时因势利导:"胡先生能辞职,很好。但不能不问事。除我总理外,最尊敬的便是胡先生,今后遇事,还是要向胡先生请教,今晚胡先生火气太盛,我又不会说话,讲什么事,向来辩不过胡先生。不过我蒋中正断不肯冤枉胡先生。"

蒋介石一面说,一面拍胸脯。

二人理论持续到天色大亮。

从此这位中华民国的"国会议长",被人称为"最尊敬"的政治家元老,便被蒋介石幽禁于汤山,犹如笼中鸟一样失去行动自由。

胡汉民被囚,党内要员哗然。人们慑于蒋介石的淫威,"议案"无一人反对顺利通过。

但天下并不以蒋介石的意志为转移,国民党内并未从此太平无事。党内各派反蒋又抬头了。先后,胡派的中委和孙科派的中委,离开政府,相继南下;新任命的立法院长林森,亦弃职离京,远走高飞;原司法院长王宠惠远走国外;桂系、汪派、西山派以及唐生智、李烈钧、唐绍仪和陈友仁等一些受蒋介石打击或对蒋不满的人,都相继起来四处活动。"物以类聚,人以群分",这些人到了广州,因为陈济棠自代李济深主政广东以后,手握重兵,为他们提供了反蒋物质基础。有道是:"乱世英雄起四方,有枪便是草头王。"此是后事不讲。

再说胡汉民被扣押的消息传到家中,简直要急死了其妻。妻子为迎救丈夫,披头散发地找到了老亲家林焕庭商量。本来林焕庭对老蒋早就有成见,听到此事更使他火上房。一个计划在他心中孕育。于是林焕庭便连夜邀请好友李少川,暗中疏通王亚樵,借刀除掉蒋介石,解救胡汉民。

因"约法"之争,导致国民党内部分裂,孙科等便在广州举旗设营，与南京的蒋介石政府分庭抗礼。

孙科闻知此事，极力支持。暗杀可使南京失主断梁，变成无首之府，而广州政府可乘虚而入，取而代之。

再说王亚樵自从北伐结束后与蒋介石闹翻脸，险遭老蒋的暗算，欲报一箭之仇，暗杀也是他早有的主意，只是势单力薄，没有实施罢了。听了此事，一口应允下来，并接受了广州政府孙科的 20 万元的巨款。当一手立字据一手交款的时候，这笔"买卖"便成交了。

王亚樵手下有两员得力大将，非常能干。一是郑抱真，一是华克之。由他们组成了"铁血锄奸团"。王亚樵自任总指挥，总部设在大上海。根据蒋介石的行迹而经常穿梭于南京、庐山两地，郑抱真去南京，华克之去庐山，侦探行踪，以便下手。

说干就干。这天傍晚郑抱真带着他的"铁哥们"乘车去了南京。经过关系侦探得知，蒋介石近日乘军舰沿长江去庐山，下榻太乙峰别墅，立马回上海禀报王亚樵。王好生高兴，连夜派华克之、陈成等去庐山。

华克之走后，王亚樵又生怕枪支子弹不够用。经过一番密谋，买了金华火腿，用刀将其挖空，把两支手枪和子弹封装里面，火速派人送上庐山。好雨知时节，枪到便有用。

这天，蒋介石一行正好赶到庐山。

夕阳西下，蒋介石吃过宴请，便到太乙峰前的竹林里消食散步。

这是一片神秘的土地，青翠的竹林，被夕阳的余晖染透，在庐山的浓雾里，发出紫红色的光环，放射出千万道金针银线，令蒋介石心旷神怡。蒋介石每到这里时，总免不了感叹一番。

殊不知今天的竹林已今非昔比，格外的沉寂，连鸟的叫声也听不到了。那竹林的后面已露出黑色的枪口，目标正对着吟诗的蒋介石。

"叭——"一声枪响，打破竹林的沉寂。

第十三章
遇刺之谜

"谁?"侍从官拔出枪来,警惕地巡视着四周。

又有侍从跃扑在蒋介石身上。

这一枪是陈成所开,但在慌忙之中,陈成又转移到一棵竹子后,接着又是一枪。两枪均未命中目标,陈成被发现了。侍从先他扣响了扳机,子弹射中陈成的头部,倒地身亡,而蒋介石安然无恙。

行刺没有成功,华克之等急忙撤回上海。

蒋介石着实虚惊一场,而后加强了防备。每到一地皆警戒森严,前呼后拥,使郑、华无从下手。

王亚樵觉得花了人家的钱,事情不成,无法向林焕庭和孙科交代。后与孙科的手下商议,决定改换目标,刺杀宋子文,来个杀鸡给猴看。再说宋子文为南京政府的财政部长,亦是蒋介石的"输血机器",刺宋成功可以断绝蒋介石的财源,逼蒋下台;同时宋的戒备不像蒋介石,易于得手成功。消息报到孙科处,孙科开始有些犹豫,主要考虑宋家还与孙家有层关系,后考虑政治需要,他就狠了狠心认了。

孙科的意见报到王亚樵处,王当夜在上海大华公寓召开骨干会议,针对宋经常往来南京上海一线,决定在上海北站趁旅客上下车混乱时下手,然后施放烟幕弹撤退,制订计划,秘密布置。接着郑抱真指挥南京行动组住进仙鹤街余立奎家,上海行动组由王亚樵亲自指挥,租下北站附近天目路一幢三层楼房作为据点。同时他们又对宋子文的行踪再次侦探,得知宋子文家住上海西摩路141号,每逢星期五自南京返上海,再于下周一去南京办公。

为此,一场阴谋紧锣密鼓地悄悄地进行着。

上海市八仙桥处有一个"和平米店"。

这是王亚樵另一据点,以专营淮北船帮贩运到上海的大米为掩护,赚了钱作为"铁血锄奸团"活动经费。郑抱真为老板。郑手下有几名伙计,其中有一绰号"小泥鳅",此人极为活跃神通,他已利用各种关系钻进了虹口安清帮中,并与日本浪人有秘密来往。

郑便派他去秘密购置烟幕弹。

"小泥鳅"在安清帮首领常玉清徒弟的协助下，用高价从日本浪人手中弄来一枚秘制的烟幕弹。

在购烟幕弹时，"小泥鳅"发现库房还有二枚，经套话得知，这二枚烟幕弹是日本"魔法军人"田中隆吉雇佣常玉清在北站刺杀日本驻华公使重光葵时用的。"小泥鳅"听后暗吃了一惊。

日本军人为何要谋刺其驻华公使？50年后重光葵在他的《外交回忆录》中披露了此一事件，这是日本策划侵华战争中的一大阴谋。田中隆吉拟在上海暗杀日本公使重光葵，然后，栽诬中国，以挑起军事冲突。另因重光葵执行的是"币原外交"路线，主张以经济渗透方式巩固扩大在华的权益，反对使用武力，所以日本军人把他作为暗杀目标。

事情竟是这样巧合。

两组的暗杀目标竟会在一起。

企图不同，目的不一，这就使暗杀有了戏剧性的冲突和矛盾。

"货到！"郑抱真将买到的烟幕弹交给王亚樵。

王亚樵验了验货道："很好！我也把枪支弹药弄到手了。你什么时候去南京？搞清猎物的行踪。"

"我听从你的安排。"

"事不宜迟，今天就去吧！"

于是郑抱真坐车到南京。他在南京夫子庙找地方住下来，当晚便与财政部的一名女会计——亦是昔日的朋友接上了头。

朋友相邀相见，无话不谈。再加上郑抱真有现款相送，没有不上钩的鱼。朋友实情相告：

"不瞒小弟说，我虽然官不大，宋部长也得听我的。他每天到哪去，都向我招呼一声。而我每天都要向宋部长汇报外汇市场行情。所以他的行踪我清楚。"

"大姐，一切拜托你了。"

"好好好。"

接着二人又相约了接头地点。

7 月 22 日下午。宋子文对他的会计说："我接到青岛电报知母亲病重，准备今晚回沪打点，不日去青岛。"

郑抱真得报后，看了看时间不早，立即密电王亚樵："康叔准于 22 日晚乘快车去沪，23 日到北站，望迎接勿误。"

郑抱真发完电报，松了口气，回旅馆躺下。

"咚咚咚"有人敲门。

"谁呀？"郑抱真以为出了什么事，魂不守体。

"是我。大哥。"

"小泥鳅！"

郑抱真上前开了门，急问："你怎么跑来的？我还以为是谁呢？"

"小泥鳅"气喘吁吁地说："大哥，不好啦！"

"怎么不好，坐下来慢慢地说。"

"我在买到烟幕弹后，探知田中已收买常玉清在北站刺杀重光葵，然后嫁祸铁血锄奸团，以便在上海实施战争。"

郑忽听一惊："他们什么时间动手？"

"小泥鳅"道："常玉清已知道宋子文 23 日到北站，届时趁宋子文和重光葵出贵宾门前时行刺。重光葵为何与宋子文同时到上海呢？原来重光葵的基地在上海总领事馆，每周一到南京馆办公，来往宁沪的时间和宋子文基本一致；他在南京主要与中国外交部长王正廷打交道，和宋子文也常往来，关系甚密，经常同乘一列尾部的花车回上海，所以他们认为这是行刺重光葵的最有利时机。行刺得手后也施放烟幕弹掩护撤退，同时将写有"斧头党"（铁血锄奸团前身名称）的未响炸弹及武器丢在站内外，以制造栽诬王亚樵的证据，这样中国就必须承担事端的责任。"

"你来前找到王亚樵吗?""小泥鳅"急问。

郑抱真一拍大腿道:"此事怕是时间来不及了,我已向王亚樵发了报。追也追不及了!"

"那可怎么办呢?""小泥鳅"感到问题严重。

"王亚樵刺宋子文,常玉清杀重光葵,届时二人必死无疑;但结果王亚樵正好为常玉清作了掩护,日本军方很容易将一切责任推到铁血锄奸团身上,中日冲突骤起,王亚樵和铁血锄奸团就成了洗刷不清的罪魁祸首、民族的罪人。"

说话间华克之也来到,主张立即发一份加急电报,暗示情况突变停止行刺宋子文。

"好是好,时间已来不及,且电文也难以说清,更要冒泄密的风险。"郑抱真道。

三人急得团团转。想不出任何好的办法来。

万般无奈之中,他们毅然决定,三人搭乘当晚宋子文、重光葵的快车去沪,抢在宋子文和重光葵出车厢之前对空鸣枪发警报,以便使他们不出车厢,破坏常玉清的行刺计划,王亚樵见情况突变,也会停止行动。

上海的北站。

阴云遮住了明丽的月光。

且说王亚樵在接到郑抱真的暗语电报后,马不停蹄地在北站作了周密布置,人员分三组以旅客打扮,组成了三道阻击线。一切准备就绪,只待"猎物"入网。

另组杀手——常玉清也亲率门徒来到北站现场。

双方人马安排就绪后,只等重光葵和宋子文肩并肩走出车站。然而常玉清根本不知道王亚樵的人马也在这里作了布置,更不会知道郑抱真的"紧急措施",于是一场密谋策划的刺杀混战在不知不觉错位中等着开场。

第十三章
遇刺之谜

一列满载旅客的火车在宁沪线上急驶。

一路风尘，一路高歌。

重光葵带着两名大使馆书记官；宋子文带着六名贴身卫士和唐腴胪机要秘书，乘坐在最后一节花车上。此时他们根本没有意识到大祸就要临头，一边交谈，一边观望沿途风景……

进站的列车减慢了速度。

列车停稳后，没等常玉清看清目标，重光葵随着人群出站，匆匆上了汽车。宋见重光葵先走，觉得他是客人，有些过意不去，没等旅客走完便急急地追出门来。

"叭叭——"枪声响起。

这时守在车厢中等待机会的郑抱真和华克之见宋子文已走近出口，眼看就要进入常玉清的枪击圈内，便不顾一切地跳出车厢，紧急对空鸣枪，以示警告。

卫士们拔枪还击。

王亚樵手下人听到郑抱真信号还以为需要支援，便向卫士开枪。一时车站内外枪声大作，弹如飞蝗。旅客们争相逃窜。

重光葵的汽车还未走，子弹从车站的砖墙上反弹过来从重光葵的汽车顶掠过，重光葵急令司机开车。

宋子文和随身秘书唐腴胪从未见到这种场面，惊吓得在贵宾出口处进退不得。常玉清也丈二和尚摸不着头脑，但一下发现宋子文就在出口处，与他并肩走的人，身穿夏布衫，手持黑色皮包，中等身材，认为这就是重光葵，遂发出"目标已达"信号，于是常玉清下令刺客立即趁乱集中射击，"重光葵公使"应声倒地，身上连中三弹。常玉清见"目标"已中，迅速示意撤退。此时王亚樵手下的人也误以为宋子文倒在血泊之中，遂甩出烟幕弹，人马呼哨而去。

一场混战过后，常玉清想不到这次行动如此顺利圆满；王亚樵也认为宋子文必死无疑，郑抱真则后悔不迭，以为重光葵已死，日本将借此发动战争，他们将成为民族的罪人。事后才明白，被击中的是重光葵的贴身，倒在血泊之中的乃是宋子文的机要秘书唐腴胪。庚腴胪这年 32 岁，自美国哈佛大学毕业归来不到十天，刚新婚不久。当时枪声一开响，他亦惊呆了，在出口处东张西望，想找个安全处，想不到一下子被乱枪击中。宋子文见唐倒在血泊中，腿脚一软，倒在了一名保镖身后，最后连跑带爬地进了站长室，连一根毫毛也没伤着。

当时《纽约报》刊登了一则消息，标题为《子弹没有击中宋》，其中登载了宋子文本人对这次暗杀未遂事件的叙述：

> 我正往车站外面走，在我离出口大约有 15 英尺的时候，有人突然从我的两侧同时开枪，我意识到我是射击的目标，我立即把灰暗的、车站里十分显眼的白色硬壳太阳帽甩掉，跑进人群，躲到一根柱子后面。整个车站很快被刺客们的左轮手枪发出的烟雾所笼罩，乱枪从四面八方打过来。我的卫兵们则开枪还击。整整过了五分钟，车站的烟雾才消散。我的卫兵们看见至少有四名刺客在开枪，否则人数也许还要多些。当烟雾消散的时候，我发现同我并肩走的我的秘书，肚子、臀部和胳膊都中了枪弹。子弹是从两侧打进他的身体的。他的帽子和公文包弹痕累累。我比他高好多。可是我哪儿也没有伤着，简直是个奇迹。

究竟是宋子文命大，还是谋刺他的人只是吓吓他，提醒他小心跟蒋介石做坏事，这里无从考证，也就只能作为历史悬案了。

蒋、宋交恶

　　宋子文心灰意冷，一气之下辞去了财政部长的职务。在一段时间内，宋对蒋表现出一种傲慢的态度，他私下里对人说："当财政部长，跟给蒋介石当一条狗没有什么两样。"而蒋介石正需要孔祥熙的殷勤驯顺。

"吃不愁花不愁，计划不周要发愁。"这是宋子文复任南京政府财政部长后对人常说的一句话。实际这句话也是有所指的，所指的就是针对南京政府无计划、无政府、无预算的"三无主义"和蒋介石不顾国力、财力的一味"剿匪反共"。

从宋子文上台不到三年，蒋介石已经与共产党打了六次大仗了。他已经对共产党苏区发动了五次"围剿"，每次都是以失败告终，但他的决心有增无减。在 1930 年底到 1932 年 1 月的第一次"围剿"中，他动用了 10 万部队；在 1931 年 5 月至 6 月第二次"围剿"中，动用了 20 万部队；第三次"围剿"，是从 1931 年 7 月到 10 月，出动的军队达 30 万；第四次达 50 万军队；第五次达 90 万。另外再加上北伐，不难看出宋子文理财的钱都哪儿去了。蒋介石由于野心的膨胀，可不管那一套，"剿共"第一，他不懂财政，只管伸手要钱，也不愿意听取别人的意见，于是宋、蒋交恶事在必然了，只是时日问题。

开始，宋子文还是让他几分。可是宋子文也是一位受过西方教育的有个性、有见解、干工作认真的人。他不像孔祥熙那样婉转，对主子言听计从，逆来顺受。对有些问题还是敢提意见的。在宋子文复出财政部长时，他看到政府财政支出没预算，于是就向蒋介石提出，要求建立"国家预算制度"。他曾说：一个国家和一个家庭过日子是一样的。家庭没有计算日子就难过，同样国家没有预算就要乱套。

这时的蒋介石，正策划于密室，调兵遣将，筹措第二次北伐。有言道，兵马未动粮草先行。要大举出兵就要有军费做保障。实际

第十四章
蒋、宋交恶

上蒋介石的这次北伐是在宋子文没有财政预算的情况下进行的。

这天，老蒋把他的财政部长宋子文唤到自己的行辕，说："我要进行第二次北伐，方案已定，命令已发。希望你这个财政部长配合，每五天要拿出166万元军费。你说怎么样？"

宋子文一听就犯愁："这，这可没有预算啊。钱的问题不是到时候说拿就拿的。"

蒋介石坚决地说："我不管你预算不预算，我也不管你采取什么样的手段，去偷也好，去抢也行，必须保证我的军费开支！"

"那好吧。下不为例。"因是第一次，情有可谅，宋子文让了步。

接着时间到了1933年，红军退守在江西一带，蒋介石恨不得一口吃掉，实现他的帝王梦。一、二、三、四、五次"围剿"皆失败了，蒋介石已气急败坏，眼珠血红。为了扭转败局，又一次庐山会议开始了。

"好了，我们开会。"蒋介石一开场做了"剿匪"动员，"我要讲六个问题。'剿匪'要实干，推进'剿匪'区域政治工作的要道，'剿匪'军官须知，'剿匪'之意义与做人的道理，'剿匪'最重要的技能是什么？'剿匪'成败与国家兴亡。在前个时期，我曾经召集川军会议代表会商川省'剿匪'计划，委任刘湘为四川'剿匪'总司令。并且命令川、陕、豫、鄂、湘、赣、粤、闽八省总动员！"蒋介石指指案头一沓书："这是我颁发的'剿匪手册'，其中除了规定战术要义外，还实行'连坐法'。这连坐法实在妙不可言，你们听听：我规定师长同全师退则杀师长，团长同全团退则杀团长，连、班皆类此。军长不退而军官兵齐退，以致军长阵亡，则杀所属之师长，师长不退而全师官兵齐退，以致师长阵亡，则杀所属之团长……班长不退而班齐退，以致班长阵亡，则杀全班士卒！"蒋介石笑问道，"这个办法怎么样？"

"好好好，好极了！"众人齐声赞叹，"这办法简直太绝啦！"

163

"好好好，"蒋介石指指宋子文，"现在轮到你说一说财政方面的布置了。上月 23 日，中政会通过鄂赣闽湘四省'剿赤'军费指标 180 万元，资本 1500 万元，行吗？"

"说来话长，"宋子文扶了扶自己的眼镜，"对于美国和日本帮助我们'剿匪'，我们的确应该精算一下。首先，我们军火的来源问题：今年 2 月 28 日，英国工党议员麦根·琼斯向下院报告，说有一家军火厂替日本和中国制造军火。有一天中、日两国的经手人同时到那家军火公司，相遇于会客室，但他们并不怒目而视，却彼此比较价钱。"

"该死的！"蒋介石发急，"这种秘密怎能讲出来？"

"问题还不在这里，"宋子文淡淡一笑，"琼斯报告得可够挖苦。"他接着说，"结果这两位代理人同时去晤见军火公司总裁，要求减低价目，如今据说已经减低 40% 了！"

"那我们国库支出可减少咯！"孔祥熙弦外有音。

"问题就在这里，"宋子文心想你也要在这种大宗国际贸易里分到甜头，这事情可没有这样简单，"但是，我们国库的支出还没减少，内中情形我正在调查。不过我们的军火来源问题真应该商量商量，别给人家当作笑话。上个月有一位美国朋友来告诉我，说美国有一个国际问题专家赛尔特斯正在动手写一本《军火与利润》，这本书如果出版，对我们是极为不利的。"

"奇怪！"蒋介石不解，"美国朋友之中，还有对我们不利的么？"

"多着哩！"宋子文打开皮包，抽出几张打字纸，"美国人不一定事实上就倾向我们，同情左派，反对我们的可不少。以这个赛尔特斯为例，他将要出版的那本书里，就有这么几段话。"他念道，"这是中国反革命内战的一个本质的问题：中国的军火几乎全部要依赖外国，因此中国便成为世界上最大的军火顾客。"

"日本在 1930 年所供给中国的军火，占世界军火总输入的

第十四章
蒋、宋交恶

37.5%……禁运军火虽曾喧腾一时，实则凭借了中介人与上海自由港的便利，中日双方对于军火的供给，毫不感觉困难。《密勒氏评论报》曾经说过，如果各国停止供应军火到中国，那么中国的许多内乱，可以自动终止。中国的军阀倘无外援，就很少能有所为。不论军火是向日本买的，还是向美国、英国或者德国购买，中国的内战必须借助于外国的军火，这是铁一样的事实！"

"这本书不行，"蒋介石皱眉道，"可是又不能禁止它印刷，我看还是你想办法跟这个什么赛……买过来吧。"

"恐怕不行。"宋子文表达他的本意道，"由于外国人在说我们的闲话，据说还有人在美国骂我们，说我们发行的内债有86%用在内战上，这种用途和购买军火是不可分的，因此我们这几个都变成了军火买办。说我们几个决策者，不但在内债上发了财，而且还在军火的买卖上发了财。说军火是南京政府最重要的秘密的大宗国际贸易，这种大宗国际贸易的回扣和其他种种利益，绝大多数被我们几个人在垄断！"

宋子文苦笑笑，耸耸肩，摊摊手："我今天特地声明：军火支出并没有减少，'剿匪'经费是另外有其来源，我受不了人家的诬蔑，说真的我不想干了！"

"不干了是气话。"蒋介石安慰道，"现在是布置'剿匪'，你作为财政部长说说经费能否保证？"

"今年已开出五笔没有预算的款项了，再拿出这么多经费，估计国库就空了。"

"空了，你就辞职！"蒋介石感到不高兴。

在场的宋美龄见宋子文一时为难，又担心老蒋发火，立时出面劝解："哥，你是银行行长，印发一批政府公债不就有了？"

"看来，这是没办法的办法。只能如此。"宋子文道。

"要以大局为重，就这样办吧！"老蒋下了逐客令。

　　说归说，意见归意见，但钱还要筹。宋子文只能不情愿地采取高压政策，说是"强迫"也好，说是"刮民"也行，要求上海资本家从腰包里掏钱。

　　有一天，宋子文在上海召集了一些金融巨子，要求"体恤时艰，与政府同心同德，共赴国难"。但各行业负责人皆认为政府无信誉，所借之款，是"小卒过河，有去无回"，纷纷拒绝再借，结果，会议不欢而散。

　　会后，宋子文向蒋介石讨策。蒋说："你把这些有钱的主户，统统给我召到南京，就不要管了。我来训话。"

　　宋点头称是。

　　第三天，宋子文将上海的二十多名商业巨子请到南京蒋介石的行辕。蒋开始高一腔低一腔的训话。大意是政府急于"剿匪"，急需军费。我派宋部长去上海向你们筹款，你们居然说长道短，实在不像话，说着说着，就吼了起来：

　　"须知今日不仅南洋有'共匪'蔓延，就是上海潜伏的'共匪'也不在少数，你们如果不肯帮助政府解决困难，一旦上海共产党暴动，政府又何能帮助你们呢？你们先反省，我去小解。"

　　说完就走，走之不回。

　　会场冷场了，又不敢散会。

　　人们等了又等，半天过去了，饭都开过了，实在无奈。这时吃了饭的宋子文过来，人人纷纷责问是怎么回事？宋子文也不知。此时一个"识时务者"提示大家说："政府派兵'剿匪'有困难，我等体念中央难处，愿回去限期筹足政府所需借款，岂不可回去吃饭了？"

　　大家同声赞同。

　　宋子文将此情况告诉了蒋介石，蒋才下令"散会"。

　　一来一往，再二再三，弄得宋子文与工商界矛盾加深起来，同

第十四章
蒋、宋交恶

时也引起了人们对政府的不满。

此后宋子文不得不考虑尽快实行中央财政预算制度。

不久，全国财政会议如期召开。

来自全国各地的百余名工商界代表聚于上海大华饭店。

宋子文主持会议，并作财经总结报告。

他先报告了形势，并对此存在的问题作了深刻的检讨。他说："'剿匪'期间，为了筹措应急军费，政府不得不采取一些强制政策，比如迫使大家出钱买公债，引起大家不满，后遗症很大。对此，政府包括我本人在内应做深刻反省，向大家表示歉意。"

宋子文讲到此，站起身向大家鞠躬，大家响起一阵理解的掌声。接着，他针对财政中的问题，一针见血地提出了自己的见解。他说："任何政策的制定，都要通过人民。否则，任何一个政府都得不到人民的信任。高压政策，抑或强制政策，只能加剧政府与部属关系的紧张，只能管一时一事。作为一个国家，像一个家庭一样，应该搞财政预算方案，从宏观加以控制。应该量体裁衣，力所能及。在军费方面应该加以限制，根据我们的财力所及。我认为每年度军费开支不得突破1.92亿元为好，军队限员应为50万人。否则我们财政负担不起，重蹈高压覆辙。"

宋子文讲到此，又是一次更热烈的掌声。

宋的这个建议作为一次重要提案，得到了与会的银行家、商人、工业资本家的支持并获大会通过，上报政府批准执行。

后来，蒋介石等一行回到南京时，召开常委会通过此案时，遭到了包括蒋介石等多数人的反对。此方案就此搁浅。

好心当成驴肝肺，宋子文不肯善罢甘休。紧接着，在8月份南京政府召开的国民党第二届中央执行委员会第五次全体会议上，宋再次提出了"中央预算和限制军费"的提案。宋子文激动地说："五次'围剿'期间，为了筹措军费，我们财政部已将全部重要税收都做了抵押，因此除非迅速采用统一税收和预算计划，形势很难扭转，中国势将很快面临破产。因此，我曾提出的中央预算和限制军费的提案是有一定理由的。"

宋的讲话不多，却得到了与会者的支持。

蒋介石也顺水推舟，这时宋子文才松了口气。

可是宋子文高兴早了，事实并非他想的那么简单。由于南京政府是军政府，军政府掌权，军事要放在首位，不愿压缩军费。再加上地方新军阀各自为政，我行我素，不予配合。宋子文的上述提案虽批准，却实行不了，最终流于形式，成为一纸空文，令宋子文好生伤心。

尽管宋子文挖空心思，百般筹财，被人称之"摇钱树"；但是蒋介石的军费开支却是个"无底洞"，张口就要，永远也填不满，致使南京政府的财政赤字越来越大，包袱愈背愈沉，填不满巨额赤字，唯一办法是靠借债生存。南京政府收入中的借贷部分，1927 年 6 月高达 48.6%，最低是 1932 年 7 月 1 日为 16.8%。由于政府承担了以前历届政府所欠的外债，国内政权尚不稳固，因而在国际上缺乏信誉，很难借到外债。仅 1927 年至 1931 年五年间，南京政府内债就发行了 25 种之多，合计 10.058 亿元。由此蒋宋矛盾渐渐趋于公开、尖锐、激烈。

宋子文深知若再采取过去那种强制政策，向上海和江浙财团们筹款已无力行通，此次便采用了与这些财团合作的办法发行公债，即以公债和库券大折扣出售给银行家，也就是将债券在正式发行前抵押给银行，由银行预付债券票面值的 50% 的现金。如上海钱业公会所属钱庄，从 1928 年 3 月至 1931 年 3 月在 13 笔交易中，以 1562 万元的预付金购得 3060 万元的债券。债券正式发行后，或者直接投放上海证券交易所，或者存在银行，由这些银行根据市场价格议定最后出售价。由于有利可图，银行家们都愿意做这宗买卖。特别是

第十四章
蒋、宋交恶

蒋宋家族，他们既掌握南京政府的财政大权，又控制着全国的金融业，信息灵通，所以他们可以通过国家政权发行公债又可以通过银行垄断公债的经费，从手中获取巨额利润。例如宋子良、宋霭龄等人创办的七星公司就是利用蒋、宋、孔三大家族的关系，参与债券投资活动，从中获取暴利。蒋家政权的腐败也是从这里开始的。

据统计，1930年至1933年，蒋介石的南京政府由于发动中原大战和对红军的大规模的军事"围剿"，军费年年有增无减，所以时称"南京政府视发行公债如家常便饭……宋子文上台后，南京发行公债是其筹款的唯一途径，就是为蒋介石穷兵黩武之用"。而宋子文则把财政收入"一部分充当军饷，一部分购买枪械，一部分收买军队，一部分则落入蒋介石和宋子文的私囊"。

从1928年至1933年，宋子文在筹款理财方面为蒋介石的南京政府做出了巨大贡献，蒋介石在新军阀混战，特别是中原大战中，之所以能击败众多对手，取得全胜，在很大程度上就是因为有宋子文筹措的巨额军费做后盾。宋子文的理财筹款本领，在南京政府中再一次显露。也正因为如此，蒋介石对宋子文特别器重，并委以重任。蒋介石不仅把全国的经济大权交给他，而且几乎把南京政府军事以外的其他权力也交给他负责或参与决策管理。宋子文竟成了蒋介石的左膀右臂。蒋介石之所以如此重用宋子文，可能一方面看中了他的才能，另一方面是对宋家的报答。

然而好景不长，由于双方矛盾达到激化，宋子文不同意过多地把经费投入"剿共"，于是向蒋介石递交了辞职报告。这时候，孔祥熙从欧美访问归国，蒋介石感到宋子文不愿再担任财政部长有人接替，便许诺将宋提升为行政院长；宋则同意用贩卖鸦片的秘密收入支付一部分军费。

不久，宋子文发现他再次被蒋介石欺骗了。他为支付抗日军费而发行的公债受到蒋介石的阻挠，驻热河省的中国军队遵照蒋介石的命令从抗日前线撤退，一枪未放。而这时汪精卫从国外归来，坐上了行政院长的宝座。

宋子文心灰意冷，决定辞去中央银行总裁的职务。这是宋子文第二次向蒋介石提出辞职以示抗议。尔后他以参加世界经济会议为堂而皇之的理由，到美国去进行长达四个月的访问。话不投机，蒋介石只好默许。

在这个夹缝里，孔祥熙就更加圆滑，因而更受到蒋介石的器重。

宋子文和孔祥熙虽然有很多相同之处：都是基督教徒，都受过国外教育，都同孙中山和蒋介石有姻亲关系，都通过家族关系和个人才能在政界发迹，地位显赫，但是他们在同蒋介石的关系上却是微妙的。一位美国人说：孔含蓄随和，似乎是中国政界的老好人，尽可能地与所有政客军阀表示亲善友好，对蒋殷勤驯顺；而宋对蒋表现出一种"傲慢"的态度，宋曾私下对人说："当财政部长，跟给蒋介石当一条狗，没有什么两样。"而蒋介石正需要孔祥熙的殷勤驯顺。

争取美援

　　宋子文在南京主政七年，树敌不少。有的说，政府并没有授予他此项使命啊！名曰借款，实则借粮；有的说，这不是美援而是援美，宋子文是上当受骗。赞成声被淹没在这强大的反对声浪中。

　　出访欧美，在普通人的眼里，是一趟异国观光的美差，机不可失。可是在宋子文眼里，虽然他对蒋介石种种做法不满，但他仍很认真地准备，与其说是美差不如说是一副沉重的担子。说实在的，宋子文没想争取这趟美差，因为他还处在极度的矛盾状态中。

　　1933年4月，美国总统罗斯福邀请英、法、德、意、日、中、墨等国政治领袖赴华盛顿，磋商复兴世界经济计划。美国政府先通知中国驻美公使施肇基，再由施肇基将美国政府的邀请电传南京政府外交部。施电云："美国政府邀请各国代表到美之意系：一、观察各国对经济会议所讨论各事项之态度。二、交换对世界经济复兴问题之意见，以示美国政府打开不景气局面之决心。至于美国政府与各国代表间交换意见，系个别举行，并无会议形式。"

　　出席代表要求规格之高，原则是各国内阁总理以上。而汪精卫是当时南京政府行政院长，是点名要的最佳人选。副院长兼财政部长宋子文也在政府考虑之列。汪精卫主动提出不去，一是因为经济会议他不懂经济，二是他又非美英势力代表，认为感情难以沟通。

　　于是自有自知之明的汪精卫竭力推荐宋子文。汪找到宋子文商量，宋一口咬定："我不够规格，你们的会我无权代授。这叫不在其位不谋其政。我可没有这个野心啊！"

　　汪道："你说除我之外谁合适？"

　　"立法院长孙科。"宋子文顺水推舟。

　　"究竟咱们三人谁去，请蒋拍板定音。不过你也要有思想准备。万一呢？我说的是万一。"

　　为此事，汪又向蒋介石做了汇报。蒋说："你不去的这两条原因，都是实情。你说吧，谁懂经济，谁与美英关系融洽？"

"除子文莫属。"

"副院长兼财政部长，规格也不低。就这样定了！"蒋介石一锤定音。

接着汪又乘车东下上海，请宋子文出山。谈话至深夜两点，莫不是推心置腹。汪道："此次来沪，完全是为敦促宋部长代表我国出席华盛顿会议。因此次会议关系重大，世界各国莫不派遣第一流人物参加，如英国为首相麦克唐纳，法国为前总理揆赫礼欧，故我国人选，自应特别慎重。中央本预定你和孙科中择一人出席，但孙科近期工作特忙。立法院近期要完成临时全国代表大会的组织法、国民大会的选举法及宪法草案等，均要于 7 月 1 日前完成，故不能脱身。中央决定让你前往，主要是你熟悉世界经济形势，出席更有针对性。"

"既然你们已经确定了，我就去吧。"原来宋子文推荐孙科为代表并非是出于内心，经汪精卫这么一说，便应允下来。

宋子文是位办事认真的政府要员。他的这种作风，包括政府要员和他的手下部属都有口皆碑。既应允下来，就要开始工作，工作要有工作的样子。于是他投入了出发前的一系列紧张的准备工作。

有史料记载：

——4 月 15 日上午和下午，宋子文在上海先后召开了两次座谈会，讨论出席会议的主要事宜。参加座谈会的有在上海的要员如立法院长孙科、中央研究院长蔡元培、副院长杨杏佛、上海市长吴铁城等。由秘书形成了书面材料。

——4 月 16 日，宋子文前往薄石路汪精卫处，与汪商讨赴美后的财政部的日常工作安排及出席华盛顿谈话会的意见。二人达成如下共识：

在宋出国期间，部务由次长李调生、邹琳负责，张寿镛、孔祥熙从中协助；最重要事务，则随时用无线电向宋请示；华盛顿谈话会因无预定议程，一时难以确定具体意见。汪、宋认为，大致将讨论关税银价问题、我国战债问题及远东问题。

——4月16日晚，新任中央银行总裁孔祥熙代表官方，在西爱威斯路私邸为宋子文出国举行欢送钱行晚宴。出席晚宴的有：上海市长吴铁城、市商会会长王晓籁、银行界领袖史量才等。王晓籁在欢送词中首先对宋进行了一番吹捧：宋副院长兼财政部长于时局紧急声中，奉政府之命，离国赴美参与华盛顿召开之经济会议，至关重要。以宋部长之地位及宋部长于各友邦之信誉自然应该宋部长亲去。希望宋部长此去能带回新鲜空气，解决国内的沉闷，并希望能得到经济制裁日本云云。

宋子文的致答词犹如一篇散文。他说：兄弟蒙各位前来欢送，非常感激。唯当美国柬邀我国时，余因鉴于内忧外患之日亟，本不预备前去出席，嗣经各方之催促，及详加考虑后，觉此世界经济会议，虽非直接与远东问题有关，然因相互的关系，及有关世界整个经济问题之故，当即决定参加，并为迅速赴美起见，即决定于近日即行启程。以我国现在的经济而言，工业破产，商业凋敝，尤其是上海，生产力日益衰弱。其所以至此之原因，则为长江水灾、"共匪"为患，及日本经济侵略我市场、武力强占我东三省，凡兹三点，皆我国因是发生之特殊困难情形。然经济不景气，为全世界普遍现象，不仅我国如是，即以号称富有之美国，亦难免于此。故欲解决国内经济问题，绝非各国力量所能办到。中央此次派兄弟前往出席，亦即欲解决国内经济困难，必须与全世界共同解决之意。但此去绝不是去示于人，因为中国有广大之土地，四万万人口，为世界最广大市场，于挽救解决经济危机，将有极大之贡献于世界。故可与各国开诚相见，互相交换意见，讨论解决办法。

4月17日上午，宋子文又往蒲石路，与汪再度洽谈，并向汪辞行时，汪对宋说："我建议最好走前，到江西与蒋一谈，听听他的意见。"

宋说："明天的船票怕是来不及了。不行，就电告一下，具体事情你可以代转。"

"那也好。"

"总统"号客轮经过半个月的日夜航行，于5月4日抵达西雅图，然后转车到华盛顿。

华盛顿是一座美丽的城市。

作为异国宾客的宋子文，受到了热情的接待和欢迎。

在车站宋子文发表了简短而精彩的讲话，表明参加会议的诚心与态度。面对着前来欢迎的群众，他说："华盛顿是美利坚合众国的首府，是一个有光荣传统的城市，预祝世界经济会议在这里圆满成功。中国朋友怀着真诚而来，将就最大之可能范围内从事合作，借助增进和平而谋世界之福利，为了世界也为了中国……"

宋子文一行5月8日到达的当日中午，好客的美国总统罗斯福先生在白宫为宋子文一行举行了接风宴会，气氛祥和友好。

罗斯福说："宋院长，如果我没记错的话，我们同是哈佛大学的校友，同是一个老师教出来的学生。"

"没错，不过我学的是经济管理学，比阁下低三届。在校时，我还对总统阁下有印象呢！比如阁下的口才令人叫绝。有一次演讲会阁下一口气讲了两个小时，十分精彩。"

"那时，我的腿不好，与众不同。"罗斯福道。

"哈佛是当今世界一流学府。据我计算，美国历届总统到你这届共有六人哈佛毕业的吧?"宋又道。

"不错。你对母校还很关心。"

翌日，罗斯福代表美方与宋子文的中方代表举行第一次会谈。

会谈的主旨是关于中国经济发展和世界政治稳定。

罗斯福道:"中国的经济是远东经济恢复的前提,美国愿意对中国提供援助,本着双方互利互惠的原则,推动美国对中国的商品进口。"

宋子文说:"中国也处在特殊的困难时期,中国要发展,也必须实行门户开放。平等互利应是我们双方坚持的原则。"

经过两次会谈,确定了美国对中国经济援助的具体项目与措施。

会谈期间,宋子文为振兴中国市场,自作主张与美国财政善后公司董事长琼斯,签订了 5000 万美金棉麦借款合同。其主要内容为:美国财政善后公司,借给南京政府 5000 万美金,合中国币 2 亿元。不支付现金,而是用此款购买美棉与美麦。其中 4/5 用于购美棉,1/5 购美麦。指定由中国的卷烟、麦粉、棉纱、火柴等五项统税收入担保。借款的使用办法从协定达成之日起,中国政府即可支用此项借款,但只能转账订购美国棉、麦。货物启运时起,即从借款内偿付货价的 10%,以后于 90 天内再支付 15%,余额在三年内分期偿还。如果延期偿还,给息五厘。这就是著名的宋子文美棉麦大借款。

随着两人的握手,一项协议就达成了。

白宫会谈后也发表了新闻公告称:总统与中国行政院副院长以积极及圆满的态度讨论了若干重要经济问题。在合作方面取得了成功。

随着电波,此消息在国内引起大哗。

反对的有之,赞成的亦有之。众说纷纭,沸沸扬扬。

宋子文在南京主政七年,树敌不少。有的说:政府并没有授予他此项使命啊!名曰借款,实则借粮。借粮还要付利息,况且这粮是美国的过剩产品。有的说:这不是美援,而是援美,宋子文是上当受骗!还有的说:应该立即停止这种损国损民的做法!没有立法院的认可,一切协议都是无效的云云。胡汉民则致电孙科,公开反对此项借款。称："此事关系党国前途极大，不能不为兄等言之：一、国债关系人民负担，未有经立法机关通过而成立内公债已有12万万。政府成立22年，从无预算案。二、今既云收支适合，则何需秘密借款至2万万之巨？三、谷贱伤农，此巨量棉麦输入究将何用？弟以党国立场，不能不严重反对。"

赞成者的声音被淹没在这种强大的反对声浪中。

南京政府实业部工业司长刘荫弗，首先大加赞扬。实业部准备召集各纱厂商来南京开会，讨论分配办法。赞成者有赞成者的说法，他们说：美麦借款可以补救我国农业的原料不足局面，有了实物也就等于有了钱。中国应该开放，走出中国，发展中国，借开放来发展自己。宋子文眼光高，没有错。不过，在全国的反对声中，赞成者的这种说法显得无力，显得苍白。

而蒋介石在这种舆论面前，当然是支持大舅子宋子文了。蒋介石支持宋子文也是听了宋美龄的话。事关长兄的政治命运，她不能不管。

为了平息这种舆论，安定人心，南京政府采取了三项措施。他们认为借款既然已成事实，当慎重使用，只能用以振兴实业，复兴农村，不能用于内战。

这三项措施是：

一是由政府有关人士对新闻界发表谈话，解释此项借款并非临时举动。孙科说明："此项动机，完全根据党的主张方针，即总理所主张之利用外资以发展国内实业之政策"。"罗斯福要求我国派代表出席华盛顿世界经济谈话会议，因时间紧迫，宋在出国前确无此项安排，事后中央执委会议曾进行讨论，给宋提出一些与罗斯福会谈的方针。决定借款就是根据这些方针决定的。"

二是急速补办法律手续。国民党内政会议讨论，追认借款，提交立法院审议。6月14日，立法院讨论，交财政、经济两委员会审查，15日两委员会组成9人小组，审理完竣。16日，立法院召开第22次大会，讨论通过，借款案合法化。

三是南京政府许诺，此项借款只用于建设，绝不挪作他用。

就这样宋子文的美棉麦大借款，经过国民党中央为此一番安排，便披上了合法化的外衣，不过蒋介石也暗下恼火。

5月19日，宋子文在白宫与罗斯福发表共同宣言，这是宋子文此次访问的最后成果。宣言中称："两国间对于解决世界当今大问题所必采取之一切方案，达成共识。"双方认为"非有政治之安宁，不能达到经济之安定"。双方"完全赞同目下国际贸易上不合理之障碍必须清除，财政与金融之混乱加以整理"。双方还认为，"东方贸易巨大媒介物之白银，应当提高而稳定其价格"。关于远东问题，双方认为，"过去两年中扰乱了世界和平，使两大国军队从事破坏性质之敌对行动"。"此种敌对行动，当立即停止，俾目下各国政治经济和平之得底于成。"

6月3日，美国国会通过议案，取消金本位、银本位。在国际事务中，美国声明放弃中立主义，亦即指在中日纠纷中不再持中间立场。这样，宋子文的访美，在政治上便把南京政府与美国的关系向前推进了一步。

1933年4月，罗斯福总统邀请各国政治领袖赴华盛顿磋商复兴世界经济计划，实际是为6月在伦敦召开的世界经济会议做准备。

宋子文出国时，南京政府拟宋参加华盛顿谈话会后，续去伦敦参加世界经济会议，但未最后确定。5月13日，汪精卫主持召开行政院临时会议，决定派宋子文、郭泰祺为正式代表，出席伦敦经济会议。5月27日，宋子文一行从纽约赶赴伦敦。

第十五章
争取美援

世界经济会议的发起，出于 1932 年洛桑战绩会议的决议。关于会务进行，是由国际联谊会负责办理。国联自接受这项任务后，即着手准备，确定会议主要纲领为：

一是安定物价问题；

二是关税休战问题；

三是安定币制问题；

四是国际贸易问题；

五是疏通汇兑问题；

六是改善生产问题。

谋求解决这六项问题，就是世界经济会议的主要宗旨。

6 月 12 日，世界经济会议在大不列颠帝国首都伦敦的地质博物院举行。与会者有 66 国代表，正式代表 168 人，加上列席代表及新闻记者等不下 500 人。代表席次名义上是根据代表人数多少排定的：英、法代表各 8 人，排在最前列；美、德、意、日各有代表 8 人，排列其次；中国有代表 3 人，与弱小国家一起排列其后。从代表席次上，即可显示地位的不平等。宋子文深感人多国大不是本钱，只有富强才是真正的本钱。

大会由英国首相麦克唐纳任主席，英皇首先致祝会词。他说，在此经济痛苦遍及世界之时，我以深切责任之情感，欢迎各位代表前来伦敦参加经济会议，并深信经过此次共同努力，可产生有益的结果。英皇演说时，全体起立，约有七八分钟，而后将其演说译成各国语言，翻译既毕，英皇即离会场。

接着是麦克唐纳致开会词。他说，近来各国遭受和面临一次通病，失业人数日增，物价远跌至生产成本以下，且又涨落不定，以致破坏一切经济活动所系之正常关系，再加以贸易之受限制，益增普通之危机。关税比额及汇兑管理等案，使国际贸易在一二年间减少一半；金本位放弃者之众，更为自成立国际贸易媒介以来，在承平时之所未见。从英皇和英首相麦克唐纳的演讲中，不难窥见当时世界经济问题的严重性。

这是一个难忘的日子。6 月 15 日，宋子文走上讲坛，在世界经济会议第三次大会上发言。他发言用英语，首先表示了对会议的诚意和信心，说："中国将与世界各国合作，共觅解决世界经济危局之方法，故志愿前来参加此会。当前问题诚属困难，但若以正直之精神与必要之决心，则此难题并非为人类所不能解决者。"

宋子文在谈到中国地位时说："他国生产过剩，而中国则生产不足，发展不足及购买力薄弱。试以中国之发展与美国比较，中国仅有铁路 7000（英）里，而美国则有铁路 27.5 万（英）里，其他工商发达之形式，亦复彼此悬殊。中国对外贸易固已增多，但以其人口计之，仍属其微，查在 1932 年仅达国币 40 万元。参加此会之国家，有对外贸易每户计约及黄金 150 镑者，而中国则每户仅 7 左右。中国天然资源虽未开辟，但甚丰富，而人民勤劳奋勉，人口占世界人口五分之一。中国地位如此，今后的作用将是：第一，中国生活程度如果提高，则其购买力不独可以吸收各国工业之出产，且可为世界最大之商场，而成繁荣新时代中之极大要素。第二，中国有最大可能的机会，供中外资本之生利的运用，相信世界政治家定能觅一方式与方法，而符合孙中山总理一面巩固中国政治与经济独立，一面供给西方资本与工商业以有利的发展范围的主张。"

宋子文在讲到白银问题时说："西方现感受货币价值逐日波动，致碍及对外贸易之困难，而思在大会中有望解除之。中国亦有此同样困难。中国货币虽属金类物，然银价在其对金币非金币的关系中有剧烈的波动。银价现甚低落，故个人希望在他种物品以金价值涨起时，银价亦将涨起。吾以为银价之稳定的价值，较诸他价之涨高更为重要。故吾希望在谋取金币之稳定时，亦当为银价谋取稳定。"

宋子文还阐述了对外愿行合作的方针。他说:"中国和亚洲各国有些人,言讲无须效法他人,而西方亦无足畏,并认为西方技术与东方生活低程度之合作,是夺取世界市场,且借'亚洲人之亚洲'及所谓'亚洲门罗主义'之名义,而摒绝西方之合作,实则此种主义与吾华人国际往来之观念相反,吾人不欲采用此种主义。中国欲视世界为一个经济单位,庶各国可依最适合其人民本能和能力性之边线而谋发达,中国不欲采取经济自给之空谈。"

他说:"中国从不高筑关税壁垒,以利各国输入商品,也不实行外汇限制。"他向西方各国保证,"吾人欢迎西方资本与技能,故财政政策,未以排斥外贸为鹄的"。

宋子文在经济会议上的发言,对西方各国有很大的吸引力,激起了一次又一次的长时间的掌声。美国工商金融界因棉麦借款成功而兴高采烈。但中国的大市场被美国抢走,其他国家不甘心。于是国联又把搁置了将近三年的中国向国联提出的技术合作请求捡了起来。7月3日,国联行政院决定组织一个小委员会,研究中国的请求。德国委员凯勃建议,成立一个"技术合作委员会",以德、西班牙、英、法、意、捷、美及中国代表组成,7月18日,国联在巴黎开会,通过决议,以波兰人拉西曼任联络员,规定其职责四项:一是以国联会各种技术机关的运用以及如何能援助中国,从事建设之消息报告中国。二是凡中国政府请求技术上援助时,应转达国联会秘书长。三是中国政府建设事业需用技术人员之合作时,该联络员对于此事应援助中国政府。四是出席中国全国经济委员会,以便就地使国联会各技术员之行动得以协调。技术联络员应将其执行任务情形,随时报告国联行政院,每三个月至少一个月呈送详细报告书一次。此外,还有一些其他规定。这等于宣布中国市场向国联各国共同开放。

国联的行动引起了日本政府的强烈反响。日本外务省7月24日发表非正式声明书，称国联的举动是欧美列强援助中国，使之达到抗日的目的。日本政府对此不仅坚决反对，而且将采取适当手段予以阻挡。这样看来，宋子文在世界经济会上，在主张把中国市场对西方开放的同时，也做一些有利于抗日的事情。

　　宋子文在结束世界经济会后，于 8 月 29 日回到上海，受到各界人士的欢迎。不管有人肯定也好，否定也好，不过宋子文的此次出访在国民史上产生了重大影响则是不争的事实。当然也打破了蒋、宋、孔、陈之间的平衡，这也是人人共知的。后来宋子文之所以辞职，就是这种矛盾激化的必然结果。

耳光风波

"娘希匹,我骂你,我还要打你这个狗日的!"多年来大舅子表现出来的种种不敬,一齐涌上蒋介石的心头,一怒之下,赏给宋子文一记重重的耳光。"你敢打人!"国舅宋子文被这一记耳光打晕了。

宋子文的中央银行总裁的辞职和长达四个月的西方之行，无疑给后来居上的孔祥熙带来某种契机。就像一位长期坐冷板凳的运动员一样，一旦上场他会全身心地投入。与运动员所不同的是这种契机是孔祥熙自己挖苦心思挣得的。因此他会百倍地珍惜，以示他与对手宋子文的高低。

新官上任三把火。孔祥熙走马上任，大报蒋介石知遇之恩。老蒋要"剿共"，他凭经商的精干，鞍前马后，为主子筹备充足的经费。

当时，国内形势十分严峻，由于蒋介石年复一年地发动反革命"围剿"，致使广大人民颠沛流离，国民经济遭到严重的破坏，南京政府的财政赤字逐年增长。到1933年，每月将近赤字1200万元。

为了解决反革命"围剿"的经费，孔祥熙专程飞到江西同正在指挥军队向红军进攻的蒋介石商讨筹措经费问题。最后，蒋、孔商定以关税为担保，发行1亿新公债。

接着，孔祥熙飞抵上海，向银行家们推销1934年初正式发行的新公债。这次还算顺利，公债不久就被买光了。孔祥熙十分得意。可是，这1亿元钱到手没有多久，就被蒋介石用去购买打内战的军火，花得一干二净。

为了补充蒋介石的内战经费，给战车注满油，孔祥熙又发行第二期"关税库券"。并且越来越多地直接向银行借款和透支。这些钱都被用来进行反革命"围剿"。

孔祥熙为蒋介石筹措经费的"锦囊妙计"，就是用高利率夺走生

第十六章
耳光风波

产领域的资金。当时，农村经济萧条，民族资本家困难重重，批发物价和房地产价暴跌。上海银行家发现这些领域的投资已没有吸引力。某些最兴旺的企业所得红利很低，如商务印书馆为 7.5%，南洋烟草仅有 5%，而孔祥熙发行的公债纯益超过 20%。正是这样，大量的货币从农村流入城市，又被孔祥熙的公债所吸收，成千上万的货币不是用到工农业发展生产上，而是消耗在破坏生产的"内战"上。其结果是，蒋介石得到了充足的反革命"围剿"的经费，银行家也从中牟取了高额利润，而工农业生产陷入困境的深渊，一位有识之士当即就公开指出："政府公债的高利率导致工业萧条、农业破产。"越来越多的人也开始反对孔祥熙的公债政策。

很快，孔祥熙的"妙计"就不灵了。一个时期以来，西方资本主义国家处于经济萧条之中，

这股萧条之风也袭击了上海。1933 年，美国已放弃了金本位，为了满足遭到衰退打击的西方工业国家的要求，美国开始储存白银作为财政准备。美国国会规定的银价是每盎司 50 美分，这对上海的银行家颇有吸引力。他们认为，如果不买南京债券，而是将白银运到美国，就能赚一笔十分可观的利润。正是这样，下半年大量银元纷纷流往国外，债券销售额一落千丈，蒋介石的内战经费频频告急。同时，大量银元外流，造成了中国金融市场银根吃紧，于是银行贷款的利率急剧上升，这种趋势直接威胁着南京政府的赤字财政，南京政府能否继续存在都成了问题。

身为中央银行总裁的孔祥熙见此情况，如坐针毡。他将幕僚们找来紧急商议一番，感到制止白银外流的唯一办法就是宣布禁运。于是，以南京政府财政部的名义宣布："在另行通知之前，严禁买卖外汇。"可是，那些银行家们对这项禁令置若罔闻，仍然我行我素。

一计不成，再生一计。孔祥熙采取了更为严厉的办法。他公布

了一项公告："鉴于白银价格上涨过猛，已与物价立准极不相称，国民政府为保障中国经济之利益，为保护中国之货币，兹决定对白银出口征收关税。"由于对白银出口加收了10%的关税，中国的白银价格便与英美市场的价格相平，白银外流的现象受到了遏制。

孔祥熙将中央银行看成是蒋介石内战经费的钱袋子。蒋介石让中央银行享受了多种特权，垄断了政府的收支，有权发行金券，实际上使该行成为国库的代理机构。孔祥熙宣布施行白银出口税，但中央银行则免税出口了大量的白银，赚了一大笔钱。孔祥熙还设法使中央银行在黄金市场上捞取了巨额利润。正是这样，被孔祥熙掌握的中央银行发展迅速，成为旧中国获利润最高的金融机构，可以说超过了宋子文时代。

平常，孔祥熙一个劲地支持中央银行在金融界大捞特捞。他命令中央银行大量吸收公债，将相当一部分赢利给南京政府贷款。

依靠中央银行吸收公债勉强支撑了一阵，但这毕竟不是长久之计。

最后，孔祥熙终于又想出了新招。这就是采取高压手段，颁布《储蓄银行法》，迫使银行家购买公债。这个《储蓄银行法》在银行的组织和管理上作了彻底的改变，并规定每家银行必须以1/4的存款购买公债或证券，并将此存入中央银行特设账户做储备之用。

《储蓄银行法》遭到了上海银行家的强烈反对。上海银行同业公会向南京政府请愿，要求做重大修改。银行家们认为这个条例限制了他们的作用，殊非寻常。

然而，孔祥熙继续施加压力。南京政府命令各银行开列 2000 元以上存款存户的姓名、地址和存款余额。这理所当然地再次遭到了银行家们的抵制和反对。

许多有识之士都认识到这部《银行法》是不现实的，如果实施，中国的金融将为外国银行所垄断。但是，孔祥熙要坚持颁布，其用意十分明显，就是继续给这些银行家施加压力，强迫银行家购买公债。

在这一系列高压政策下，许多原本对购买公债犹豫不决的银行家，只得硬着头皮购买孔祥熙发行的公债以讨好蒋介石政权。

春去秋来。四个月后，宋子文从美国回来，看到银行家们怨声载道，对孔祥熙越权十分恼怒，对蒋介石的偏袒更是极为生气。宋、蒋矛盾加剧，一场久育的暴风雨就要来了。

那是为年终实行预算审计制一事，二人发生了激烈的争吵。

宋子文是吃洋面包长大的。关于实行预算审计制，这是宋子文采取西方现代国家经济管理理论的杰作。实行国家预算，对中国来说是个新事物，中国统治者历来对此不感兴趣。国君金口玉言，一言九鼎；统治阶级可以为所欲为，花销无度，怎么会受"预算"的限制，自己捆住自己的手脚？直到清末、北洋军阀时期均为如此。当然，蒋介石也不例外。

宋子文留学西方，对欧美等国家施行的预算制颇有好感，故而信奉国家管理必须施行预算制，必须做到收支平衡。作为财政部长，从国家管理正规化、制度化、法制化的角度出发，非常认真地搞起国家预算来，作为管理国民经济、做到收支平衡的工具的手段。

蒋介石对此漠不关心，时冷时热，故四年过去仍无结果。宋子文凭着国舅地位和牛脾气，再三进谏，再三坚持，直到1931年才算有了独立的国家预算机构——主计处，次年9月24日颁布《预算法》，预算体制确立，在要不要国家预算上蒋介石总算首肯宋子文的主张了。

两人就严格执行预算问题出现冲突。宋子文对整个政府预算偏重于军费大有意见，例如1929年支出为6.19亿元，军费达2.66亿元，行政费用为1.46亿元，经济建设分文不支。1933年度支出为

8.28亿元，军费支出高达4.16亿元，行政费用为1.71亿元，经济建设分文不支，其余均为债务本金利息所支。即使是再蹩脚的经济学家，对此国家预算收支状况也会感到不正常，何况宋子文还是美国培养出来的经济博士，对此不会没有看法。一是对国家预算中的支出各项比例不合适屡次向蒋进言，要求限制军费比重；二是对蒋介石不尊重和任意修改预算、军费高于一切的主张不满。

在蒋介石看来，宋子文简直幼稚可笑。现在是"训政时期"，军事上既要对付红军，又要对付李宗仁、冯玉祥、阎锡山、唐生智、张发奎等军阀，军费当然是重点支出。由于反共内战、军阀混战不断，无法估计作战的大小多少，又怎能正确预算军费所需数目。故对军费只有采取按需分配、实报实销的办法。军费支出是打破宋子文收支平衡的主要原因。

宋子文确实"可笑"，他主张以预算限制军费，不主张停止反共内战和军阀混战；蒋介石发给部队的薪饷、军需本来就不足，致使军队内部"喝兵血"盛行，对外抢劫老百姓财物，如果宋子文再削减军费，军队内的贪污和危害百姓的罪行将会更多。后来宋子文明白过来，提出减少军费、平衡开支，力劝蒋介石"停战"。

"停战，人家要推翻我们，停他妈的什么战？"蒋介石愤愤不平地骂道。

"南京政府到底是谁的天下？谁在当家？"蒋介石一甩袖子，拍起了桌子。"就是你对'剿共'不积极，不提供所需经费，否则'剿共'早就胜利了！"蒋介石寸步不让。

"噢！你是总指挥，战争没打胜，倒怪到我头上来了，真乃岂有此理！"国舅据理相争。

"娘希匹！这是我蒋家的天下，你要不想'剿共'，滚蛋去球！"

"你不要这么霸道！血口喷人！"

"娘希匹！我骂你，我还要打你这个狗日的！"蒋介石不能容忍

第十六章
耳光风波

多年来这位大舅子对他的种种大不敬，一怒之下，赏给宋子文一记重重的耳光。

"你敢打人？"国舅被这一记耳光打晕了，片刻，反应过来，抢起凳子就向老蒋砸去。侍从们急忙奔过来拦下，方结束了这场"战争"。

宋子文被送到自己的官邸后，躺在床上，长吁短叹。

秀才遇到兵有理难说清。宋子文为这位身为武夫的妹夫，伤心到了极点。"当财政部长跟当蒋介石的一条狗没什么两样！甚至还不如他的一条狗！"

守在旁边的妻子张乐怡，听着丈夫的含泪诉说，只能暗暗地流泪。

张乐怡把一杯水送到宋子文床前："喝口水吧！"

"……"子文不说话，片刻，他揭开了被子，吼道："我咽不下这口气！乐怡，你给我拿笔墨来，我不当这条狗啦！"

妻子放下茶杯，脚步轻轻，忙从书房里取出墨笔来，送到子文面前。子文挥笔而就，写下了辞职报告。"你就给我送去吧。"这是宋子文的第三次辞职报告。

张乐怡接过这份报告，沉甸甸的，不知如何是好。于是她便挂电话给美龄，不通。接着挂通了大姐霭龄。

"深更半夜的，有什么急事吗？"霭龄问。

"你大弟被老蒋打啦，也不吃也不喝，又写辞职报告，我也没主意了。"

"到底怎么回事？"霭龄问。

"一句半句，我也说不清楚。"

"你等着，我随后就到。"

不一会儿工夫，一阵车鸣，乐怡迎上前去。出乎乐怡预料的是，来人不是大姐霭龄，而是小妹美龄。

189

"啊，是小妹来了？"乐怡感到吃惊。

"子文大哥呢？"美龄问。

"在屋里躺着哩。"

美龄随脚来到卧室，子文一动不动。

"大哥，小妹来给……你赔不是来了。"

"是老蒋让你来的，还是你自己来的？"子文蒙着被子问。

"当然是我自己来的。听说你被打，我刚与老蒋吵了一架，亲不亲，骨肉分，我心里也不好受呀！"美龄说着说着，也泪水潸潸。"老蒋这怪脾气，有什么大不了的问题，值得动手打人嘛！"

"小妹，你大哥心里不好受，咱姊妹客厅里谈吧。"乐怡劝说。

"好的。"

美龄和乐怡刚在客厅坐下，门外又一阵车鸣。"是大姐来了！"乐怡告诉美龄。接着，二人迎过去。

"大姐。"美龄叫道。

"美龄，你也在这？"霭龄道。

"我也是刚刚来。"

"你来了就好了，这老蒋太不像话了！采了咱们宋家的鲜花，还打我们宋家的人！我们不给他算账才怪哩！"霭龄嗓门很大，一串话像打机关枪似的。

"看看你大哥去。"

霭龄在美龄、乐怡的陪同下，到了子文的卧室。

"子文啊，你感到怎么样？需要不需要看医生？"霭龄心疼地问。

"……"子文仍是不吭气。

"大姐，咱们还是到客厅里谈吧。"乐怡出来劝道。

"美龄，你告诉老蒋，你大哥若是有个好歹，大姐非找他算账不可！让他的官当不成！"霭龄高门阔嗓，此话说给小妹听，更多的是说给子文听的。

190

在客厅里，霭龄又道："乐怡，你要好好劝说子文，不要过于悲伤。要以保重身体为重。要说这也是我们家庭内部的事，兄弟之间打架吵嘴，是常有的事，并不为过。但是，话说过来，一个是委员长，一个是财政部长啊！按前者说，兄弟间互相谅解就算了。按后者说，我们宋家也不能饶了他。这个问题就看小妹的啦！"霭龄说到这，把目光投向美龄。

"大姐，你就放心吧，有小妹在，我量他是不敢的！"美龄软中带刚。

"有你这句保证的话，我就放心了。"其实，霭龄心里也很复杂，蒋介石曾放出风来，让祥熙接任大弟的财政部长，既喜又悲。他们既然上了蒋家的"船"，谁也离不开谁了，共同的利益，把她（他）们连在一起，哎，这个世界也真复杂啊！

宋美龄驱车回到家中，闹得老蒋不能入睡，非要老蒋说个清楚不行。老蒋一个劲儿地向美龄承认错误："今天，确实是怨我，我不该抽他的耳光，我承认错误还不行吗？"

"不行！你打了人，说声不对，这就完了？世上没这便宜的事！你还得保证没有成见，今后不加害于他！"

"他是咱们的大哥，你又和他是一奶同胞，我姓蒋的是疯子还是傻子啊？你把我看成什么人了？"

"那就立字为证吧？"宋美龄抓住不放。

"好好好，立字为证，立字为证。"蒋介石缠不过夫人，败下阵来。

后来，事实也验证了蒋介石的话，他对国舅一直网开一面。

蒋介石虽把宋子文赶离财政部，并不是最后的摊牌、决裂。10月27日宋子文提出辞职，29日国民党中常会、中政会批准。蒋介石在会上，大讲特讲宋子文的能力和贡献。离去只是工作的需要，另有要职安排，表示两人继续合作，共图大业，宋子文听了也心平气和。

事实上，子文离开财政部和中行后，对南京官场的影响力并没下降，相反更加风光起来：

1933 年 10 月，宋子文出任全国经济委员会主席；

1935 年 4 月，兼任中国银行董事长；

1939 年 10 月，兼任"四行联合总处"副主席；

1941 年 12 月，兼任外交部长；

1942 年 11 月，国民党五届十中全会当选为中央常务委员；

1944 年 12 月，兼代理行政院院长；

1945 年 5 月，正式任命为行政院院长；

1946 年 6 月，兼任全国最高经济委员会委员长；

同年 10 月，兼任行政院绥靖区政务会主任委员；

同年 12 月，当选为制宪国民大会代表，达到了他仕途的顶峰和辉煌。

宋子文转任全国经济委员会主席，此职无经济实权，无经济实体，只是一个全国性的经济协调机构。任内的主要工作是协助孔祥熙进行一些经济建设。

帽子大了，牌子高了，宋子文也不得不屈尊人下。随着时间的流逝，一记耳光引起的风波，渐渐淡忘在人们的脑海里。

风波之后，宋子文下决心辞去了财政部长的职务。蒋介石急忙让孔祥熙上台。蒋对孔说："请不计一切艰难，务须接受新命，并且早日就职，以稳定政局。"孔祥熙接受了蒋介石的任命，于 1933 年 11 月初就任财政部长和行政院副院长。

从维护蒋、宋大家族的利益出发，孔祥熙同蒋介石进行了长时间的讨论，谋求改善蒋、宋之间的矛盾，并且作为财政部长将继续按照蒋的意志行事。宋子文继续当他的私人银行家。但是蒋介石和礼祥熙有事可以找他商量。

第十六章
耳光风波

　　面对着耳光风波后的新形势、新格局，宋霭龄悲喜交加，喜的是丈夫的高升，悲的是一奶同胞的大弟的调离。不过，她很快平静了下来，心中的天平倾向了丈夫这方。她给丈夫暗中鼓劲，她把所有的家务都包揽了下来，支持丈夫的全心投入。在此之外，霭龄还开办了"三秦公司"又称"三不公司"。她靠她那特殊的信息渠道，大把大把地为孔家捞钱。

柳暗花明

　　宋霭龄一看是孔令俊，立即斥责道："少在这里插嘴！子文是你亲舅！""是啊，不是我亲舅他也不能那么当众训斥我，不是我亲舅你们也不会那么偷偷摸摸地鼓捣他，不是我亲舅你们也不会这么小打小闹地庆贺生日……"孔令俊阴阳怪气的口吻，说得宋霭龄脊背发凉。

人生如万花筒，变化莫测。

公元 1933 年 10 月，坚持抗日、反对"剿共"的宋子文被蒋介石免去财政部长一职，以往是鲜花和荣誉，现在是万丈深渊，心态也极度失去平衡。他恨蒋也恨孔，而这二位恰恰是自己的姐夫和妹夫。在外人眼里，这是不可能之事。然而不可能之事却在一夜之间发生了，发生得这么突然，以致连宋子文也不相信这眼前的事实。

宋子文开始认真反省自己，是自己有错，还是老蒋无情？他都做了分析，原来是自己的经济富国与老蒋的内战争权发生了错位。再加上"哈哈孔"的拆台，造成了他目前的尴尬。以前，他把他们看成是自己的亲属和荣耀，而今天却成了自己的敌人。

"蒋宋孔陈"四大家族的矛盾，说破了就是相互利用、相互斗争。

在宋子文大权旁落的时候，第一个去开导他的人，便是小妹宋美龄，接着是大姐宋霭龄。因政治不认亲情，宋子文心里更是烦闷。他说不出是什么滋味，是怨恨还是弱肉强食？宋子文心想：你们说得天花乱坠，可早先你们为何不来，岂不都是事后诸葛？

宋美龄理解长兄的心情，慢慢地向他解释说："你虽然两职被撤，心里很烦，小妹也能理解。但是老蒋还保留了你的中央执行委员和政治委员会委员，还有全国经济委员会常委职务，不是小妹做工作，老蒋不会给你留的。这样说吧，小妹也有责任，可是他是他，我是我。小妹能做到的也只能是这些。"

宋美龄的一阵迫击炮打出去，使宋子文头脑多少有些理智。

这时的宋霭龄在峰回路转中，也开了口：

第十七章
柳暗花明

"作为大姐，亦有对不住你的地方。我和小妹这次来，都是出于真心，出于骨肉的亲情。事实已到这般地步，我们也痛心啊，可是又有什么办法呢？不过，要向前看，江山没有改，人还是一家人。以前有委屈你的地方，我和小妹都会想办法弥补的。"

"既然还有你的职务，你就暂且屈尊一下，主持全国经济委员会，这也能发挥你的聪明才智。"宋美龄道，"何必事事都要强，累个半死不活的，跟自己过不去呢？再说你是搞经济的，你也多次向老蒋进言，把国内经济搞上去，也是你的初衷啊！"

"也是的。现在经济委员会共有十人，你掰手算算，哪派势力都想利用经济委员会的旗号，发展本集团的垄断地位。这是一场没有硝烟的战场，张静江，早有过这个企图，还有实业部长陈公博、铁道部长顾孟余等等。"大姐又开导道。

"按大姐、小妹的意见，我就主持全国经济委员会了。"

一缕明丽的阳光驱散了他心中的乌云。

宋子文终于露出了笑容。

接着大姐、小妹又帮助他分析形势。宋霭龄道：

"美棉麦借款2亿元归全国经济委员会支配。这是汪精卫说的。再说经济委员会由你、汪精卫和孙科三人负责。一切还不是你说了算。现在全国经济人士企图扩大这个组织，目的还不是想取得使用借款的优先权。这也是一块肥肉啊，能吊很多人的胃口。再说，这个机构事关全国经济命脉之大事，也有不少好处可捞。"

宋美龄又道："我抓紧时间给老蒋吹风，全国经济委员会要正式成立一个专门机构，法定下来。这样汪精卫是行政院长，孙科是立法院长，你是全国经济委员会主任。实际上不比那个财政部长的差使小。"

于是一切戏剧性变化悄悄地随之而来。

10月4日，宋子文精神焕发、西装革履地出席全国经济委员会大会并讲了话。这实际也是他的施政演说。

他说："麦棉借款，数目不小，必须用于生产与建设二项。只有这样，才能发展生产、增强国民经济实力，提高人民的生活水平。为用好管好这笔款项，必须成立相应的机构，比如成立棉纱统制机构、粮食管理机构等，要监督用好这笔款项。当前首要的是兴修公路，加强农田水利建设，国民卫生事业等。现有的棉业不能满足，则对内复兴农业，对外抵御经济侵略，均为空言。"

最后，他要求国人和政府"同舟共济，共渡难关"。

10月4日，全国经济委员会发表《统制棉业告国人书》。

10月6日，宋即任命上海买办陈光甫为全国经济委员会委员兼棉业统制委员会主任。

10月11日，全国经济委员会增补了28个新委员，以强化政府对棉业、农业的领导。

接着宋子文又颁布了2亿国币的棉麦借款转变成现款后的使用办法："以借款的40%用于币制改革及整理金融，拨交中央银行1400万元，以600万发展民用航空事业，以180万为赣省治标费、100万治本费。续筑7省联络公路费650万，卫生事业50万，赣省建设事业190万，西北建设事业250万，棉业统制100万，蚕桑改良75万，茶叶改良6.4万，燃料研究10万，调查研究20万，所余作预备费。"

转年1月，国民党四届四中全会在南京召开，宋子文代表政府在大会上慷慨激昂地做经济报告，强调了建设的重要性，一是吃饭，二是建设，并追述了争取麦棉借款和国际间技术合作的设想。他宣布了全国经济委员会今后的工作重点，在于制订计划，督促完成计划："内而获全民之赞助，外而得友邦之信仰，经济建设前途，庶有美满之效果。"

宋子文的报告鼓舞人心。给人的印象是，政府今后要转思于经济建设，在经济上做文章了。与会者报出了阵阵掌声。

第十七章
柳暗花明

在掌声中，宋子文又道："今后的任务，在两年内要完成的项目有：公路建设，在苏、浙、皖、赣、鄂、湘、豫、闽、陕、甘等十省，共建联络公路 2.9 万公里。铁路建设主要有五项：一是粤汉铁路，即汉口到韶关段，于 1936 年底通车；二是陇海铁路，即潼关至西安段，于 1934 年通车；西安至兰州段，1935 年初开始航测；三是计划修筑粤滇川陕铁路，并开始勘测；四是浙赣铁路，已分段进行。关于水利建设，成立了五个委员会，即淮河委员会、广东治河委员会、黄河水利委员会、扬子江水利委员会、华北水利委员会，由各委员会分别提出治理项目。关于海港建设，计划修建连云港、东方大港、北方大港。"

……

这是民国史上的第一次。

宏伟的计划表明了宋子文的决心，也表明了他的眼光。

不管政府计划如何落实，国人总算看到了希望。

于是，宋子文从这里切入，从这里起步。

宋子文不但是计划的制定者也是执行者。像父辈宋查理一样，宋子文是个大实业家，胆识皆具。为了制定大西北的开发计划，1934 年春天，历时一个多月，宋子文以全国经济委员会常委身份，对西北进行了现地考察。在陕西、青海、甘肃、宁夏等省都留下了他的足迹。

宋子文每到一地，都受到热烈欢迎，不是别的，倒是人们看中了他的钱袋。再说搞建设也是人们多年的愿望，民心所向。

那是一个风沙扬起的早晨。

宋子文专车抵达潼关，受到潼关各界约 500 人到站欢迎。宋在专车上接见了当地军政长官及中央社记者，发表了简短的讲话，询问了当地交通及建设情形。接着赴黄河岸视察风陵渡。10 时抵华阴，下车参观了陕西家具制造厂和华阴兵工厂。再乘车西进，12 时抵渭南，由陇海铁路局工程段招待午餐。下午3时抵临潼，杨虎城夫妇、邵力子夫妇等前往欢迎，杨、邵并在华清池设宴为宋洗尘。宴毕，宋在华清宫贵妃池沐浴后上车。下午5时抵西安时，夕阳西下，红红的太阳像一个圆火球，给宋子文的一天视察画上了一个圆满的句号。

26日上午10点西安各界在民众乐园举行盛大欢迎宋子文大会。到会者有万余人，杨虎城主任和宋子文在会上发表了长篇演说。

宋子文首先对各界的欢迎表示感谢。他说："今天承蒙各界盛大的欢迎，宋子文现在首先想表示的，就是诚恳的感谢和说不出的快慰。"接着，他说了一番取悦陕西民众的话，"子文此次代表全国经济委员会，到西北实地考察，昨天一到潼关，自潼关一路到西安，沿途所眼见以及昨天本人到西安时所感到的，觉得西北门户的陕西，绝不是外间人想象的陕西。陕西的民众已充满了朝气和复兴的景象。"他说："自民初以来，西北备受水旱、瘟疫、地震及政治黑暗之灾祸，真是痛苦极了。但是最近是大不相同了，中央的人纷纷到西北，各方到西北投资，经济委员会正着手替西北民众做几件有益的事业。"

接着，宋子文讲了建设西北的四项计划：

一是水利。宋子文说："陕西为我国文化发源之地，现在各事落后，政治上的不安，当然是最大的原因，关系经济命脉的水利，不加兴修，亦是根本的病源。关中自秦汉以来，历代对于水都有好制度，所以关中沃野千里，成为富足之区。清末以迄民国，各方多难，无暇顾及，由是年岁丰久，一任天命。"他认为，"关中恢复从前的繁荣，并非难事。目前最需要而应先着手的，第一便是协修泾惠渠和洛惠渠的工程。"此外尚有较大计划，就是导渭计划，需款8000万元之巨，如能办到，则全省永无水旱之忧。他说："经济委员会现正从事技术上之研究，经济上之筹划，希望国家不久能有此力量可

第十七章
柳暗花明

以办到。"

二是交通。宋子文说:"要谋西北的繁荣和全国经济国防上的联络,最低限度应将铁路西通兰州,南通四川。但目前中央财力有限,只能先从建设公路起始,以资初救。"他说:"现在我们暂不奢望像欧美交通那样之精良,但至少要做到天天能通车,天天能运输。"又说:"经济委员会对西北道路有计划,而嫌款项不足。杨虎城主任极愿以兵工筑路,军队本为消费者,无本生利,军政与经委会三方面通力合作,即便经费不充足,亦必能达到一定的目标。"

三是农业改良。宋子文说:"农业为立国之本,故农村建设、农村合作等,皆在经委会研究之中。"他说:"棉花是西北特产,成为研究之中心。"他认为,要发展棉产,要从美国选购棉种,分发各省广播,同时要改良工厂技术。至于畜牧业,"于陕西虽无重要关系,然于西北其他各省之经济,关系甚重。现在所拟办者,一方面为改良畜种,一方面为设立兽医。"

他说:"经委会对此认为极端重要,希望能协助各省积极进行。"

5月上旬,宋子文一行抵达兰州。

兰州是一座美丽的城市。

听说宋子文一行到来,各界群众自动集会,欢迎宋子文。

宋子文发表演说,首先赞美了兰州是一个美丽的城市。接着讲了来兰州的观感:"西北的建设,不是一个地方问题,是整个国家的问题。现在沿江沿海各省,已经在侵略者炮火之下,我们应当在中华民族发源地的西北赶快注重建设。"讲到具体计划时,宋子文说:"第一是要把交通道路修好,将运输方法计划完善,能把东南的经济力量和欧美的科学技术引进来;第二是要开展有益农民减轻灾荒的水利工作;第三是农产品改良;第四是卫生实施及兽医的组织。"宋最后希望各界团结一致,倾全力建设大西北。

5月上中旬,宋子文又先后至西宁、宁夏等地进行了考察。5月

17 日由宁夏飞抵西安，18 日由西安飞抵上海。

宋子文回上海后，即在西爱咸斯路经委会办事处接见记者，发表书面谈话。谈话中称："余所得印象中之最佳者，西北各省军民长官，对于地方事务，艰苦从事，以身作则……军士服务于道路水利工事，耐苦耐劳。"在谈到人民生活时，宋子文承认："西北农民生活简单，去今两年丰收，本可休养生息，但一部分区域，当因派饷制度，民不聊生，"并谈到了"西北各省币制紊乱，确为金融上一大问题，亦生产上之大障碍。"至于经济委员会在西北如何投资，宋称须待讨论后方能决定。

6 月 22 日，全国经济委员会召开第 9 次常务会议，出席者有汪精卫、蒋介石、宋子文、孔祥熙等，孙科因立法院开会未出席。会上，宋子文报告了考察西北经过，报告分水利、交通、卫生、农村建设四个方面。

在水利方面，宋子文说："陕西水利，要以产棉区域之泾惠、洛惠为重要，是以对于两渠积极规划，赶先修筑。"宋子文提议经委会以 100 万元为修补两渠基金，并提出修补两渠的若干具体意见。关于导渭计划，宋认为，大致有宝鸡山谷积水，以供电力，即以电力将渭水引灌北岸高原田地约 500 万亩，并将所余电力，供给各种工业，及将来陇海铁路西兰段动力之用。估计其费用在 8500 万元，非目前财力所许。所以仅仅是一个设想而已。

在交通方面。宋子文主张先修两条公路干线，即西兰线和西汉线。西兰线修通后，两日可由西安抵兰州，如此则西北交通便利得多。西安至汉中公路，为经济上、国防上之要线，亦应尽早开通。为此，宋子文拟拨西兰路 80 万元，西汉路 35 万元。

在卫生方面，宋子文在报告中说："西北对于卫生事宜，较各省落后，除都市有些卫生治疗机关外，各地一无设备，人民几乎不知卫生为何物。"宋认为，西北各省近代医卫不发达的原因有两个：一

第十七章
柳暗花明

是地方贫苦，外省医药人才不愿去西北服务；二是西北子弟能赴外省各大学医科求学的机会太少。宋主张将上海同济医学专科及工学科移设西安，以作为发展西北医学的基础。同时还谈到了兽医及改良畜种问题。

在农村建设方面，宋子文说："西北各省农村凋敝窘迫，亟待救济。"又说，"因经委会财力有限，只可择陕西首先着手。因陕西为产棉要区。"宋主张"禁种罂粟，改植棉田，以抵收益"。宋拟由经委会拨款 20 万元，陕西省府再分期筹款 50 万元，以此作为基金，支持陕西农村建设。

最后，宋子文提出了一个建设新西北所需资金的整体数字："泾惠渠改良经费 25 万元，洛惠渠建筑经费 75 万元，民生渠改良经费 20 万元，甘肃各渠经费 50 万元，宁夏各渠建筑经费 20 万元，西兰路 80 万元，西汉路 35 万元，陕西运输机关 40 万元，共计 435 万元。"

宋子文报告后，会议讨论通过了《西北建设计划案》、《西北水利事业办法案》及《兴建公路进行办法案》等，变更了宋考察西北前，经委会原订西北建设计划。变更内容大致如下：

一、甘肃、宁夏两省水利事业，颇关重要。本会本年份事业进行计划，未经列入，现拟分别举办。预计所需经费，甘省约 50 万元，宁省 20 万元，合之陕绥两省原定水利经费 130 万元，共计 200 万元。余再另筹。

二、西兰公路款，拟加拨 35 万元，由原拟拨借福建路款内移用 10 万元，公路运输费项下移用 10 万元，尚省 15 万元，在公路款内另行设法。

三、西北畜牧经费 40 万元，按照上述移去 10 万元后，所余 30 万元，拟并入原定西北兽疫防治及卫生事业费项下 30 万元。

四、西北农村合作经费 40 万元，按照上述移去 20 万元后，计存

20 万元。

……

在他主持的全国经济委员会工作的推动下，1935 年 6 月，南京国民政府发起了经济建设新运动，与宋美龄倡导的"新生活运动"相辅相成。一时声势很大，给人留下不泯的印象。

宋子文从西北视察回来不久，便迎来了自己的 40 岁诞辰日。在姐妹的精密策划下，拟举行家庭"祝寿日"。宋霭龄说，届时我把老孔喊来；宋美龄道，我把"达令"也喊来，好生庆贺庆贺，也为大弟洗尘。

生日那天，很热闹。

宋家、孔家和蒋家所有的人，大家都放下了繁忙的公事，乘车来这里放松一下，热闹一会儿。

华灯初上时，一辆辆高级轿车相继开来，宋子文和夫人张乐怡在二门口一个个迎接。大姐宋霭龄来得最早，她要帮着弟弟张罗一下，以免闪失。因为今天虽说是家庭聚会，可来的都是当今中国最有头面的人物啊。宋霭龄进门一处处巡视时，蒋介石和宋美龄同乘一辆车子来了。

宋美龄一下车，就笑盈盈、脆生生叫着："哥，给你祝寿啊！"宋子文赶忙说："瞧小妹这话说的，我刚到 40 岁，哪敢言寿？你这么说可别折了我的寿！"

张乐怡看兄妹二人说得热闹，怕冷落了蒋介石，就赶紧上前说："委员长，欢迎你啊。"蒋介石嘴一咧："嫂子！今天是在自己家里，你可不能这样用官衔称呼我，那不显得我和大家生分了么？"张乐怡一笑说："哈，那我直呼你的大名——"这时蒋对宋子文说："子文兄，兄弟我今天给你祝……""寿"字没说出口，见宋美龄已用手指着自己，猛想起宋子文和宋美龄刚才的对话，立即改口说："祝、祝、祝你生日快乐！"

第十七章
柳暗花明

张乐怡马上接口说:"怪不得中正兄能当委员长,瞧人家这嘴巴子转得多快!"

大家轰的一声笑。笑声没落,就听一人大声说:"转得真快呀!"随即学着蒋介石的浙江话腔调说,"'子文兄,兄弟我今天给你祝、祝生日快乐',这话文理不通啊!"

大家回头,原来是孔大公子孔令侃。宋美龄在他头上一拍说:"好小子,刚成个人样,就敢笑话你姨夫了,再过几年你还得了?"

孔令侃脑袋一偏说:"小姨姨,你就知道向着姨夫,看我一会儿非给姨夫灌几杯酒不可!"

宋美龄说:"你敢! 你姨夫在全国提倡新生活运动,他自己可是不喝酒、不抽烟,连茶都不喝的,你可不敢给他坏了规矩。"

孔令侃说:"就冲姨妈这句话,我今天也得给姨夫灌两杯!"

这里正在热闹,笑模笑样的孔祥熙来了,一见令侃和大人斗贫嘴顾不得和别人打招呼,立即对令侃喊:"犬子,没大没小!"

孔令侃一边往宋美龄身后躲一边说:"姨妈,你听了吗? 我爸说我是狗儿子,可我是什么生的呢?"

别人都在笑,唯独宋子文听了这话,皱了一下眉头,脸上掠过一丝不悦。

宋子文带人进客厅坐下,一看已是几十口了。大家有说有笑,好不热闹。

宋霭龄查了一下,基本都到齐了,就差孔令俊没有到。便说:"这小囡明明知道时间,也不知上哪儿疯去了,她成天像个没线的风筝,一点准儿没有。我看不要等她了,咱们就开始吧。"

宋美龄赶紧说:"令俊这孩子我喜欢,她不来不算全,大家说着话再等会儿吧?"

宋子文心里真不愿为了一个孩子耽误时间,便站了起来说:"大姐说得对,咱们开始吧。今天不过借着我过生日这个名目,大家一起热闹热闹。"说罢，喊过宋子良说，"今天的司仪是子良兄弟，从现在起，我们大家都听他安排吧。"

宋子良应声站起，把一条大红绶带左肩右斜往自己身上一披来到客厅中间一本正经地说："今天的寿星是我哥子文，司仪官却是我子良！有谁不听本司仪招呼，罚喝这一小杯茅台酒……"说着把中间桌子上蒙着的布掀起，露出了下面早放好的一碗酒。大家看时，乖乖，这个碗的碗口直径足有一尺，里面的酒盛得满溜溜的，少说也得有五斤，宋子良用手指着碗接着说："本司仪执法如山，六亲不认，谁违了我的话都得一口把它喝干！"

众人从未见过这么大的海碗，再看宋子良一脸假正经的样子，个个笑得前仰后合。

孔令侃说："舅舅，这么大的碗你从哪儿找来的？别说是盛上酒叫人喝，就是盛上那么一碗水，牵头牛来也不一定喝得完！"

宋子良被说得一下没憋住，扑哧笑出声。他赶紧扭头又板起脸来说："好啊，我看你成心向本司仪挑衅，先罚你把它喝了！"

孔令侃连忙求饶："舅舅，舅舅，我最尊重你的权威，最拥护你的法令，赶快往下进行吧。"众人又是一阵哄笑。

宋子良指挥众人来到后花园，观看了从欧洲购回的最新式焰火礼花，个个眼界大开，赞叹不已。

来到餐厅，宋子良叫人把个双层大蛋糕抬上来，在上面插上了相当于宋子文年龄的 40 支蜡烛点燃，大家围着一起唱美国歌曲《祝你生日快乐》时，孔令俊一身美国牛仔打扮冲了进来。

宋美龄赶忙招呼："珍妮特，快，到姨妈这儿来！"

宋子文一口吹熄了蜡烛，拿起刀子去分蛋糕。

孔令俊没接宋美龄的茬，却冲着宋子文嚷了起来："大舅，我来给你过生日，你却不等我来就放焰火分蛋糕，你眼里没我这个外甥女？"

第十七章
柳暗花明

宋子文皱了一下眉，放下刀子，看着她说："令俊，在正式的社交场合，应该穿礼服，穿这种随便的牛仔服会被认为是失礼的。"

"那是你在美国留学学的美国的臭规矩，这儿是中国，我想穿什么就穿什么。"孔令俊嘴快得像刀子。

宋子文说："好好，就按中国的规矩，你是个女孩子，就应该穿女孩子的衣服，干吗穿成这样子，男不男，女不女的？在自己家里无所谓，这出了门可是要招人笑话的。"

这一下孔令俊恼了，大声嚷道："萝卜白菜，各人所爱。我想穿什么就穿什么，用不着别人放屁！你管得着么？"

宋子文一怔，想不到这孩子说出这种话，他脸色有些难看，咽口唾沫又说："天上老鹰大，地上舅舅大。做事不合规矩，别人可以不说，我当舅舅的却不能不说！"

"你要是看不惯我，我立即就走，而且今后永远不到你家！"孔令俊说着，一脚踢翻个凳子，跑了出去。

宋美龄埋怨宋子文说："你瞧瞧，把孩子气跑了。她还小呢，干吗说她这个！"

宋子文也满脸不悦，望着宋霭龄和孔祥熙说："大姐、姐夫，这管孩子得从小管，不能光娇着宠着。现在外面对令俊的穿衣行事闲话不少，咱们这样的人家得顾全体面才好。"

宋霭龄诉苦说："我早觉着这孩子该管管了，可我做母亲的，孩子一大就不好管。你姐夫是个老好人，连句响亮的话也说不了，我早就想请你们当舅舅的出面，下次你们还真得找个机会好好说说她。"

孔祥熙连忙表态："外甥不肖舅舅管，舅舅管嘛。"

热闹的生日宴会经孔令俊一搅闹，众人都没了情绪，笑声再也起不来了，大家又干坐了一会儿，便一个个推说有事，起身告辞了。

宋霭龄和孔祥熙一回到家里，孔令俊就来煽风："妈，爸，今天我舅舅明是对我，实际是给你们闹难堪，可你们却装聋作哑……"

宋霭龄吼一声："滚回你屋去！"

孔令俊尖溜溜地说："哼，你们看人家官大不敢惹，就敢对我耍威风！好大的本事！"说完摔帘子打门走了出去。

孔令俊一出门，孔祥熙开口了："我说呀，这个子文，的确是跟我们隔着心哪！"

宋霭龄狠狠地说："走着瞧吧！"

不知什么时候孔二小姐早倚在门框上了："啊！到底把宋委员赶下台了，也替我出口闷气！"宋霭龄听声吃了一惊，一看是孔令俊，立即斥责道："少在这里插嘴！子文是你亲舅！"

"是啊，不是我亲舅他也不能那么当众训斥我，不是我亲舅你们也不会那么偷偷摸摸地鼓捣他，不是我亲舅你们也不会这么小打小闹地庆祝……"孔令俊阴阳怪气的口吻，说得宋霭龄脊背发凉。

"住口！你信口胡诌给我招祸呀？"宋霭龄气得眼睛发绿。

"好了，我不说了！我给我老爹敬杯酒贺喜吧！我老爹现在可真风光啦！你瞧，国民党中央执行委员、民国行政院副院长、财政部长、中央银行总裁。哪顶帽子不值几万银子？"孔令俊给自己倒上一杯酒，举到孔祥熙面前，"老爹，你要加油啊，我祝你有一天能当行政院长，能当总统！"

孔祥熙心花怒放，也举起自己的酒杯："我的乖妮儿，真是绝顶的聪明！真不愧是我孔门之秀呀！"

说完，父女俩一碰杯，仰脖而饮。

宋霭龄在旁一撇嘴："没正形儿！"

后来，这段插曲传到宋子文耳朵里，宋子文只感慨地说了一句话："上梁不正下梁歪！"

中饱私囊

　　怎样评价宋子文？有人说他是中国工商业的促进派，为中国工商业的发展起了至关重要的作用。有人说他以权谋私，中饱私囊，是十恶不赦的国家蛀虫。还有人说，他的公务和私事是很难分开的。

公元 1934 年 6 月 21 日，这是宋子文"40 寿辰"后的又一个值得庆贺的日子。

中国建设银行公司在宋子文的努力下正式挂牌成立，参加庆典的来自于上海重要头面人物共有 27 人，包括宋子文、孔祥熙和宋子良，财政官员徐堪、吴启鼎、谢作楷和邹梅初，银行家张嘉璈、胡筠、徐新六、周作民、钱永铭、贝祖诒、陈光甫等。宋子文的金融思想始终走在时代的前列。成立中国建设银行公司是宋子文许久的想法。早在 1933 年宋在台上时就提出过。不过那时他太忙了，只是出访美国过程中提出组织联合企业，以大量国外借款发展中国民营经济，亦叫以财生财，滚动发展。这一想法的雏形是将中国与西方各国银行家组成一个联合机构，代替以前的国际银行团。应该说这种想法是先进和超前的。但是因种种原因流产了。探究主要原因是蒋、宋矛盾的加剧，宋子文当年 10 月被免去财政部长的职务。

宋子文不甘心这种失败。失败也为宋子文所不容。

于是在他被免去财政部长之后，便打着实业兴国的旗号来实现他这种计划。

1934 年阳春的一天，他同在中国的英国人士，经过缜密商量后，决定重新组建中国建设银行公司。对此日本继续反对，1934 年 5 月 5 日，日本驻南京领事表示反对英、美等国加入该公司。后来建设银行公司虽然获得了外国贷款，但是资本只有中国人认股。

宋子文亲自剪彩，鞭炮齐鸣，一时热闹非凡。

宋子文讲了话："该公司纯属私营商业公司，调查了解各工商企业的财富情况，尚属可行，办理中外资金进行单独或联合投资事项，并代表投资者利益，注意该企业的发展。公司业务不受资金限制，因公司并非投资信托公司，而是为中外资金对适合投资的工商企业进行金融互助。"

该公司资本定为 1000 万元，共 100 万股，每股 10 元，与会人士先行共同购买 50 万元作为公司的基本金。

会后，公司委托上海 17 家银行募集资金。

四天后，宋子文在第一次股东会上说，1000 万元资金已经全部认足。第一次股东会议是 1934 年 6 月 4 日召开的。投票权只限于千股或千股以上的股东，孔祥熙当选为董事长；宋子文和贝祖诒当选为执行董事，执掌公司全权。任命宋子良为总经理。选出 21 位董事和 7 位监事。明眼人不难看出，该公司虽然自称"纯系私营商业公司"，事实上，所仰仗的是它的发起人和南京政府的关系。有了这层关系，还何愁发财不成？和公司有联系的重要商业银行——中国银行、交通银行、四明银行、中国通商银行、中国国货银行和中国实业银行，后来都归南京政府控制。这样，照顾公司做生意的政府官员、公司股东和公司的经理基本上是同一帮人。

因此公司一成立就得到人们的关注。

后来南京政府利用建设银行公司，从政府系统本身借款。财政部想要从政府控制的大银行那里借款时，就找到建设银行公司，由公司组成银行团筹措款项。如 1937 年 2 月，公司贷给财政部 6000 万元，财政部以印花、卷烟、酒三税作担保。公司没有资金，但从有股东关系的银行，如中国银行和交通银行等来借。作为财政部长的孔祥熙通过私营企业建设银行公司做中间人，使他所在的政府筹到借款，而孔祥熙正是这家私营公司的董事长和主要股东。

由于政企不分，公司得到政府关照，效益看好，资本迅速增加。公司成立时 1000 万元，一年后即 1936 年 6 月扩张到 1 亿元以上。这 1 亿多元的数字中，约有 9000 万元，是代表银行团放出的贷款。该公司 1936 年赢利 190 万元相当于资本额的 20%。

公司成立初衷在于引进外资，可是在这方面没能如意，由于日本的反对和当时国内形势不稳，国外投资者不多。宋子文曾和两个英国公司，即汇丰银行和中英银行公司进行谈判，1936 年达成协议，由他们和中国建设银行公司共同贷款 1600 万元，修通沪杭铁路。1937 年又和英国公司接洽两笔借款，一笔用于修建广州至梅县的铁路，一笔修建浦口至襄阳的铁路，这两项都在开始商谈阶段，后因七七事变发生而中止夭折。

由于吸收外资受阻，其性质便发生了变化。

在这个时候宋子文不得不采取了行政干预的手段。

宋子文一个电话就把总经理宋子良召来，进行筹划，与自己所主管的经委会配合活动。"公司要发展，我看必须要紧密配合全国经济委员会活动。不然也山穷水尽。"

"我听大哥的。怎么活动请大哥直言。"宋子良道。

"我说的活动是指配合经济委员会江西办事处和西安办事处进行活动。南京政府原来在这两个地区的经济很弱，成立办事处可以扩张在这些地区的势力，壮大公司的实力。"

"那好。"

"下一步计划，争取把全国的其他子公司都成立起来。"

于是，在宋子文的筹划下，一个个子公司如雨后春笋般地成立起来，在全国遍地开花。

先是西安分公司的正式成立。名是协助经委会工作，实则为个人捞利益。该公司是由前财政部税务署署长、中国建设银行董事谢作楷为经理。中国建设银行公司西北分公司的主要活动是同陕西省政府合办企业，开发一个电公司和一个煤矿。

接着是中国建设银行公司江西分公司成立。

1934 年 10 月总经理宋子良抵该省，讨论和江西省政府合办赣省

第十八章
中饱私囊

水电厂。次年 3 月,宋子良重赴南昌,和江西省政府主席熊式辉为建立该厂签订了 150 万元的借款协定。

嗣后,由于实力大增,1936 年 7 月,中国建设银行公司接替全国建设委员会活动,开始经营重要骨干企业,向纵深迈进了一步。

且说建设委员会成立了两年,是蒋介石为照顾其追随者张静江而成立的,张任委员会主席。这个组织成立以来发展迟缓,至 30 年代初预算近 10 万元,经营了几个企业,包括南京电厂、戚墅堰电厂和淮南煤矿铁路公司。南京电厂是其中最大的企业,建立于民国初年,是官营企业。1938 年由全国建设委员会接管经营,发电量猛增。戚墅堰电厂是 1923 年由中德合资建立的,位于江苏武进县戚墅堰,为无锡纺织厂和面粉厂供电。1928 年 10 月改为国营后,至 1935 年该公司发电量约增加六倍。淮南煤矿铁路公司由全国建设委员会建立,矿区位于安徽,1931 年 7 月开始开采。为了运输方便,又修建了长 220 公里的淮南铁路。1937 年公司资本达到 1000 余万元。

1936 年春,南京政府正式决定将这几个企业和管理权由官方的全国建设委员会移交给私营的中国建设银行公司,并签订了合同。为掩世人耳目,移交不采取直接方式而是表面上以增资为理由,由国民党中央政治委员会命令建设委员会招收私股。事实上就是把全部新股卖给中国建设银行公司。合情合法,而外人看不出破绽。

合同上写道:"建设银行公司购买淮南公司股份的 60%,建设委员会占 40%。"

合同自 1936 年 7 月起签订生效。

1937 年 5 月 14 日,在新的所谓"私营"扬子电气公司成立会上,宋子文当选为临时董事长。随着这些重要工业和企业的购进,使中国建设银行公司如虎添翼,实力倍增,使其成为宋子文属下的中国银行体系中最大的公司。虽是私营公司,可显然是南京政府间接插手私营工商业的一种力量。宋子文利用这个公司,为自己也为公司的股东们赚得了很多利润，而这些股东包括宋子文本人就是南京政府的官员或与南京政府有联系的人物。这便形成"蒋家王朝陈家党，宋氏家族孔家财"的新格局。

另外宋子文的私营经济活动还有一个重要基地，便是中国银行。他拥有占中国银行四分之一的资产。这在旧中国是一个天文数字。

有了钱和自己的工业，何愁不能干一番事业呢？

宋子文的下一步目标，便是利用这个基地，积极垄断经营工商业。像其父辈一样，真正成为中国的大实业家。

宋子文有宋子文的眼光。他首选纺织业。

1937年抗日战争爆发前，他利用中国银行通过抵押借款攫占丧失了赎买权的工厂，用这种办法有力地控制了15家纺织企业，拥有35万纱锭，占华资纱厂的13%。中国银行和交通银行利用债权关系直接经营七家丧失赎买权的工厂，又投资经办四家，由银行的附属机构收购了四家。中国银行的财产遍及全国，如河南的豫丰纺织厂，原由受过美国教育的实业家穆湘玥在1932年设立，该厂是内地最大的工厂之一，经济萧条时期倒闭，1934年归于中国银行。山西的雍裕纺织公司也因破产于1936年冬为中国银行购得。

在此基础上宋子文还和一些省政府联营开展投资活动。仅1937年4月，中国银行和湖南省政府合建衡中纺织公司，资本总额为350万元，70%由中国银行组织上海财团认购，20%由湖南省政府认购，10%由湖南的私人资本认购。中国银行的贝祖诒管理新建的公司，他的总办事处设在上海。

接着宋子文又选择了纺织业以外的行业进行投资。1937年春以同样方式买断了即将破产的渤海文学公司的面粉厂、电力公司和商业公司。或是投资或是分股，遍布全国各地，一时显得财大气粗。

宋子文不愧为留洋博士生、银行金融家。他的商业活动，还有多种组织和投资计划。1936年宋组织中国棉业公司，1937年确定公

第十八章
中饱私囊

司资本 1000 万元，分为 1 万股，大部分由上海的银行认定。中国银行 4430 股，交通银行 3000 股，其次是中国建设银行公司的银行业财团的资金。上海银行界头面人物是该公司的董事，包括钱永铭、周作民、贝祖诒和宋子文等人。公司的业务名义是经营纺织厂，实际主要活动是商品买卖和进行投机。该公司在上海商品市场上很活跃，开张的第一年，贸易额超过 20 万元，成为中国最大的商品公司之一。原棉交易总额达 1300 万元，经销纱布约 500 万元，信托业务仅 300 万元。

有人说：宋子文从事许多"私人"商业活动，依靠的主要是同南京政府的关系及其控制的银行资源，他的业务和私事是很难分开的。

1936 年 6 月两广实力派发动的抗日反蒋事变平息后，南京政府竭力加强对广东省的控制。新的军事和政治控制双管齐下，和南京政府有联系的重要人物包括宋子文、宋子良和孔祥熙等着手控制广东的私营企业。宋子良主持改组广东省银行，使之受南京政府控制。宋子文则恢复广州银行。他运用自己的私人活动和政府职权，加强了南京政府对这个省份的经济控制。当然也从中做了对个人有利的投资。

1937 年春，宋子文在去广州改组省财政之后，成立了华南米业公司。新公司决定注册资本 1000 万元，表面上宣称从事对华中、华南大米的改进、生产、运输和销售业务。宋子文为董事长，董事有孙科、宋子良、吴铁城（时任广东省政府主席）和银行界的宋汉章、唐寿民、王志莘等。

华南米业公司最重要的精力放在供应华南饥荒地区的大米上。1937 年春华南地区大米奇缺，百姓茹草度日，这给他们牟取私利提供了较好的机会。

1936 年秋，南京政府为解救"两广"饥荒，曾从东南亚免税进口 200 万石大米，计划经过半年的考虑，1937 年 4 月新任广东省政府主席及米业公司董事吴铁城批准免税大米由广州进口，这样华南米业公司垄断了大米进口。该公司自称它的宗旨是为开发国内大米销售市场，实则进口洋米乃是它的业务大宗。1937 年春，宋子文确曾指示过在浙江、江苏和湖南采购大米，这是因为当时这些地区稻谷丰收，米价低廉。

1936 年底，宋子文想发展他的故乡海南岛。海南岛计划和米业公司成立的情况相似，也是亦公亦私性质，既为国家又为个人。宋子文希望南京政府增强对海南的控制，以阻止日本入侵该地区，当然也希望开发海南岛的经济。同时，宋的计划也是为了个人投资以赚取私利。1936 年 6 月他到海南岛开始执行这一计划，但因抗战爆发而中止。

宋子文在其他方面的投资，纯粹为了个人赚钱，最明显的是他购买了足以控制南洋兄弟烟草公司的股份。南洋兄弟烟草公司是中国最大的一家烟草公司。在 20 年代，它和其他很多华商烟草公司一样兴盛一时，后来由于英美烟草公司的竞争和自家经营不善而摇摇欲坠。南京政府实行的税制政策有利外商，使这些问题更为严重。1932 年烟税实行二级税率制，中国公司主要生产的低级烟税率比英美公司高级烟要大得多。1934 年上海华商烟厂向南京政府请愿，迫切要求恢复以前的七级税率制，指出："多数中国烟厂生产低级烟。经验证明原来的七级税率制对中国工厂最有利，修改为三级税率制后利益减少，而现在的二级税率制只有利于外国工厂。"南京政府不顾华商公司，只求增加税收，拒绝改变税率。1935 年财政部向英美烟草公司借款 1000 万元，答应继续实行二级税率制直到还清借款。

经济萧条时期南洋烟草公司困难加剧，厂主简氏兄弟决定招请宋子文加入他们的公司作为董事长，这才是解救他们的唯一的希望所在。他们虽然会失去对公司的控制，但宋子文为业主，会从南京政府得到更多的照顾。1937 年 3 月达成协议，宋买得能控制公司的半数股票，估价 1810 万元，宋仅用 100 万元即行购得。

宋子文控制南洋烟草公司后，1937 年 4 月财政部宣布实行新四级烟税制，各级烟的税率都提高，高级烟比较低级烟增加的百分比较大。按箱计 100 元的增税 25%，每箱 800 元的增税 167%。新税制因此有利于中国烟厂。1937 年 6 月，南京政府又宣布进口各级纸烟一律增税 80%。就此看来，宋子文购买中国最大烟草公司后，南京政府对洋烟与华商烟厂的政策趋于一致了，而在此之前中国资本家要求改变征税的请求一直是无人理睬的。

宋子文还积极参与筹组中国制造汽车公司，试图在国内生产汽车。在 1936 年 12 月，公司成立会上，决定公司资本 150 万元，工厂设在湖南东部，总公司设在上海。公司董事包括宋子文、宋子良、张嘉璈、叶琢堂、陈果夫和全国经济委员会总务长秦汾。工厂的经营因战争而中断。

该怎样评价宋子文呢？有人说他是中国工商业界促进派，为中国工商业的发展起了至关重要的作用。有人说他以权谋私，中饱私囊，是十恶不赦的国家蛀虫。总之仁者见仁，智者见智，各执己见，莫衷一是。笔者不敢妄加评论，留给历史去评说，不管怎样，通过他自己的努力使殖民地半殖民地旧中国的工商业有了一个较大的突破，这一点是事实。在南京政府官僚资本扩大的基础上，他自己也发了财，这是有目共睹的。

第十九章
毛泽东致函

　　200余字，私情公意，尽表其中。后来毛泽东在给其他国民党要员来信中，也多次提到宋子文，可见殷殷之情。同时对于促动宋子文爱国抗日的思想有着重大影响。

在国共两党严峻对立的日子里。

公元 1936 年 8 月 14 日，作为国民党中央执行委员、国民政府全国经济委员会主席、中国银行董事长的宋子文，突然收到一封远方的来信。

这位来信者不是别人，正是蒋介石动员数十万大军所"围剿"的"匪首"毛泽东。

这不是一封平常的信，亦是宋子文久盼的。

宋子文激动异常，拆阅展读，信中写道：

子文先生：

十年分袂，国事全非，救亡图存，惟有复归于联合战线，前次董健吾兄来，托致鄙意，不知已达左右否？弟等频年呼吁，希望南京当局改变其对外对内方针，目前虽有若干端倪，然大端仍旧不变，甚难于真正之联合抗日。

先生邦国闻人，时有抗日绪论，甚佩甚佩！深望竿头更进，起为首倡，排斥卖国贼汉奸，恢复贵党一九二七年以前孙中山先生之革命精神，实行联俄联共扶助农工三大政策，则非惟救国，亦以自救，寇深祸亟，情切嘤鸣，风雨同舟，愿闻明教。匆此布臆，不尽欲言！顺颂公绥。

毛泽东

1936 年 8 月 14 日

按当时的空气来讲，谁要接到共产党的来信，不杀头也要被清除，甚者祸及全家。可是，宋子文神色不变，似是多了一层喜色。

他没敢将信在手中多留，而是交到了老蒋的手里。再说老蒋并没有翻脸，更是喜形于色。这就怪了，到底是什么原因？这里有一段小小的插曲。

日本侵略者从九一八事变后，不停步地向中国进攻，企图独占中国。

国民党统治者在倾全力"围剿"长征中的工农红军时，仍然对日本侵略者节节退让。1935年2月，蒋介石向日本记者发表谈话说："中日有提携之必要"，"中国人民不但无排日之行为与思想，且亦无排日之必要"。但是日本帝国主义妄图灭亡全中国这一事实，不可能不与蒋介石国民党的意思相反，造成全国人民反抗侵略者的热潮。

于是，华北事变和"一二·九"运动爆发了。

在中共中央率领红军北上到达陕甘宁边区前夕，日本军国主义者以咄咄逼人的骄横气焰，利用国民党统治者的不抵抗主义，加紧对华北的争夺。它的第一个步骤是通过1935年6月初的《何梅协定》（国民党在北平的军事长官何应钦和华北日军司令梅津美治郎间的协定）迫使国民党中央军撤出平津和河北。它的第二个步骤是策动华北五省"自治"运动。10月间，日本的沈阳特务机关长土肥原贤二以关东军代表名义向驻守平津和冀察晋的第二十九军军长宋哲元提出要求：通电设立华北自治政府，将南京任命的华北官员一概罢免。11月6日，土肥原贤二甚至发出最后通牒，限令宋哲元在20日前宣布自治，否则日军将以五个师的兵力取河北，六个师的兵力取山东。这时，日军向华北大举调兵。在日本特务机关策动下，国民党政府河北省蓟密专区行政督察专员殷汝耕割据冀东22个县，在北平近郊的通县成立冀东防共自治政府。12月，在北平成立由宋哲元任委员长的冀察政务委员会，开始实行华北特殊化。平津上空乌云密布，整个华北已危在旦夕。

地处前沿的华北人民，反应自然最为强烈。敏感的青年学生对时局的演变尤为关切，北平学生悲愤地喊出："华北之大，已安放不下一张平静的书桌了！"当国民党统治区的共产党组织遭受大破坏时，在河北还保存了一个省委组织，在北平还留下三十多个失去组织关系的党员。1935年春夏之交，河北省委特派员李常青来到北平，建立由彭涛等组成的中共北平临时工作委员会，指定周小舟负责中华民族武装自卫会北平分会的工作。当群众抗日情绪日趋激昂时，在中共北平临时工作委员会的领导下，在黄敬、姚依林、郭明秋等在学生中工作的共产党员的组织和指挥下，北平学生在12月9日举行了声势浩大的抗日救亡游行。清华、燕京大学等城外学生被军警阻拦，在西直门同军警发生冲突。城内一二千名学生冲破军警包围，高喊"打倒帝国主义""停止内战""一致对外"等口号，到新华门前请愿。由于请愿没有结果，他们把请愿改为示威游行。当游行队伍到达王府井大街时，人数已增加到3000人。军警突然用水龙头向学生喷射，并挥舞皮鞭、枪柄、木棍从两侧夹击过来。游行队伍全被打散了。学生有四十多人受伤。第二天，北平各校学生举行全市总罢课，著名的"一二·九"学生运动开始了。

"一二·九"运动，使中国人民不仅加深了对民族危机的认识，而且看到了自身的力量，看到只有把国内各种力量动员起来才能有效地抵抗日本的侵略，增强了他们奋起救亡的信心和决心。这个风暴迅速波及全国。从11日开始，天津、保定、太原、杭州、上海、武汉、成都、重庆、广州等大中城市先后爆发学生的爱国集会和示威游行。许多地方的工厂也举行罢工。上海和其他地方的爱国人士和爱国团体成立各界爱国会，发出通电，出版各种救亡刊物，要求停止内战，出兵抗日。12月下旬，在中国共产党领导下，北平学联组织平津南下扩大宣传团，到河北农村进行抗日宣传，开始踏上同工农相结合的道路。在宣传团的基础上，又成立中华民族解放先锋队。上海、武汉、济南等地学生也纷纷下乡宣传。一些原来不愿意

第十九章
毛泽东致函

参加政治活动的教授、学者也发表文章，主张抗日，主张全国合作。抗日救亡斗争发展成为汹涌澎湃的全国规模的群众运动。

华北事变后，蒋介石和国民党中央对抗日的态度也在发生变化。蒋介石对日本一再退让，是建筑在依靠外交途径来解决中日问题的幻想上的。日本侵略者步步进逼，打破了这种幻想。华北事变的发生，超出了南京政府所能容忍的限度，直接威胁到它的生存。于是，南京政府不得不开始考虑调整它的对日政策。

1935年11月19日，国民党第五次全国代表大会根据蒋介石的建议通过一个议案。蒋介石建议中有句关键性的话："和平未到完全绝望时期，绝不放弃和平；牺牲未到最后关头，亦绝不轻言牺牲。"这句话，虽是说，现在还不能"放弃和平"，"轻言牺牲"，但又是表示：如果"最后关头"到来，那也只好"放弃和平"、决心"牺牲"；次年1月，日本外相广田弘毅宣布包括"中、日、满经济合作"，即承认满洲国等条件在内的"广田三原则"，这是蒋介石难以接受的。他后来写道："当时的形势是很明白的，我们拒绝他的原则，就是战争；我们接受他的要求，就是灭亡。"在日本军国主义者毫无止境的侵略欲望面前，可供蒋介石选择的余地越来越窄了。在这种情况下，南京政府在1935年底开始试探，要求苏联的援助，并设法打通同中国共产党的关系。蒋介石后来作了这样的解释："中日战争既已无法避免，国民政府乃一面着手对苏交涉，一面亦着手中共问题的解决。"

在国外老蒋秘书邓文仪同在苏联的王明进行对话。邓文仪是老蒋的侍从秘书，后任驻苏大使武官。接触是在莫斯科。主要是探讨苏联在军事上的动向。当年秋天，邓文仪回国述职，老蒋面授机宜，命其速返莫斯科，有要事要他去做。所谓要事，即是通过苏联方面的关系与中共驻共产国际代表团接触，于是邓文仪马不停蹄地回到莫斯科，与共产国际代表团长王明进行了多次的会谈。但是这种努力没有什么结果。

这时，红军长征胜利，举世皆惊。老蒋在"剿共"的同时，又感到心有余而力不足，于是又生发出在国内寻求与共军谈判的想法。谁来完成这个任务呢？思前想后，他想到了宋子文，在一个黄昏，他把宋子文召到了自己的官邸。

老蒋开门见山："今天我请你来，有一要事相商。"说完便走至窗前把窗幔慢慢地拉下，然后关闭大门。

宋子文见老蒋这般神秘不知他要卖什么药。

蒋介石坐下来："今年下半年形势不好，按基督教之说，我好像有预感，昨夜做了个梦，你说我梦见谁了？这个人你认识。"

宋子文没有答话，且听下文。

"我梦到对手毛润之了。你说怪不怪？他头戴八角帽，对襟短褂，一双圆口布鞋从脚到头透着农民气。声言要与我谈判，不谈判的话，说什么有你无我、血战到底。看来他还十分生气。我找你来，也想试探一下共军的底，看他们有没有这个勇气？"

"我在西方留学的时候，也看过一些梦的童话，不过，有时候，梦也是神奇的。"宋子文道。

"我看这场梦也给我一心'剿共'提出个警告。兵书讲，将太直了，容易流血太多。世上路太直了，可能达不到目的地。不行，我们摸摸底，边谈边打。这二三年时间里，兵也需休整，不然的话，疲于奔命，是难战胜敌人的。"蒋介石说着站起了身。

"你是说，我们和共军谈判？"宋子文有些不相信自己的耳朵。

"对，和共军谈判！"蒋介石斩钉截铁。

"你说，让谁去？"

"我看你先联系共军高层，摸个底再说。"

"我能行吗？"宋子文怀疑自己说。

"你能行。一是你早先是武汉政府过来的，和共军有一定的心

第十九章
毛泽东致函

交。再说，第一次国共合作，你又是政府部长，和毛润之、周恩来都很熟。更重要的是，那边还有你的知心二姐庆龄。我想了好久非你莫属。"

"看来你还真了解我。要是这样，你不会把我清党给清除了吧?"宋子文开了句玩笑。

"我敢开除国舅，怕是我没长两个脑袋?"蒋介石笑了，"要尽快取得联系。具体你怎样工作，找谁联系，我就管不了了。不过尽快把联系情况告诉我。"

"那好吧。"

"这个情况只限你知我知，绝对保密。"蒋介石又叮咛道。

当蒋介石送走国舅的时候，三星正南，月色如水，幽灵般的星空显得有些神秘。

是啊，夜是掩盖人世罪恶的最好面纱。

这一夜，宋子文回到自己的官邸，无论如何也睡不好觉了。

要完成老蒋交给的这个任务非有二姐出面帮忙不可。于是他想到了二姐。可眼下政治把姐弟分开，感情多少也有些淡化。想起来这事，又使宋子文伤感起来。临到天亮时，他才犹犹豫豫地拨通了二姐宋庆龄的住宅电话。

"二姐，我是子文哪，好长时间没有看到你了。"

"当姐的也没有看你和乐怡啊，孩子都好吧?"

"孩子还好，你身体怎么样?"

"我还好。"宋庆龄欲言又止，竭力避开政治话题。

"今天上午，我想去看看二姐。"宋子文道。

"二姐欢迎。"

"有些事情，我想给二姐谈谈。"

"我等你。"

早上8点，宋庆龄刚吃过早点，宋子文的车子便驶进了二姐院子。

宋庆龄迎出来，说实在的，她对宋子文是很疼爱的。她把爱国学生给她送的水果摆满了一桌子，来招待大弟。

自从宁汉分裂之后，按宋庆龄的话讲，我已是家中可有可无的人。我不想看到亲人，也不想让亲人看我。宋霭龄和宋美龄也曾来过，看到这个情况，后来也就不了了之。只有宋子良、宋子安还是这里的常客，来去无拘无束。宋子文因身有政务，来得少，不过断不了还打个电话问好。

"子文，你来有什么事要和姐姐商量？"宋庆龄开门见山，接着把一个剥了皮的橘子递给宋子文。

"老蒋最近有些异常，想寻找与中共联系，让我牵线帮他这个忙！"宋子文说。

宋庆龄道："老蒋想对话，说明他有难处。他在日军侵略者面前一退再退，已经激起了全国人民的反对。昨天，我接待了几批学生，都要求老蒋停止内战，一致抗日。"

"只要国共两党能坐下来谈判，把问题提出来，摆到桌面上来，问题是不难解决的。既然老蒋有这个要求，不妨给他个枕头，叫台阶也行。"

"好的，二姐可以答应。不过容二姐想一想，谁去合适呢？"

"这个人必须是共产党信得过的人。不然不好办。"

"你的同学董健吾怎么样？"

"他？"宋子文道，"当时我们在上海圣约翰大学神学系学习时，人还是不错的。后来听说经刘伯坚、浦化人介绍，在河南开封秘密加入共产党，以传教为掩护，在冯玉祥部从事兵运、工运、农运工作。再后，由于蒋介石清党波及冯部，董无法立足，当时还找到了我担保。后来我就不知道情况了。"

"后来他回到上海，以圣彼得教堂的牧师职业为掩护，负责共产党的地下联络工作。"宋庆龄补充道。

"后来听人说他收留共军遗孤什么的？具体怎么回事我也不清楚。"宋子文又道。

"有此事。那是我让他办的。董来上海后经常与我联系。他在我的资助下，以圣彼得教堂牧师身份，在上海用教会和互济的名义，开办了大同幼稚园。秘密收养了失散流落在江、浙、沪等地的职业革命者的子女和烈士遗孤。"

宋庆龄说到这里又道："因董健吾做过古董生意，我和小妹在购买字画古董时曾请董健吾出过主意。都是好朋友。"

"既是这样我们就找他帮办，来往去延安的路费我来出。"宋子文一锤定音。

就这样，宋庆龄又找到以牧师身份活动的共产党员董健吾，去与中共中央取得联系。1936 年 3 月的一天，董健吾出发了，踏上了去陕北的征程。带着宋庆龄、宋子文的委托和一封有火漆印的密信。途经西安送到陕北中共中央所在地瓦窑堡，面呈毛泽东、周恩来。

临行时，宋庆龄对董健吾说："此行成功，益国匪浅。"为了途中安全，宋子文、宋庆龄还给董准备了一张由孔祥熙（时任行政院副院长、财政部部长）签名的委董为"西北经济专员"的委任状。

董健吾将密信缝进贴身背心，冒着风雪，急如星火地直赴陕西。

当时，陕北苏区处于被国民党军队严密包围之中，要安全进去，必须得到张学良的同意。因此董健吾在西安下了飞机，首先会见了张学良。

二人相见是在一个落霞的黄昏。

董健吾以财政部西北经济专员的身份对张学良说："我是来向你借飞机到苏区去的。"

张学良根本不相信此话会出自财政部大员之口，说："你敢在这里提出这样的要求，凭这一点就可以把你枪毙！"

"要枪毙可以。"接着又取出宋庆龄、宋子文亲笔信呈上。

董健吾深知张学良的报国心迹，便畅谈了民族大义和中共抗日主张，张学良深受感动。张学良在致电南京、核实此事后，知道南京政府已派人和中共中央联系，深信不疑。张学良派飞机送董健吾至肤施，再派一骑兵连护送他去苏区。

马蹄踏踏，踏碎了西天的云霞。

在突破陕北的红色封锁区时，他们被荷枪实弹的红军战士拦下了："哪里去？"

一时剑拔弩张。

"我要到延安。"董健吾摘下了礼帽。

"有通行证吗？"

"我要见毛泽东同志。"

经过一番交涉和核实后，董健吾同志被允许进到苏区，由红军战士护送，秘密来到瓦窑堡，受到博古和林伯渠的接待。

董健吾呈交了南京方面的密函，信上说：

> 走时曾见蒋，据蒋暗露可同意：一是不进攻红军；二是一致抗日；三是释放政治犯；四是武装民众；五是顷（倾）蒋尚有款。

博古将这一情况立即电告在东征前线石楼的毛泽东、张闻天、彭德怀等，并将董健吾的身份也电告毛泽东等。

毛泽东望着这封不同寻常的信件，立即做了批复：通知博古、董健吾、周恩来等到前线，共同讨论与国民党谈判问题。

当博古把这些情况转告董健吾时，董说："怕是时间来不及了，我还要回南京复命。我留下上海的地址，有什么意见随时复信。我在上海恭候。请转告毛泽东致歉。"

因此董未去东征前线。

第十九章
毛泽东致函

　　毛泽东十分重视宋子文派董健吾送来的和谈信息，张闻天、毛泽东、彭德怀集中各方面的意见，于 3 月 4 日联名致博古转董健吾，并请董转告南京政府。电文为：

　　博古同志转董健吾兄：

　　　　（甲）弟等十分欢迎南京当局觉悟与明智的表示，为联合全国力量抗日救国，弟等愿与南京当局开始具体实际之谈判。

　　　　（乙）我兄复命南京时望恳切提出弟之下列意见：一、停止一切内战，全国武装不分红白，一致抗日；二、组织国防政府与抗日联军；三、容许全国主力红军迅速集中河北，首先抵御日寇迈进；四、释放政治犯，容许人民政治自由；五、内政与经济上实行初步与必要的改革。

　　　　（丙）同意我兄即返南京，以便迅速磋商大计。

　　这是中共中央向国民党中央第一次提出联合抗日的具体谈判条件，为日后的谈判奠定了基础。

　　第二天晨曦初露，董健吾带着这个密件原路返回上海，向宋庆龄、宋子文、孔祥熙转达了中共中央的建议。

　　董健吾的西北之行，不仅沟通了国共两党的联系，而且同少帅张学良挂上了钩。在这之后二人关系甚密，成了莫逆之交。抗日救国是他们的共同话题。后来毛泽东托董健吾把自己的孩子护送出国避难，董又托少帅张学良帮忙办事，都经过这条红色的秘密交通线。

　　面对着董健吾带回的中共中央的谈判条件，南京政府立即进行了认真的研究，做出反应。6 月底，宋子文让国民党中央执行委员、国民政府铁道部次长曾养甫，以个人名义函复中共中央，表示赞同"联合抗日"的主张。

　　如果说董健吾是一位神秘的人物，那么曾养甫、谌小岑二位也是不同寻常的人物。为打通与共产党的关系，宋子文决定再开一条"航线"，那便是曾养甫、谌小岑的关系网。

曾养甫当时担任南京国民政府铁道部次长，同南京政府的许多核心人物关系密切。曾养甫承担了打通同中国共产党关系的使命后，于 1935 年 11 月，找到其部下铁道部劳工科科长谌小岑，托她办理此事。

曾养甫告诉谌小岑说："宋子文是我的好朋友。我们都是留美学生，外人说我们是英美派。争取英美援助的工作都是宋子文担任的，别人是办不了的。抗日是我们的共同目标和决心。宋子文长期与老蒋有矛盾，就是为抗日一事。目下老蒋有了抗日的觉悟，表示愿意同共军一同抗日，需要我们帮忙打通与共军的关系。"

谌小岑说："我怕是帮不了大忙。"

"我听说你在五四运动中参加过周恩来、邓颖超领导的觉悟社，与一些进步人士有联系。这是真的吧？"

"那都是多少年前的事了。"

"看着我的面子，这个忙你还不帮？"

"既是党国之事，我帮。"谌小岑终于答应下来。

谌小岑绝不是那种说说就算了的人。她说办就办，迅速地通告中共领导的北平自由职业者大同盟书记吕振羽。吕振羽立即把消息转告中共北平地下党市委宣传部长周小舟。周知事情重大，必须把底细搞清楚。又立即通知吕振羽："请你立即去南京一趟，探明此事系何人发动和主持。回来向我亲自报告。"

于是吕便在当晚草草收拾一下就上路了。吕振羽风尘仆仆地到达南京，谌小岑在车站迎接了他，然后陪同到曾养甫家，曾热情地接待，表示"自己秉承宋子文意旨办事，希望吕振羽找一个共产党方面的线索"。

吕把消息反馈到北平。

1936年1月，周小舟到达南京，向吕振羽传达中共中央北方局的指示，提出国共合作谈判的条件是：

一、组织国防政府和抗日联军。

二、停止内战，一致抗日，停止进攻苏区，承认苏区的合法地位等。

吕振羽立即通知谌小岑谈判线索已找到，要求国民党方面保证共产党方面往来人员的安全和通讯自由，不得加以检查、扣留，曾养甫答应可以保证。

周小舟和吕振羽在谌小岑引见下即与曾养甫会面。

曾养甫道："欢迎欢迎。"

谌小岑向周小舟介绍说："这就是你要见的曾养甫先生。一般人都认为他是 CC 分子，但我知道他同宋子文关系密切。"

曾说："今天我们相见，说明我们有缘。"

周问："我想知道，我们这种接触对方高层界谁在主持？"

曾答："不瞒你说，迄今为止，这种接触是宋子文先生在主持。"

周小舟说："很好。不知对方有什么条件？"

"我们是先想听听远方客人的条件？"

"吕先生，你就先说吧？"

吕振羽道："我们的条件很简单。一是组织国防政府抗日联军。二是停止内战，一致抗日；停止进攻苏区，承认苏区存在的合法性。"说完便把文本呈送给对方。

周小舟道："而你方呢，不妨说说听听。"

曾养甫说："我方面提了四点要求。"于是他掏出文本便展读起来：

一、停止土地革命；

二、停止阶级斗争；

三、停止苏维埃运动;

四、放弃推翻国民政府的武装暴动等活动。

曾养甫也把文本呈送对方。

1936 年 3 月,周小舟第二次来到南京。带来了向国民党提出的六项要求:

一、开放抗日群众运动,给抗日人民以集会、结社、言论、出版自由等抗日民主权利;

二、由各党各派各阶层各军代表联合组成国防政府和抗日联军;

三、释放一切抗日爱国政治犯;

四、改善工农群众的生活;

五、停止内战,一致抗日,停止进攻苏区,承认苏区的合法地位;

六、划定地区给南方各省游击队集中训练,待机出击抗日。

同时周小舟还带来由毛泽东、周恩来、朱德、彭德怀等领导同志签名盖章,用毛笔书写在白绸书上的给宋子文、孙科、冯玉祥、程潜、覃振、曾养甫等人的信件,每信均附有中共中央于 1935 年 8 月 1 日发表的《为抗日救国告全体同胞书》(即《八一宣言》)。

经过中共北方局代表与谌小岑等多次会谈后,于 1936 年 6 月底 7 月初,达成了一份由双方代表共同签字认可的谈话记录草案。该草案商定了全国统一、共同抗日、以国民党为主导力量等基本原则,以及在此原则上停止内战,建立抗日统一战线的具体方法。在此记录基础上,谌小岑起草了一个正式协定条款。

接着,曾养甫与周小舟在国民政府铁道部二楼曾养甫的办公室进行了再次会谈,谌小岑、吕振羽都参加了。周小舟系统地讲述了

第十九章
毛泽东致函

共产党同国民党合作抗日的愿望和六项要求及条件，并对国民党的四点要求作了回答。然后，双方就国民政府作为国防政府的组织形式的问题、红军改编为国民革命军问题、南方游击队集训的问题、释放政治犯等问题进行了讨论。在领导权问题上，双方发生了激烈的争论。

周小舟离开南京前，交代吕振羽必须取得国民党方面对我方六项要求的肯定回答。为此，吕振羽又和曾养甫面谈了五六次，并要谌小岑写书面材料。

7月，曾养甫又找到吕振羽，对他说："希望两党主要干部会谈或者周恩来来南京，或者我、张冲去延安。"但是，7月底，曾养甫被任命为广州市长，他的陕北之行就不可能实现了。由于这时南京当局已直接和中共中央的这条线联系，所以10月间中共中央正式通知中共北方局不必与南京方面接触，统一于党中央，这条渠道的使命遂告完成。谌小岑在接受了宋子文通过曾养甫交代的"打通共产党的关系"任务后，一方面经过吕振羽找到了同中国共产党北方局的联系渠道；另一方面，又同当时任国民党中央宣传部下属的征集部主任左恭商议，如何寻找共产党的关系。

左恭是共产党地下党员，他得此消息后，立即向上海党组织报告。上海党组织遂于1936年1月介绍了一位称作是中共长江局系统的姓黄的同志给谌小岑。此人真名王绪祥，党内名张子华。1930年入党，在任豫鄂陕特派员时，曾去陕北游击区巡视过工作，对陕北地形熟悉。张子华和谌小岑交谈几次以后，建议国民党派人直接去陕北。曾养甫准备派一名中共的叛徒去，张子华立即表示反对。

此时，上海党组织决定张子华随董健吾一起进陕北苏区，向中共中央领导人汇报曾养甫等人的情况，所以张子华是以共产党和国民党的双重使者身份进入陕北苏区的。

张子华和董健吾虽同行，但党组织没有向董健吾交代张子华的真正身份和进苏区的目的。张子华和董健吾到达瓦窑堡后，博古立即单独接见张子华，他口头汇报了国民党内部各派对抗日的态度，尤其是国民党内亲英美派有联俄联共一致抗日表示，并传递了国民党正在寻找与共产党谈判的动向。以后，张子华到东征前线向毛泽东、张闻天、彭德怀等做了详细汇报。

为了讨论与南京当局谈判等问题，中共中央政治局在1936年3月召开扩大会议。会议批准了毛泽东、张闻天、彭德怀在给董健吾电报中提出的几项条件，并且同南京政府联络谈判的问题，进行了具体的研究。

4月，张子华返回上海，随即与曾养甫会面，提出了要了解南京当局联共抗日的具体办法，谌小岑便手抄了一份南京当局的四条意见给张子华，但没有说明是南京方面的条件，只说是谌小岑自己的看法，给中共参考。

后来，张子华还多次同曾养甫、谌小岑见面，商谈国共两党高级干部进行具体谈判的问题。曾养甫还于1936年9月提出请周恩来到广州或香港见面。后来又向张子华表示：如周恩来不去广州，国民党派人去陕协商谈判地点。10月17日，中共中央看到了张子华从广州带回国民党当局的四个条件，以为南京方面有谈判诚意。同时获悉蒋介石10月16日西安，即要正在西安的张子华同蒋方交涉，接周恩来到西安与蒋直接面谈。后因交涉没有成功，此举未能实现。

就是这样，蒋介石、宋子文等人通过中国共产党上海地下党组织也同中共中央取得了联系。这一时期，国民党对共产党实行"剿抚兼施、以剿为主"的政策，宋子文主持的（后期陈立夫也参与主持）国民党同共产党代表的接触和谈判也只是一种试探性质，没有涉及实质性的问题。但是，由于宋子文积极开展了"打通共产党关系"的活动，使得国共两党代表的接触突破了单纯地在国外的单一渠道，而在国内多方面展开了。通过国共两党代表们的接触和谈判，双方陈述了合作抗日的要求和条件，互相传递了双方党中央的意向，这样实际上为后来国共两党负责人的正式谈判和第二次国共合作的正式形成做了准备。

不难看出，毛泽东给宋子文来信，说明中共方面肯定了宋的抗日热忱。

二百余字，私情公意，尽表其中。后来毛泽东在给其他国民党要员来信中，也多次提到宋子文先生，可见殷殷之情。同时对于促进宋子文爱国抗日的思想有着重大影响。

宋子文将毛泽东的信转交蒋介石后，引起了蒋的极大兴趣。立即任命陈果夫为国民党会谈代表，并电告毛泽东。

同年9月，毛泽东又电告西安的潘汉年为中国共产党会谈代表，直接与国民党代表陈果夫会谈。

不管后来会谈如何，可见宋子文当初为联系这种会谈所付出的艰辛。

西安救驾

宋子文闻此消息，极为紧张。虽然他与蒋介石有过恩恩怨怨，但共同利益把他们捆在一起。他冥思了好一会儿，拨通了一个电话："谭秘书，准备晚上的火车回南京，并约苏联大使馆的鄂山荫秘书明早到我办公室见面。"

南京政府的高官们得到蒋介石在西安被扣的消息，顿时哗然。各种传言交织在一起，哭，哭不出声，笑，笑不出来。再加上街头谣言四起，简直一塌糊涂。

南京，一座无主的城！

南京，一座瘫痪的城！

西安事变爆发时，宋子文、孔祥熙、宋霭龄、宋美龄一行正在上海。

当天下午3点多钟，宋子文从机要秘书手里，接到一份何应钦打来的绝密电报："西安有兵变，蒋介石在何处尚未查明，派飞机前往侦察。"一个小时后，孔祥熙、宋子文又接到南京政府财政部秘书的绝密电话，转告了张学良致宋子文、孔祥熙电报的主要内容。

闻此消息，宋子文的心情极为紧张而沉重。

他为"兵谏"的突发感到震惊，为蒋介石的安危而恐惧。虽然他与蒋介石有过恩恩怨怨，但共同利益还是把他们捆在一起。他冥思了好一会儿，才拨了一个电话："谭秘书，准备晚上的火车回南京，并约苏联大使馆的鄂山荫秘书明早在南京宋宅见面。"

这时，大姐也风风火火地跑了过来。宋霭龄手拿电报，看了一遍，也愣了神儿。片刻后才道："小妹知道了吗？"

"她的电报在我这，还不知道。"宋子文道。

"小妹要是知道了，她会要死不活的。你要想好了办法以后再告诉她。"宋霭龄提醒道。

"小妹的脾气我知道。"

"此事不能瞒她。"

第二十章
西安救驾

"听说南京的情况很乱。"

"我知道了。这一切都要给小妹讲清楚。"

针对情况，他们又商量了一会儿。

当天晚上，宋子文、孔祥熙在宋霭龄的陪同下，驱车直驶宋美龄住宅。宋美龄正以航空事务委员会主任的身份召集会议，讨论改组"全国航空建设会"的事。孔祥熙把宋美龄叫出来说："西安发生兵变，委员长消息不明。"这个消息如同晴天霹雳，使其惊骇。宋美龄一声长哭，如同房子倒了顶梁柱。宋霭龄急忙上前劝说。经过紧急商议，他们决定第二天清晨赴南京，并约蒋介石的顾问澳大利亚人端纳同行。

深夜，经过苦心斟酌，宋子文、孔祥熙给张学良发出了事变爆发后的第一封电报：

"急！西安张副司令汉卿勋鉴：密。顷由京中电话告知，我兄致弟一电，虽未读全文，而大体业已得悉。保护介公，绝无危险，足见爱友爱国。至为佩慰！国势至此，必须举国一致，方可救亡图存。吾兄主张，总宜委婉相商，苟能有利于国家，介公患难久共，必能开诚接受，如骤以兵谏，苟引起意外枝节，国家前途，更不堪设想，反为仇者所快！辱承契好，久共艰危，此次之事，弟意或兄痛心于失地之久未收复，及袍泽之环伺吁请，爱国之切，必有不得已之苦衷，尚需格外审慎，国家前途，实利赖之。尊意如有需弟转达之处，即乞见示，伫候明教。"

这封电报，态度比较委婉，措辞比较谨慎，反映了在上海孔祥熙一行对事变的基本看法。在南京，对于国民党的军政大员来说，12月12日晚上，也是一个紧张而恐惧的不眠之夜。中央委员齐集何应钦官邸，正召开着中央临时紧急会议。

大家议论纷纷，莫衷一是。有的主张讨伐，有的反对。渐渐讨伐派占了上风。

孙科道:"不要紧张,不要紧张,有冯副委员长在此,应当请他表态。"何应钦瞅一眼冯玉祥摇头道:"这个事关重大,应当仔细商量再说。以我之见,应该派飞机去炸西安,这才是上策!"正说着,宋子文和宋美龄到了。宋美龄呼天喊地、大哭大叫,一头闯了进来。

宋美龄哭了一阵,她想用眼泪换取大家的同情。继而她便止住泪,问道:

"何总司令,一切事情我都知道了!现在我来问你,你这样做是何用意?你假使发动战争,你能善其后吗?你能救出委员长的生命吗?我现在老实告诉你,你这样做简直是想谋杀他!"

何应钦一听,脸色大变。

宋美龄板着面孔讲:"幸亏是你在领导这批饭桶,要是旁人,我一定当他是异党分子看待!何总司令,这可不是闹着玩的事?连你也跑不了!"

何应钦一个劲儿搓手,赔笑道:"那么照夫人的意思,应该,应该……"

"应该停止军事行动!"宋美龄斩钉截铁地说,"你非给我停止讨伐不可!你非给我用尽一切办法把他救出来不可!你非要把他活着救出来不可!你非要立刻去不可!"

"夫人",何应钦作出为难状,同时也撇开自己的责任,"这是会上通过的,不是一两个人的意思。"

"Damn!"宋美龄用英语骂人的话也急了出来,"要不,你就重新召开会议,我和子文、祥熙也出席!"她弦外有音:"免得让你为难。"

"不不不,"何应钦一脸笑,"夫人不必劳驾,救出领袖,是我们大家的责任。"他试探道:"我已经通知20个师出发了!"

"20个师也得调回来!"宋美龄冷冷地说道,"何总司令,你以为武力讨伐真有把握吗?你未必太乐观了!好多外国朋友告诉我,为

第二十章
西安救驾

这件事一旦发动大规模的战争，西北方面并不是孤立无援的。广东、广西、云南、湖南、四川、山东、河北、察哈尔、山西、绥远、宁夏的各地军事政治负责人，都在乘机而动，并且可以确定，他们没有一个愿意花气力帮助你发动战争，甚至有几个人，也许他们会走到张、杨方面去！"

"这个，"何应钦讪讪答道，"这个问题我们也曾研究过，戴笠那边可以派人前往各地设法收买……"

"收买？"宋美龄冷笑道，"别做梦了！现在他们每个人都想在这次冲突中扩充势力，谁给你收买？"

"是的，夫人。"何应钦不由得软了下来，"那么照夫人的意思现在我们应该先做些什么？"

"派人到西安去！"

"这怎么可以？"何应钦假装吃惊，"那不太危险了吗？而且西安附近已经开始轰炸？"

"我说我要你停止一切战争措施！"宋美龄手拍桌子，"我明天便派端纳到洛阳，转赴西安。子文也去，我也要亲自去！"

"夫人"，何应钦劝道，"夫人不必去了，冯玉祥愿意代替委员长做人质，就让他去一趟好了。"

"不！谁也代替不了我，我要亲自去。"宋美龄说一不二。

"实在太危险，你的安全……"何应钦还没有讲完，宋美龄道："告辞了！"说完，望了何一眼，匆匆穿上皮大衣，戴上白手套，抓起皮包扭头就走。

会议至此不欢而散。

何立即把宋美龄的话转告日本密使，但把自己如何屈服一点略去不提。那个密使听说宋美龄如此这般，不禁皱眉道："何将军，你要知道，这是千载难逢的好时机，机不可失，时不再来。"

"我为何不知道！"

……

何应钦欲干不能，欲罢不休。他经过日本密使的再次唆使，不由得心痒难熬，可是一时也不敢过分乐观。他送走日本密使后只能够给前方将领继续发几道命令：进攻！

前方20万部队是否已经把西安围得水泄不通，何应钦不清楚。但当夜宋美龄气呼呼地又找上门来。

"何总司令，你怎么又下令进攻了？你真的存心谋杀他吗？"

何应钦正一肚子没有好气，见她三番五次责问，也不禁发起火来。只见他把桌上文件一推直跳起脚来道："你妇道人家懂得什么国家大事，不许你管！"

宋美龄吃了一惊，一时倒没有了主意。退后一步，冷笑道："好！我倒要看看我们的何应钦先生能耍些什么花招！"她眉头一抬，"我实话告诉你吧，老蒋并没有给共产党杀死！张学良刚才还给我发一个电报，欢迎端纳到西安去！怎么样？他没有死，何先生失望了吧？"说罢她把电报在头顶一摇，扭头就走。留给何的是"嘚嘚嘚"的皮鞋声。

何应钦怔住了！片刻，何应钦一个箭步抢出去，正好赶上宋美龄钻进汽车。何应钦强颜欢笑，挥挥手道："夫人，不送了，领袖很安全，这真是个好消息。"话犹未尽，车子绝尘而驰。

宋美龄回到官邸，端纳已在等候，宋美龄把皮包一摔，自有侍卫上前帮她脱下大衣。只见她并不往沙发里躺，却走到写字台边，提起三A美式钢笔快速写了一封信，然后让端纳坐下，问道："我写给他的，你把这封信放在身上不会有危险吧？"

端纳点点头："绝对不会。我是张学良在东北时候的顾问，私人关系不错，不过请你告诉我，你是怎样写的？我很清楚，夫人是这样聪明的一个人，信不可能说些什么的。"

宋美龄点点头念道："汉卿等要求抗日，而我夫予以当面拒绝，

第二十章
西安救驾

确属不该，现在果然闹出事来，希望以圆满解决。端纳先生到后，请与他多面谈，他还是有真知灼见的，我及子文等不日也将离京飞秦，但应以端纳先生此行结果如何而定。至于南京，南京戏中有戏……"

"嗯嗯。"端纳点头道，"这封信写得很好，对于我一点危险都没有，而事实上你已经说了不少话，相信委员长一定会同我长谈的。"端纳伸出手同她握着，"那就这样，我明天一早就走。从西安这两天的情况来看，委员长的安全大概没有问题，夫人不必听信谣言。"

宋美龄道："这个我倒很放心，如果他们已经杀死了他，绝对不会要你这个外国人去的，这个我明白。不过我现在担心的是飞机乱炸误事，担心军队开进去出事！我一直有这个顾虑，顾虑他的生命倒不是结束在红军或者张、杨手下，而是结束在……"她顿一下，"你明白！"

"是的，夫人。"端纳吻着她的额角，"我明白，你放心！只要我一去这事情就好办。我早已看清楚了，红军根本没有参加这次事变，问题比南京的谣言简单。我去了！"

宋美龄点点头，伸出手去。端纳又吻着她的手背："我去了，这是一件微妙的差使。"他指指自己的心口，"这是对我而言。"

宋美龄笑了。她在窗边扶着绒窗帘目送端纳钻进汽车，却见陈布雷拢着双手，缩着脖子在长廊里匆匆而来，直奔客厅。

"陈先生，"倒是宋美龄先开口，"看你面色不好，不舒服吗？"

陈布雷几次三番忍着眼泪，欠身答道："夫人，您好！我是不舒服，接连几天没睡着，失眠的老毛病又发作了。"

"呵！"宋美龄以为他有什么重大消息，见他这样说，也透了口气。接着往沙发一坐："陈先生在吃药么？"

陈布雷连忙答道："正在服用胚胎素，托福托福，这胚胎素效果不错。"他连忙问道："夫人，西安有什么消息没有？"

宋美龄反问道："西安情形还好，倒是你听到些什么？这几天的谣言，简直是……"

陈布雷一拳擂到沙发上，愤愤地说道："夫人啊，真是一言难尽！中政会应该是最高权力机关，可是代秘书长恰好不在南京，一切会务等等，我不得不以副秘书长的身份处理。可是，难啊，中政会副主席都不在这里，要不要开会？怎么开法？都得取决于四位院长，可是这四位院长往往甲是乙否，莫知所从！戴院长精神失常，不可理喻；屈院长、于院长闲云野鹤，从不问事；只剩下孙院长，可是这位院长又与戴院长意见往往不能一致，有一次几乎动武……"

"嗯，"宋美龄叹气道，"这真难为了你，那你这几天做了什么呢？"

"我，"陈布雷揉揉心口，"我发动了报纸上的舆论，运用某方面的力量，在报上发表拥护中央讨逆立场；此外，我又同立夫、果夫、养甫联名劝说张学良；同时，代黄埔同志发出警告电文。"陈布雷说到这里有点头昏，脸色发白。

宋美龄吃了一惊，失声叫道："侍卫官，陈先生有病，快送他回去！"

陈布雷苦笑道："不碍事！不碍事！"

宋美龄感到不耐烦，便下逐客令道："既然没有什么大事，那就请陈先生回去休息吧！"

"不必不必，"陈布雷极力使自己镇静，恭恭敬敬立在一旁："夫人，那布雷告辞了，现在我只有一句话奉告，这两天张季鸾来找过我两次。他的消息不少，主要是说朝中有人主张讨伐，这回事有利有弊，但以委员长的安全为第一，望夫人镇静应付。此时此地，布雷实在无法做主。"说着说着，陈布雷的泪水夺眶而出："夫人，布雷蒙介公垂青，万死不辞；无奈局势如此，使我悲伤！根据各方面的消息，张、杨和共党反而深明大义，这事情对外实在说不出口。"

第二十章
西安救驾

"陈先生,"宋美龄开门见山问道,"你是不是说何应钦别有阴谋?"

"夫人也知道了?"陈布雷大惊,一屁股跌坐在沙发上。

宋美龄冷笑道:"我早就看出来了,我明白了!而且我已经请端纳先生带着我的亲笔信明天一早飞奔洛阳,前往西安察看风声,何应钦的阴谋不会得逞,大家可以放心!"

"夫人!"陈布雷惊喜交加,涕泪纵横,"夫人真是了不起!布雷追随介公这么多年,里里外外,事无巨细,可以说了如指掌,但这一次何敬之从中作梗,却使我毫无办法!"他边说边掏出一包安眠药片,"夫人皇天在上,此心耿耿!如果介公有个三长两短,那一切都谈不上了,如今柳暗花明又一村,一切又有了希望,布雷又有重生之感了!"说罢长揖而别,"夫人,布雷告辞,今晚毋需安眠药片,托福可睡一大觉。明天当振作精神指导宣传部工作,夫人如有见教,请随时指示。"说完喜滋滋地走了。

宋美龄正为丈夫担心,陷入极度的痛苦之中,在这个关键时刻万万料不到几乎绝交了的二姐宋庆龄却对她伸出援助之手。令她感激落泪。

12月13日,宋庆龄用电话通知孙科,叫他准备飞机,她愿意偕何香凝一同飞往西安,劝说张学良和杨虎城以大局为重,释放蒋介石。宋庆龄这个举动,给濒于破裂的姊妹之情带来了转机。

宋美龄得知这个消息,立即给居住在广州的二姐拍了封电报表示内心的谢意。宋庆龄接到电报,也回电让小妹不必着急可以放心,代向大姐问好。

12月14日下午,端纳安全抵达西安,西安并不像他想象的那样可怕,到处是锣鼓喧天,张学良在机场迎接了他。

二人短谈一阵,便去见了蒋介石。

"报告委员长,副司令和端纳顾问见您来了!"孙铭九支起门帘,端纳跨进门槛，直趋蒋介石，两人使劲握手。

张学良便立在一旁，寒暄之后，端纳连忙掏出钢笔拟了个电报，交给张学良道："请你马上派人出去发电，希望今晚能到达南京。"

"你这是……"蒋介石问道，"何必这么着急，我们还没有开始谈话。"

端纳叹口气道："唉！委员长，这真是说来话长，我这个电报是发给夫人的，我是受夫人的委托来的，上面只有一句话：'我已经同委员长见过面'，至于以后的电报，当然我们商量后再发。"蒋介石听了一怔，问道："难道他们以为我已经不在人世了？"

端纳尴尬回答道："总而言之，南京谣言满天飞，把西安说得一团糟，简直没法儿提！"端纳从皮包里掏出宋美龄的亲笔信，道："委员长，夫人在南京一切安好，您别惦念，这是她给您的信。"蒋介石接过，忙不迭拆开，读到那句"南京是戏中有戏"，蒋介石也忍不住了，当着端纳这位澳大利亚人的面咧嘴哭出声来。

"委员长，"端纳劝道，"现在一切都上了正轨，不愉快的事情绝对不会有了。我先来报告前天的事，就是12日那天的情况……"端纳把南京政府，尤其是何应钦如何主张讨伐轰炸西安的事说了一遍，"我同夫人的看法是一样，这不是闹着玩的，但反对也没效。倒是和你有矛盾的冯玉祥说了公正话，大声疾呼，反对动刀动枪。可是他手上没有权，也不能解决问题。谣言满天飞，没有人愿意来西安；愿意来的人又不让他来，于是我决定冒一次险。"端纳长叹，"其中经过一言难尽，以后再说吧。我是昨天13日到达洛阳，又接到张副司令的欢迎电报，今天便到了。在洛阳时，我跟空军说过，如果你们一定炸西安，那么除了蒋委员长之外，现在又多了一个端纳，而且夫人、宋子文和孔祥熙他们说不定这两天也要来，我说能炸吗？空军们说，那怎么能炸西安？不过这是讨逆总司令何应钦的命令……"

第二十章
西安救驾

蒋介石双目直瞪，眼睛里要冒出火来："他们竟敢这样胡闹！"

"是啊！"端纳说，"自从前天出事以后，南京就用尽方法使西安与南京之间的交通断绝，尽力设法不使全国民众获得一些这里的真相。譬如说，在夫人接到我刚才发出的电报之前，她还以为委员长已经殉国了！"

蒋介石突地俯身书桌，半响才叹道："汉卿只不过是想对我说话，有什么不可尽言的，却非要把我扣留起来才和我说话，真是岂有此理！"张学良把这几句话译为英语告诉端纳，端纳微笑道："依我的看法这几天是您最舒服的日子了，您不也是常常把人扣起来才对他们说话吗？"张学良闻言发笑，不愿意立即翻译给蒋听，端纳也尽管在笑，于是蒋追问："他说什么？他说什么？"

张学良只得说："我不能把他的话译给委员长听，您将来回到南京再问他吧！"

"回南京？"蒋介石不相信自己的耳朵，"此话当真？"

"只要你答应一个条件，也就是两个字'抗日'，明天我就派飞机送您回南京！"

"你懂，"蒋介石也气愤地指着张学良大声说道，"你懂什么？你太信任共产党了，你知道我同共产党的血海深仇，今天你把我弄成这个样子，说不定共产党今晚就下手！"

张学良听蒋这么说，忽地仰天大笑，声震屋宇。笑得蒋介石同端纳莫名其妙，以为大事不好，定有突变，张学良突地笑容收敛，严肃地说道："报告委员长，共产党到西安来了！"

蒋介石身子一抖。

"而且，我已经同他们见面了！"

蒋介石整个身子瘫软在太师椅上。

"而且，我们已经同中国共产党军事副主席周恩来、中国共产党红军参谋长叶剑英、中国共产党西北苏维埃政府主席博古三位代表，在今天上午发表过宣言了！"

蒋介石眼睛紧闭，靠在椅背上直喘粗气。

"我们的确谈过委员长的安全问题！"

"你们怎么说？"端纳立即发问。蒋介石惨白的脸泛着汗，合上的眼皮微微睁开，呼吸更急促，喉间犹如装了风箱。

"报告委员长！"张学良说道，"我说出来，您一定又不相信。"他一字一顿，"中国共产党对于西安事变的政策，是要争取一切可能的力量转移到抗日战场，只要你答应抗日，就给你一个自赎的机会！"

"啊！上帝！"端纳像放下千斤重担似的轻松，"我这一次西安之行，成绩太美满了！"他奔过去握着蒋介石的双手，"委员长，我给你道贺，毋需多久，我们就可以回南京去了！"

"我同共产党血海深仇，鬼才信他们会放我。"蒋介石摇摇头。

12 月 22 日晨 5 点 30 分，西安机场。

三架"福克"式飞机呼啸着急速下降，滑向跑道逐渐减速，然后戛然而停，落入机场。

在头戴皮帽的东北兵的护送下，宋美龄、宋子文一行驱车经过了城门，径向蒋介石的居处驶来。

这两天，蒋介石心里有事睡不着觉。他惦记着南京的代表何时来？自己是否马上可以"脱险"？听端纳说，夫人也要来，宋子文也来，是真的吗？……一阵朦胧中，隐约听到飞机声，他神经质地爬起来，小心翼翼地对着镜子整理一阵，迎接夫人和代表的到来。

蒋介石伸长脖子望着，长短针快在"6"字上重叠的时候，门前汽车声震天价响，一连串"敬礼"的口令声中，张学良一马当先，大步进来。后面一个全身黑色的女人紧跟着，宋美龄真的来了。

宋美龄、端纳、蒋鼎文、张学良、宋子文等一个个跟进来。只见宋美龄走在前面，略一端详，见老蒋气色还好，他的安全千真万确，立时奔过去道："伤在哪里？给我瞧？"

蒋介石淡淡地答道："还好，回去找个大夫吧。"

"啊！"宋美龄皱眉道，"没有大夫替你看伤吗？"

张学良连忙接过去道："有的，夫人，大夫每天替委员长换药、打针。"

"那就好。"宋美龄一脸笑，"我知道你们不会亏待他的。"边说边要大家坐下。蒋介石低声问道："你来干什么？这里很危险。"

"危险。"宋美龄耸耸肩膀，摊摊手，"你不是更危险吗？可是你并没有少掉一只胳膊。"她再扭过头问道，"我这次来，你没想到吧？"

蒋介石点头答道："我早知道了。"

"哦，"宋美龄一怔，"何敬之来过电报？"

蒋介石摇摇头："今天做早祷，在耶里米亚第三十一章中说得明白，耶和华将由一位妇人之手显示奇迹。"

在座人等一齐发出赞叹之声："委座真了不起，有先见之明。"

宋美龄瞅一眼宋子文道："瞧，人家说他道行不深，今天你可亲耳听见的，他的确已经悟道了。"

说着，宋美龄把一个小东西放在他的手里。这东西很小，蒋做出摸脸的姿势，把手举到嘴边，然后把脸转向客人，向他们露牙笑。这是他11天前没戴假牙出逃以来的第一次微笑，宋美龄带来了他备用的假牙。

扯过一阵，张学良告辞。

蒋氏夫妇同宋子文三人坐定，这才言归正传。先由宋美龄把南京情形说了一遍，结尾道："我今天在洛阳耽搁一阵，已经命令空军千万不能轰炸西安，他们答应了。陆军方面，真的听从何敬之的没有几个，他们不至于发动大攻势。问题是夜长梦多，我们应该尽快离开西安，回到南京，不让姓何的再搞鬼。孔祥熙本来是要来的，考虑南京情况，让他在家里守摊子。"

"那正式代表是不会来了？"蒋介石有点失望，沉吟一会儿，"不过你同子文两人也足以代表政府了。对日抗战我口头上已经答应，明天他们一定会召集会议，你们在会议中，算是见证人好了。旁的我看也不至于有问题。"

"那你不参加了？"宋子文问。

"我不参加有不参加的好处。参加了，事后我就不好说话了，反倒不利。谈判桌上，原则放人，其他你们看着谈。"狡猾的蒋介石，为其日后翻案在用心计。实际日后他也是这样做的。

"他们真的会放你？"宋美龄问。

蒋介石点点头。

"南京三番五次传说你已经死了。"

蒋介石苦笑。他透口气道："子文，据你看，明天我们答应了这些，还有没有问题？"

"从我来到这里的情况看，我想不会有问题。"宋子文道。

"好，"蒋介石以拳击桌，"那我们首先讨论一下，如果他们要有条件，我们该答应到什么程度，怎么答应？由谁答应？一切要留有余地，不要把话说绝。"

谈判在激烈进行着，中国共产党的代表周恩来同志亲自会见了蒋介石。少帅把他介绍给宋美龄时，他表现得温文尔雅，给宋美龄留下了深刻印象。

据有关史料记载：

周恩来在 12 月 24 日和 25 日同蒋介石会晤了两个小时，主要是周谈话。由于他们曾经在黄埔军校共事，周对蒋以"校长"相称。蒋介石后来提到这次会见时说，周是他认识的"最通情达理的共产党人"。他还在另一个场合感谢周恩来，他说："你帮了我的忙。"他提到周为释放自己向铁腕人物杨虎城说情，并且说服杨虎城，其次是张学良。周恩来以这种办法出力拯救了蒋介石的生命，显然，周恩来是以中国共产党的政策为前提，即要想抗日，必须建立国共合作的抗日统一战线，而要达到这个目的只能争取蒋参加进来。这无疑是高明的决策。

周恩来对国情了如指掌，也给宋子文留下了深刻的印象。据说周有一次说，在抗日时期，在国家存亡的关键时期，"除了委员长没有人能够领导这个国家"。周一向是一位灵活的布尔什维克，他当时还说："我们不是说委员长不抵抗侵略，我们是说他抵抗得还不够坚决，或者说行动不够快。"宋子文回答说，将来的一切内部问题必须以政治手段而不是用武力解决。"我们都是中国人。""子文高见。"周恩来说完笑了。

第二十一章
愧对少帅

　　宋子文三番五次地向蒋请求尽快释放张学良，却遭到了蒋介石的白眼。宋子文无法向西北、东北军官兵们交代，亦无法向全国人民交代，更无法向老朋友杨虎城交代，更无颜见到张学良。然而这一切说明，不是宋骗了人，而是蒋骗了宋。

南京鸡鸣山是风景秀丽之地。

北极阁——宋子文的公馆就坐落在这里。环境优雅，山高林密，人称避暑的好去处。

因宋子文在西安以个人身份担保张学良的人身安全，张学良送老蒋赴南京后，就与宋子文一起居住在这里。

宋子文也可说是个有良心之人，虽到南京，始终惦记着在西安谈判时自己的承诺：一是答应西北军仍由张、杨负责指挥；二是张到南京后五日即回到西安坐镇。这些承诺已公布于世，自然有它的分量。

可是这白纸黑字的承诺在出尔反尔的蒋介石的眼里，却是一钱不值。

张学良一到南京北极阁，军统特务便在这里层层设岗，把个偌大的北极阁与世隔绝起来。与其说是保护张学良的安全，不如说是将其软禁为好。

初来乍到的几天，宋子文每天陪少帅下棋、玩麻将、打网球等，有时还陪他接待来客。

这时，西安方面要求蒋介石、宋子文兑现诺言，立即释放张学良回西安主政。消息见诸报端，令宋子文心中不安。而蒋介石要求宋子文做的第一件事，是示意张学良应有来京戴罪的表示。张学良为了早日回到前线，立即写了一封向蒋介石请罪的信，信中表示："凡有利于国事者，学良万死不辞，乞钧座不必念及私情，有所顾虑。"

殊不知这是蒋介石玩弄的鬼把戏。蒋假惺惺地在信的批语中写道：

> 已亲来都门，束身请罪……有尊重国法，悔悟自投之
> 表示……应如何斟酌情事，依法办理，并特予宽大，以励
> 自新之处，伏候钧裁。

然后将此信转交国民政府军事委员会，表明他的不计前仇大义。

张学良来南京的第二天，便对宋子文说："我已安全到达，恐西安杨主任有惦念，发封电报告之。"

"可以吧。"宋子文也没多想立即应允了他。

少帅的电文是："杨主任虎城兄勋鉴：午后二时抵京，寓宋子文兄处，一切安善，请转告诸位同志释念。学良印。"

电文发出后少帅始终惦着杨的回电。可是他哪里知道老蒋早已下令军统局扣下了他的所有信函。

宋子文仍惦记着自己的许诺——"五日保证少帅回去"。便请示蒋介石。老蒋不冷不热，不说放也不说不放，却又给宋子文布置了一项新任务："要他尽快派人与西安方面联系，索还张、杨扣留的50架战斗机和飞行员等500人。余事以后再说。"

宋子文立即照办。12月28日他召来阎宝航做了交代："我与蒋夫人和张副司令已经商量好，请你去西安一趟，告诉东北军、西北军将领，张副司令几天内就回去。副司令有一封信带给杨虎城先生，让他把那批马丁飞机放回来。抗战时还需要这批家伙，不要损坏了。"

"什么时候去？"

宋子文说："我已经从上海包妥一架飞机，明天你就动身。"

"遵令。"

阎宝航于29日由上海飞往西安。并在西安受到了杨虎城的热情接待。

杨问："弟来何事？"

阎答："受蒋夫人、宋主任、张副司令员之令，特来交涉那50架飞机和人员返南京一事。"

接着呈上了张学良的亲笔信。

"那张副司令呢？"杨虎城立即反问。

"情况不会有变。来前宋主任特意交代，五日内必回西安。请主任及东北军全体官兵不必过虑。"

"既张司令员有令，飞机和人员的事情我们立即照办。"杨虎城又道，"不过，国共两党的共同抗日问题，请委员长尽快落实。国难当头，不可有误。"

接着西北军的将领又反复向阎进谏，力促政府兑现，免得夜长梦多，失去人心。

阎当场保证："不是签发了声明了吗？我回京一定如实汇报，决不贪污。你们还有什么话要说，我一同带回去？"

杨说："军中无主就要乱套，尽快让张副司令提前回来。"

就这样，阎宝航顺利带回了被扣的飞机和人员，返回向宋子文复命。

在阎宝航去西安的那天（12月29日），国民党中常会第32次会议通过了张学良"交军事委员会依法办理"的决议，并内定组织高等军法会审，由李烈钧任审判长。

宋子文得知这个消息后，心急如焚，多次向李烈钧详细询问此案的意见，并且一再流露出"为张缓颊"的意思。在开庭审理前，宋子文又找到蒋介石进行交涉。蒋介石写给宋子文一封信，字迹很大，至少有三页多纸，大意是说五天后一定使张将军返回西安。宋便信以为真。在张学良一名随从问起宋时，宋一口咬定说："审判是个手续，五天内保证回西安，我姓宋的不骗人。"

然而，不是宋骗了人，而是蒋骗了宋。

12月31日，军事法庭开庭审理，张学良被判为：有期徒刑十年。继而，蒋介石又提出"请求特赦"。最后，国民党宣布："张学良所处十年有期徒刑，本刑，特予赦免，仍交军事委员会严加管束。"这一纸"特赦令"，使得张学良将军在"严加管束"的名义下遭到长期软禁！

宋又三番五次地向蒋请求尽快放张学良，结果却遭到了蒋介石的白眼，令他十分伤心。宋子文无法向西北、东北军官兵们交代，亦无法向全国人民交代，更无法向老朋友杨将军交代，更无颜见到张学良，这使他无法在南京住下去了，在一个月黑风高的夜晚，他以公务等堂而皇之的理由，怀着愧疚的心情，悄悄地离开了北极阁，来到上海住处办公。

阎宝航完成使命后，急回南京北极阁向宋子文复命，谁知人走楼空。接着阎又追到上海，寻到宋子文。

"宋主任，你让我好找啊。"

宋的脸色极不好看，对阎说："委员长变卦了，不放张，我再三请谏也无用。让我也无脸见少帅了。"

"人员和飞机已经放回来了。这不，杨将军又被我们骗了吗？今后我们怎么出去办事呀！"阎有些牢骚。接着阎又一五一十地向宋反映了西安方面，迅速恢复张学良行动自由的强烈要求。末了又说："难道没有补救的办法吗？"

宋沉思了一会儿对阎说："有。你可以去奉化和蒋委员长面谈。"

不容阎分说，宋便操起了电话，直接接通了小妹宋美龄专线。两人说了一阵儿。再加上宋做工作，宋美龄便同意阎去奉化见委员长。

阎宝航立即表示为难。道："我一个人去怕是不好吧。人微言轻的，是起不到什么作用的，再说你们对此事负有道义上的责任，更不应推卸不管。还是善始善终好。"

"那就请李石曾出山，陪你去一趟吧。"接着宋子文又用电话邀来了李石曾老先生。

李石曾开门见山："此事重大，我陪没问题，怕是完不成任务。还是子文和我们一起去。边鼓我们来敲，戏你来唱。"

这时电话铃声响了。

宋子文操起听筒，里面传来了中共中央代表潘汉年的声音："我已经来到上海，准备与你对话，实现你在西安所许的诺言。"

"啊，我知道了。这不我们正在落实呢。"宋子文放下话筒，"那我就与你们一起去。"于是几人昼夜兼程来到奉化。

蒋介石为何在奉化不在南京？这里需做一个交代。蒋从西安回来后，为表明他对事变应付的责任，在1936年12月29日辞去了行政院长和军事委员会委员长的职务。经国民党中央加以慰留，给其一个月的时间回奉化疗养。

处在休养中的蒋介石并没有立即召见宋子文一行，他们只好住在武陵中学。遥遥无期，使宋子文很是心烦。其他二位向他开玩笑说："大国舅来还不行，何况我们这些小兵虾呢？"

宋子文哭笑不得。

晚上，宋子文趁二位不在之机，偷偷给小妹挂了个电话，问小妹是什么情况。

宋美龄说："委员长情绪不好，很心烦。我也给他说了几遍，他就是不回话。我看他的意思是不想见你们。"

"原来是这样。"宋子文的心凉了半截。

第二天，很要面子的宋子文在餐桌上对二位说："阎先生，上海还有事务，我不能在这里多等。你和石曾在这里等吧。我要回上海，必要时我再来。"

阎宝航感到不解地说："这叫什么事，没见到委员长你就要往回跑！"

第二十一章
愧对少帅

"让他回去吧。"李石曾紧向他使眼色。因为李石曾已经知道蒋介石不接见他。

宋子文走后不几天，蒋介石的秘书打电话要李石曾去，说委员长要见他。

于是李石曾赶忙到蒋公馆，向蒋做汇报。蒋假惺惺地表示说："西安事变的善后工作要做好，这是一个信誉。"

"是的。再一个，西安方面强烈要求释放张学良，不知委员长有何安排？"李石曾道。

"我想请他到雪窦山来玩几天，这里风光很美。"蒋介石道，"请你回去把他请过来。"

"好。"

就这样张学良又由南京转移到奉化。名曰游山玩水，实则是"严加管束"。

李石曾回到上海向宋子文汇报："看来张学良难以回到西安去了。"

宋子文只是叹气："没有想到竟是这个结果。"

过了好一阵子，宋又问："委员长没提别的事吗？"实际宋问的是在西安事变时许诺的"改组政府一事，由宋子文和孔祥熙组织行政院，宋子文负责并组成使各方面满意的政府"。

李石曾摇摇头说："没有提到。"

宋子文又很失望。人不是无情之物。在张学良被囚的日子，宋子文还断不了到张的被囚地走走转转，陪张唠唠。也许宋子文、宋美龄还有恻隐之心，有时还断不了给张送些日用品和名烟名茶之类物品。

那是1937年暮春的一天，两辆车迎着落日的晚霞，向层林尽染的雪窦山爬去，路越来越陡……

宋子文和宋子良在参加蒋介石亡兄的丧礼后经宋子文提议，兄弟二人特意来雪窦山看望少帅张学良。为释放张的问题，宋与蒋关系搞得很僵。

宋子文、宋子良吃完午饭后，在蒋家派的一位向导带领下，弃车步行了十余里，来到一座古刹——雪窦寺门前，据说这是奉化最大的寺庙，光和尚就有二十余人。古刹左侧有三间青砖造的瓦房，是蒋介石专门为囚禁张学良指令特务建造起来的。

宋子文一行来到古刹后，监视人员便把宋子文、宋子良带到屋子里面去了，几名卫士则在外面等候。大约过了一个多小时，张学良送宋子文、宋子良兄弟俩出来。张学良面容憔悴与宋子文分别时，两眼泪汪汪的，宋子文也潜然泪下，跟随在张学良身后的赵四小姐更是泣不成声。

过了不久，宋子文再次来溪口。张学良陪宋子文游览雪窦山，两人谈话非常随便，话题也很多，谈兴极浓。宋子文还在山上住了一夜，与张学良抵足长谈至深夜。次日晨，宋子文下山时，张学良与宋子文依依不舍……

对于蒋介石囚禁张学良，宋子文是十分气愤而又无可奈何的。宋子文曾对其亲信说："蒋介石对张学良这样处置太糟了，我苦谏几次，他都不听，真叫人伤心。"

宋子文对张学良讲："委员长希望你休息几年，闭门修养，研究学问。"然而，"休息几年"完全是骗局！张学良将军长期遭监禁，一直处在特务们的严密控制之下。

后来，他们又把张学良转移到安徽黄山、江西萍乡、湖南郴州和沅陵、贵州修文和桐梓等地。

五年后的一天，被囚禁在贵州修文县阳明洞的张学良患急性盲肠炎转为腹膜炎，不得不开刀切除了阑尾。

这时宋子文在美国未回，戴笠向在美国的宋子文报告了这一情况。翌日，宋子文复电戴笠："汉卿割治经过良好，甚慰。务请逐日电示病情，并祈饬属慎护为祷!"

同日，宋子文又致电张学良慰问，电云："顷闻兄患盲肠炎，割治经过良好，稍慰悬念。尚祈格外珍重。已请雨农逐日电夫人，恐焦念过度，有碍健康。"

在发电前，宋子文删去了电文的最后一句，可能是担心张学良反过来忧虑于凤至的健康，反而加重病情。

这时的于凤至身体状况极为不好。张学良被囚禁后，即由赵四小姐相伴，流转各地。而于凤至积郁成疾，患乳癌赴美就医。宋子文是不敢将于凤至的病情真实的情况告诉张学良的，这说明宋子文对张学良一家深表同情。

尔后，宋要戴"逐日电示病情"，戴笠自然领会。

1941年7月17日，戴笠由贵阳致电宋子文："震电奉悉。汉卿先生由盲肠炎溃烂变为腹膜炎，经割治后现已平复。自昨日起热已退清，精神甚佳。委座对汉卿先生病极关心，晚当慎护一切，请勿念。闻公盛署过劳不适，至念，敬祝健康。晚笠。筱。贵阳叩。"

其实，张学良的病并未"平复"，而是日益恶化。迫不得已，又进行了第二次手术。

8月17日戴笠于重庆致电宋子文，报告说："汉卿先生疮口脓尚未清，已续行开刀，但无妨碍，乞勿念。"

张学良的病，动了两次手术，拖了好几个月，宋子文似乎也有点着急。1942年1月26日，宋子文致电戴笠："汉兄病况，盼示。"短短六个字，流露出宋子文对张学良的关切之情。

祸不单行。由于蒋介石的迫害，张学良患病期间，其长子在伦敦得了精神病。

于凤至致函国民党政府驻英大使顾维钧给以照顾，顾维钧竟不复电。

8月20日，宋子文致电顾维钧："汉卿长公子马丁，入牛津精神病院。其弟在伦敦，请询病状，可送美否？请复示？"

22 日，顾维钧复电宋子文，表示不同意送其长子赴美医治。顾维钧称："马丁在医院，一时尚不能出。医曾证明，有精神病恐到美不便。其弟在飞机厂事忙，昨甫获晤。彼以暂留就医为宜，并拟辞去飞行任务，可忖照顾其兄。倘在美预为商治，特许登岸，彼当伴送，汉卿夫人函迟为复，祈代致歉，容另告。"

当时，于凤至夫人的健康状况不好，因此，宋子文和张学良的女儿张闾瑛商量后，决定对于凤至保密。

11 月 12 日，宋子文致电戴笠："汉卿长子，入伦敦精神病院。因张夫人病，迄未复元，商得其女同意，暂不转达。闻汉卿现在重庆，不知确否？近体如何？请兄将此事，先告知四小姐，酌量情形通知汉卿，其夫人心神亦颇督乱，最好有一信来，以资安慰，盼复示。"宋子文既要关注在重庆被关押的张学良，又对曾经同宋美龄拜结过姐妹的于凤至颇为关照。目睹张学良一家如此悲惨的境况，宋子文心中大概总有些不安吧。

同年 12 月 4 日，张学良的女儿张闾瑛结婚。宋子文特地于 3 日致电戴笠，请他转告张学良，电文说："汉卿女子函告，得母同意，于本月 4 日与陶鹏飞君结婚，请便中转达。"由于此电是经戴笠之手转达，戴笠是否及时告诉张学良，这就不得而知了。

1946 年 11 月，蒋介石密令特务将张学良押赴台湾。

宋子文在西安事变期间所说：保证张学良今后的安全，答应的"西北军政由张、杨负责"的条件，完全成了一纸空文，化为泡影。

蒋介石在软禁了张学良将军以后，又逼令杨虎城辞职"出洋考察"。实际杨的结局比张学良更惨。

1937 年 3 月，宋子文对十七路军驻南京代表李志刚说："委员长病好了，腰也不怎么痛了，愿与杨见面，并且表示期望自动去看他，不提是他要见，以为这样见面，最能恢复感情。"

第二十一章
愧对少帅

李志刚将这番话转达给杨虎城，可是他听完后并未理睬。后来，顾祝同也说出了同样的话，杨虎城才意识到这就是"命令"，才同意与蒋见面。

3月中旬，杨虎城将军赴杭州会见蒋介石。宋子文参加了这次会见。

蒋介石在同杨虎城谈话中首先自我吹嘘一番。他说："我向来对人宽大，不计旧怨，以往对人，你是全知道的，不必多说。"蒋介石虚情假意，是企图麻痹杨虎城一行。

接着，蒋介石居心叵测地说："在事变中各级人员（指蒋介石的亲信）对你是有不满情绪的，这是一时转变不过来的，你继续任职，在情感上有些不便，不如先往美参观一个时期，回来再任职，出国费用可由公家负担，启行的时期也不必规定，可以从容准备……"这是蒋介石、宋子文会见杨虎城的主要目的，这就是企图通过逼迫杨虎城"出国考察"，来解除杨虎城对东北军和十七路军的控制，达到迫害张学良和杨虎城的目的。

杨虎城早就料到蒋介石会对他下毒手，但只是当面答应"出国考察"。

杨虎城回到西安后，并不准备"出国"。他认为，抗日战争即将全面爆发，一旦抗日战争爆发，他就不必出国而可直接在国内参加抗战了。

为了催促杨虎城出国，宋子文对李志刚说："这是最轻微的纪律处分，是经过研究的，对杨是有益的。"他还要李志刚向杨虎城详加解释。

在蒋介石的一再催促下，杨虎城不得不离开西安，在上海西爱咸思路宋子文公馆住了一段时间，在宋子文的帮助下办理了出国手续。

在蒋介石的催促下，杨虎城不得不填写了两份表格，其中包括出国参观考察的项目、范围和往美、英、法、瑞士等国行程计划，并且写了两份报告，一份送南京军委会办公厅，一份送南京政府外交部，办理出国护照。蒋介石批给杨参观考察资金15万，由宋子文交中间人换成英镑。同时，宋子文还派了一名姓王的翻译随同杨虎城出国，负责为杨经办官场交际和翻译事项。

1937年6月29日，杨虎城将军一行由上海乘美国"胡佛总统"号客轮出洋。在杨虎城出国考察期间，宋子文一直同杨虎城保持着通信联系，向杨虎城通告国内的形势和南京政府的态度。

卢沟桥事件爆发后，宋子文于7月10日和11日，接连自上海致电杨虎城。第一封电报说："卢沟桥战事已停，目前不致扩大，如有变化，当续告。"第二封电报却说："卢沟桥战事停而复作，敌由关外调来大队。我方已准备作战。"接到第二封电报后，杨虎城经过一番思虑回电宋子文："两电均敬悉。日寇迫近，国将不国。噩耗传来，五脏痛愤。弟为革命军人，何忍此时逍遥国外。拟由旧金山返国抗敌。乞转陈中枢。"同时杨虎城还致电南京政府，请求准予中止考察军事返国抗敌。

7月14日，宋子文致电刚刚到达旧金山的杨虎城，说："依目前情势，请将军稍缓返国。"看完宋子文的电报，杨虎城沉默了，十分不快。

为了表示返国杀敌的决心，杨虎城于16日专报南京政府，请求准予中止考察军事，返国杀敌。另外，又致电宋子文，表明决心，希望他能从旁促其实现。

宋子文请示了蒋介石，蒋的态度十分生硬。

最后杨虎城终于在宋的允许下，回到香港。宋子文又到香港看望了杨，并交给他一张从香港至长沙的飞机票。要他在长沙待命。

杨虎城到了长沙后，蒋介石要他赴南昌见面。当杨好不容易赶到南昌，这时戴笠告诉他："委员长刚走，要你到武汉相见。"杨虎城信以为真，又赶到武汉。又说蒋委员长到了南昌，要他去南昌求见。实际上蒋介石压根就不想见到杨虎城，而是一种计谋。

后来，杨虎城就这样被长期监禁起来。先由长沙，后转移到益阳、贵州息峰以及四川渣滓洞中美合作所等地。1949 年 9 月 6 日，在新中国成立前夕，杨被蒋的军统局特务杀害于中美合作所。同时被杀害的还有杨虎城的次子、幼女和《西北文化日报》社长宋绮云夫妇。其夫人谢葆真被捕入狱，不久被折磨而死。

悲哉，历史的悲剧。

第二十二章
兄妹抗战

　　太平洋战争爆发后，美国对中国的借款大大增加，合计 5.5 亿美元。整个抗日战争中，中国获得美国借款八次，共计 7.508 亿美元及大量物资援助。在借款方面，宋子文是出了大力的，为抗战的胜利奠定了基础。

天下之事，分久必合，合久必分，宋氏兄弟姐妹的团聚，应验了这一话题。

宋美龄像只花喜鹊飞回了黄山官邸的家，接着又兴奋地接连拨通了大姐宋霭龄，哥哥宋子文，小弟宋子安、宋子良的电话，把二姐庆龄参加家庭聚会的喜讯分别告诉了他们。为了新团圆，大姐宋霭龄特在重庆酒家订购个六斤重的大月饼，代表六兄弟姊妹的团圆，开车送了过来；宋子文也特意派飞机到昆明购买了两只象征团圆的神龟鱼，送进了宋美龄的厨房；两位弟弟也为宋美龄请来了重庆饭店的高级厨师。

在中国这块古老的土地上，家族的团圆是最神圣的。神圣的团圆又吸引着每个家族成员。尤其是在宋氏这个与中国命运紧紧相连的、在全世界都名声显赫的家族里，他们视团圆为黄金。宋氏家族团圆远超过普通家庭团圆的意义。

这天的晚上，月牙儿非常好看。它镶嵌在青碧如海的天空，投下淡淡的青光。黄山官邸冷清清耸立在青光下面，楼前是片灿灿的花朵。还有山、石壁、柳树，各有各的颜色和形态，在银白色的月光下，似乎都包含着一种不可告人的秘密。

黄山官邸的宴会厅里甚是热闹。

宋氏兄弟姊妹六人以及他们的家眷、司机、卫官足足摆了五大桌。十几名侍者身穿全套白色制服，有的在一旁悉心伺候，有的满头大汗跑来跑去，忙着上桌供菜。

为了全家族的团圆今晚他们辞去了一切公务。在太阳落山时，六辆车已驶入了这里。六辆轿车一溜地停在鹤楼前的草坪上，煞是壮观。

此时，餐桌上的菜肴更是令人垂涎。

五个大大的圆形餐桌上一色地摆满了高级厨师做的名菜，它们分别是：油炸团圆神龟鱼、莼菜鸽蛋汤、眉毛丸子海参、香酥鸡网油蟹卷、生菜大虾、油淋安康鱼以及叫不出名的山珍海味，还另有点心、水果、冰淇淋等。

宋美龄的开场白像一篇优美的散文诗。短短的几句话，真挚动情，使全家人都兴奋起来。连连举杯庆贺这多年不多见的团圆。那高脚酒杯的红色液体，通过兄弟姊妹间的碰杯后，仿佛不再是酒，而像母亲的血液，再次注入他们的肌体，使他们唠起共同的话语来。

"莫谈国事。"大姐宋霭龄这道戒令发布后，兄弟姊妹们，尽情开怀畅饮，倾腹吐心。尽情享受着这团圆的欢乐……

"大妹，大姐敬你一杯！"宋霭龄首先站了起来，端起了酒杯。

"谢谢大姐，理应敬你，你倒反客为主了。"宋庆龄端起了杯，"我喝酒不在行，让我喝一半吧。"

"不行，要喝就要喝光。"宋美龄插言道。

宋庆龄无奈，只好一饮而尽。

"二姐，我这一杯呢？如果你喝大姐的，不喝小妹的，可有点不公啊。"宋美龄又端起了酒杯。

"小妹，饶了我吧。"宋庆龄道。

这时，宋美龄亲自掌勺做的花溪河鲤鱼端了上来，宋美龄夹了一块放在宋庆龄的碗里，"二姐，先尝尝我的手艺，然后再喝也好。"

"哎哟，烫着我的嘴了！"宋庆龄道，"不过，很有滋味，有滋味。"

"既然有滋味，请二姐再喝下小妹这杯酒吧。"宋美龄又站了起来。

"好，我喝。"宋庆龄又是一饮而尽。

民国财长
宋子文

　　三杯酒下肚，宋庆龄脸色微微发红，酒后吐真言。"小妹，我也有对不住你的地方。"

　　"二姐，莫说了，"宋美龄马上制止道，"你还能喝点吗？"

　　"不，不喝啦！"

　　这时，以宋子文为代表的三兄弟也来向三姊妹敬酒，一阵碰杯声后大家又是"朝天乐"。

　　酒足饭饱后，自然是尝饼。

　　尝饼是在官邸的草坪上。月牙儿挂在中天，是那样的皎洁纯美。宋氏兄弟姊妹围着圆桌上摆着的特制枣泥馅大月饼，大姐忙着把月饼切开。动刀前，她把人头清点了一下，生怕少了孩子们。

　　宋庆龄捅捅席地坐在身边的宋美龄道："小妹，这次我给你挑个大块的，免得你再当面向我哭鼻子喽！"

　　"你真坏，二姐。"宋美龄咯咯地笑了，去搔宋庆龄。宋庆龄直求饶，"大姐，你不管了，小妹要打我。"

　　"别闹啦，快吃完咱们去看舞会。"宋霭龄制止道。

　　晚上9点，宋氏一家准时来到了重庆大酒家舞厅门前，受到舞厅老板的热情接待。他们在宋美龄的指挥下，在舞厅旁的长椅上依次坐下来，背靠着墙壁，眼中净是重庆的达官贵人、富豪佳人们，边用餐边跳舞，好不惬意。很快大家就发现了宋家姊妹，舞池内一阵骚动，每一对经过她们面前的舞者都转头，瞪大了眼睛。是真的，宋家姊妹全部在这儿：丽质沉静的孔夫人、容光焕发的蒋夫人和神情庄严愉悦的孙夫人。

　　一位报人评论道："我想姐妹之中的二人在这儿，我不相信剩下的那位是孙夫人，她是绝对、绝对不可能和其他两姐妹同时出现的！"

　　另一人以自然的口吻说："一定是因为芬兰。她一定是因为不满苏俄才这样做的，一定是因为芬兰问题。"头一名报人不同意："不对，我知道为什么，是为了要做给汪精卫看。"

笔者认为：出于他们局限，他们全猜错了。宋氏三姊妹在娱乐场上的共同出现，表达的是团结一致，坚决与日寇战斗到底的决心和中国必胜的乐观信念。

经过宋美龄的多次努力，宋氏兄弟姊妹们终于走到一起来了，围在一个餐桌吃饭，这是可喜的，这是第一次，然而也是最后一次。

众人皆知，宋子文是亲美反日派。与妹妹宋美龄所不同的是，在抗战爆发时，宋子文亲自提出并担任了国际反侵略大会中国分会会长，其中宋氏三姐妹也都参加了此项工作。他四处奔走，大声呼号，在加强与世界爱好和平、反对法西斯的组织和人士联系，争取国际社会同情和援助等方面，做了牵线搭桥的工作。于是1936年9月，在比利时首都布鲁塞尔成立了"国际反侵略运动总会"，会长为英国人薛西尔爵士，副会长为法国人哥特。为了争取世界上一切爱好和平反对侵略势力者的同情和支持，动员国内广大的民众参加保卫世界和平，反对日寇侵略的运动，中国各界群众和人民团体于1938年1月23日在汉口市成立了国际反侵略大会中国分会。大会通过了分会章程、宣言和《告世界人民书》。大会选出宋子文、宋庆龄、毛泽东等72人为名誉主席团成员；朱家骅、周恩来、董必武等139人为分会理事，并决定派宋庆龄、胡适、吴玉章等19人出席2月11日在伦敦召开的国际反侵略大会。在这次会议上，宋庆龄发表了精彩动人的演说，受到国际人士的关注，她在会议上引经据典，有理有节，同时列举了全面抗战爆发后，日本帝国主义利用空中优势，对中国实行疯狂轰炸的大量事实（据上海文化界国际宣传委员会1938年6月30日发表的统计资料，自1937年7月至1938年6月底，日机对中国江苏、浙江等16个省，257个城市，18条交通线共275处，出动飞机16710架次，进行了2472次轰炸，投弹33192枚，炸死居民16532人，炸伤21752人，破坏外国在华公寓17处，炸死外国人 77 人，伤 25 人），引起了全世界对日本侵略者的一片谴责声。

政治把宋氏兄妹分开，此时抗日统一战线又把宋氏兄妹团聚。国际反侵略大会中国分会成立后，为了一个目标，他们积极开展抗日救亡工作。一是组织开展了国际宣传周。宗教、妇女、青年、农工、商人、文化、儿童各界数十万群众，走上街头，散发传单，发表演讲。二是向世界人民揭露日寇罪行。为此，1938 年 7 月 22 日，蒋介石致电"世界反轰炸不设防城市大会"，谴责日机轰炸广州等其他城市，呼吁大会采取措施"保卫老弱与非武装平民之安全，并促进国际间之和平与秩序"。同日，宋子文、邵力子也以国际反侵略大会中国分会正、副会长名义致电"反轰炸不设防城市大会"，要求各国采取集体行动，制止日军暴行。三姐妹也利用大功率电台向世界爱好和平的人民呼吁。

宋子文、邵力子的组织工作得到国际社会的同情和支持，产生了积极的影响。7 月 24 日，"国际反轰炸不设防城市大会"通过了反对轰炸不设防城市之决议，呼吁各国制止轰炸，并主张按国际公约援助中国，抵制日货，停止军火供应日本，反对与中国独立、主权及领土完整相抵触的解决中日战事的办法。

与此同时，宋子文还创办了《反侵略》周刊。集中载文介绍，论述世界各地侵略与反侵略斗争的情况，特别是中国战场。周刊第一卷第二期刊载冯玉祥《为国际反侵略运动打先锋》一文，热情歌颂我国人民一年多来英勇斗争做出巨大牺牲的事迹。对动员民众、坚定胜利信念起了积极影响，推动了抗日工作的顺利进行。

1938 年 6 月，宋庆龄、宋霭龄和尼赫鲁·罗伯逊、冯玉祥等中外著名人士联合在香港发起组织"保卫中国同盟"，旨在鼓励全世界爱好和平的人士进一步以医药、救济物资支援中国抗战。宋庆龄亲自担任主席，廖承志为秘书长，廖梦醒为办公室主任，柳亚子的女

第二十二章
兄妹抗战

儿为秘书，邓文钊为财务主任，办公地点设在香港西摩道英国爵士府邸旁边一座楼房里，人员居住在德辅道广东银行楼上。在宋庆龄的影响下，宋子文参加了"保卫中国同盟"并担任会长职务，姐弟俩在1927年分道扬镳后又重新携手走到一起来了。直到1941年国民党制造皖南事变，宋庆龄和何香凝等联合通电谴责蒋介石时，宋子文为维护国民党集团利益，在美国发表《关于退出"保卫中国同盟"的声明》。宋子文在声明说："当我接受'保卫中国同盟会'会长一职时，是基于这样一种认识，即同盟会将致力于向国内外朋友募捐物资，以援助中国的抵抗力量和帮助受日本蹂躏的平民。"宋子文退出同盟的借口是，"同盟不应该变为国内政党的工具。既然同盟未征得我的同意，就在新闻通讯上刊登这类性质的文字，我很遗憾，我必须离开它"。宋子文在关键时刻又一次背弃了他的二姐，亦是二姐想不到的，这时姐弟二人不光在世界观上，包括他们所维护的政团利益上已发生了严重分歧，即政治取代了亲情。

孔祥熙以特使名义在英国参加英皇加冕典礼，国内财政和金融的重要措施，即由宋子文主持。日本自恃自己的空中力量强，很快占领了沿海地区。抗战后曾有一段时间，国家财政收入三大支柱（关税、盐税、统税）之一的关税受到严重的打击。国家收入大幅度减少，而军费支出却急剧增加。每日军费至少要500万，全年需18亿元，超过实际收入三倍多。宋子文不愧理财高手，为支持军需维持战时财政，立即推出三项重要措施，保证了战争的正常进行。这三条措施如下：

> 一、鉴于当时全国人民的斗志激昂，宋子文认为民气可用，决定发行救国公债5亿元，年息四厘。规定自1941年起出面组织"劝募委员会"公开劝募，现金及有价物品均可应募。以后又陆续发行战时公债，据国民政府财政部

发言人在重庆招待外国记者时透露，截止到 1938 年 12 月，抗战以来发行国债 15 亿元，合美元 4.5 亿，英镑 9100 万。

二、成立"四联总处"。抗战爆发后，宋子文面对全国金融、经济恐慌的严峻形势，认为必须尽快从平时经济转入战时经济，统一全国的经济力量，建立战时经济体制，以适应战争对人力、物力、财力的巨大需求。宋子文既是中国银行董事长，又在孔祥熙出国未归时以常务理事处理中央银行事务。他利用自己这种特殊身份，联合交通银行、中国农民银行，于 1937 年 7 月 27 日，在上海合组四委联合"贴放委员会"。联合办理战时贴现和放款事宜，以救济银行、工商各业。八一三事变后不久，宋子文又策划中国银行、中南银行、交通银行、农民银行四大银行在上海成立"四行联合办事处"，简称"四联总处"，以加强国家银行的联系和协调，集中资力协助政府应付危局。

三、集中外汇，加强控制。七七事变后，国民党政府立即采取金融措施，并与外国银行订立君子协定，采取限制提存的办法，避免大量提取存款，以减少外汇购买力，保持外币汇率平稳。

由于采取了以上措施，财政困难有所缓解。于是，宋子文又以蒋介石"私人代表"身份出使美国。

明白人皆知，宋子文这次出使美国恰恰是接替陈光甫继续谋求美国的军事、经济援助。抗战初期，南京国民政府最初的对美政策是促使美国联合英法出面，调解中日争端，尽快地通过外交途径结束战争。美国是在远东地区有着重大利益并且是可能卷入远东战场的国家中唯一有实力向中国提供帮助和援助的大国。因此，国民政府重新调整了对美政策，把争取美国对中国的大量军事、经济援助，作为战时外交政策的重要内容。

第二十二章
兄妹抗战

宋子文夫妇抵美后，发挥了外交攻势，进展顺利。当年就收到效益，美国政府宣布可以钨砂为抵押，借款 2500 万美元予中国，供中国政府外汇之需要。10 月 22 日，宋子文代表政府签字，李干代表中央银行签字。在华盛顿与美国进出口银行签订《钨砂借款合约》。该约规定：美国于本年内贷予中方 2500 万美元年息四厘，分五年偿还。美方购买值 3000 万美元的中国钨砂，以其"净收入"为借款担保。

美国密切关注战争的进展，1940 年 11 月 29 日，也就是日本与汪精卫签订《日汪基本条约》的前一天，罗斯福要求摩根索安排一项 5000 万美元的贷款帮助中国稳定币值。宋子文在与摩根索会谈中指出：委员长需要 2 亿至 3 亿美元，但目前可先予 1 亿美元，并要求美方立即宣布。摩根索在请示罗斯福后，美国为了自身利益，同意了宋子文的要求，给予中国 1 亿美元贷款。其条件是中国必须把这 1 亿美元答应用在对日作战的主战场上，牵制着 112.5 万名日军，让日本的庞大海军继续封锁中国海岸，使侵略者对邻近的美国势力范围的进攻放慢速度。贷款分为各 5000 万美元的两个部分：一部分由皮尔逊的进出口银行提供，用于支付中国购买通用汽车、粮食、汽油、坦克和卡车；另一部分由摩根索的财政部提供平准基金，用来帮助中国稳定币值。开始美国财政部只准备实际支付 3000 万美元借款，其余 2000 万美元由孔祥熙 1937 年 7 月以黄金做抵押的借款支付，当日与美国财政部官员谈话时得到这个消息后，宋当即声明：如果这次平准借款不能实借中国 5000 万美元，就是政府公开接受，我个人也不能接受。因此，当晚不欢而散。3 日，财政部经慎重考虑决定采取宋子文的主张，实借 5000 万美元，并打电话邀请他开始洽商条件。为了管理这笔巨款和处理由此而来的复杂交易，宋子文着手在纽约设立环球公司的人出面购买军用物资，然后将这些物资经国际补给线运抵中国。

在美国宣布贷款 1 亿美元的同时，英国政府也宣布对华贷款 1000 万英镑。

接着 1941 年 2 月 4 日，中美签订《金属借款合约》，美方收购锡等军用原料 6000 万美元，美方由进出口银行借款 5000 万美元，2500 万交现款，不限用途。2500 万贷款随用随支，条件是年息四厘，七年偿清。同年 4 月 1 日，宋子文代表政府，李干代表中央银行，与美国、英国同时分别签订《平准基金协定》，英、美两国分别贷与中国 5000 万美元和 500 万英镑以支持法币，稳定法币对美元、英镑兑换价格。这是自抗战以来，中国获得的最大一次英美贷款。在太平洋战争爆发前，蒋介石要求美国扩大对华经济援助的同时，一再电令宋子文呼吁美国政府增加军事援助，尤以空军为重。抗战初期，日寇有作战飞机 2000 多架，中国则不到 500 架，且缺乏弹药，中国在空军方面远远落后于日本。当时日军完全掌握了中国战场制空权，肆意对中国大后方狂轰滥炸，陪都重庆也难幸免。中国空军虽几经整补，又由苏联提供了近千架飞机，仍不敷使用，空军作战人员十分缺乏。1940 年 7 月 10 日，蒋介石叮嘱宋子文向罗斯福提出从美国出售给法国的各种飞机中，转让最新型驱逐机 300 架、远距离重型轰炸机 50—100 架给中国。9 月 27 日，宋子文要求重庆国民政府速告所需飞机种类、数目、发动机式样、机关枪、小炮等数目，并饬请美国退役上尉军官、担任中国空军战术指导的陈纳德拟定一个训练中国飞行员大纲，由美国协助训练飞行人员 2000 名，一部分由华侨中挑选，另一部分由国内初级飞行毕业者中选送。10 月份，蒋介石派陈纳德到华盛顿协助宋子文一道工作，具体洽商购买飞机事宜。陈纳德花了许多时间与宋子文及宋的朋友们一起拟定一个采购清单，并设法从各个渠道购买战斗飞机。

1940 年 12 月 9 日，宋子文对摩根索财长说："中国需要 500 架飞机。"摩根索回答说，这等于要 500 颗星星。因美国已经许诺向英国提供大批战斗机和轰炸机。英国一次就向美国订购 14000 架，不久又向美国政府添购 12000 架，而美国飞机生产产量有限，各厂订货期均超过 1941 年年底。宋子文为说服摩根索，便将空军订帖递给摩根索阅示，力陈中国若能得到 500 架飞机就能牵制日军 1500 架飞机，遏制日陆、海军南进攻击太平洋群岛的利害关系，终于打动了摩根索。他建议宋子文转告蒋介石，如中国空军即行轰炸东京、大阪的话，他可向罗斯福请示，从英国所订已制成最大最新式的 72 吨轰炸机，俗称飞行堡垒，拨给中国若干架，并可搭配若干架驱逐机保卫空军基地。宋子文随即在向蒋介石的报告中吹嘘："自文东日（即1940 年 12 月 1 日）为维持法币借款实数事与摩财长力争后，摩态度反加亲善，真所谓有西洋人脾气。"

太平洋战争爆发后，美国对中国的借款大大增加，合计为 5.5 亿美元。整个抗日战争中，中国获得美国借款八次，共 7.508 亿美元及大量物资援助。在借款方面，宋子文是出了大力的，为抗战的胜利做出了贡献。

第二十三章

宋、胡之争

　　常言道文人相轻。两个留美生，一对冤家对头。一文一武，你动文权，我动政权。文权搞不动政权，最后胡适败下阵来。

1939 年圣诞节的白宫。

冬日的阳光撒满白宫的庭院。白宫以它与自然的朴素和协调迎来了一年一度的圣诞节。美国当局为表示对各国使馆的友谊，在宽敞明亮的白宫里举行了一场盛大节日宴会。

各国使馆要员的邀请函早在节前三日发出。当时国民政府驻美大使为胡适，人称哲学家，在日本未发动珍珠港事件前，常握管吮毫，写点有棱角的文章，引起国人垂青，颇受一些美国知识界人士的备加赞赏，蒋介石也很赞赏，便将其任命为驻美大使。

胡适接到白宫的邀请函，便列了出席名单。

这时，宋子文为推行抗战"金元"外交，正在美国奔走。胡适一介文人，竟稀里糊涂地把财政部长"宋子文"列在一等秘书的位子上。宋公看后大发雷霆："这个胡适太不像话了。吾来美国是为了抗战筹资，一等秘书，让吾脸面往哪搁？吾宁可不出席。"宋一面将此事告诉国内蒋介石，一面拜见罗斯福总统、赫尔国务卿和摩根财长，陈述此事。经美国方面调停胡适才做改正，风波才算停止。

胡适对宋早有不满。可谓文人相轻，两人同是美国人文博士，一个是哲学，一个是经济。且都有后台根基，乃是"不是冤家不聚头"。早在 1939 年初，外电传闻宋子文将再度出山，统管国内财政贸易工作。此时胡适已赴美就任大使。胡适听了此消息，惴惴不安，半夜爬起，挥笔给蒋介石贴身秘书陈布雷，亦是文友发电。电文中写道：

> 介公兼行政院，有传说各部将改组……近日报纸又有
> 文将财政部或贸易部之说，弟向不满孔庸之（即孔祥熙）
> 一家，此兄所深知……鄙意对行政各部改组消息，颇有顾

第二十三章
宋、胡之争

虑：一虑宋子文个性太强，恐难与光甫合作。二虑报纸所传贸易委员会改由宋子文代陈光甫之说如属实，则光甫所办事业恐不能如自来之顺利。三是宋子文今年夏间曾向美财政部重提棉麦借款，美国认为有意另起炉灶，印象颇不佳，以上各情形，因国内恐无人为介公详说，故弟不敢嫌疑乞吾兄密陈，供介公考虑。

此电文不难看出，胡适对宋公子的印象如何不好，亦反映了他对孔宋家族的看法，他不喜欢孔祥熙，更看不起宋子文。

世上没有不透风的墙。此事后来均传到孔、宋的耳朵里，矛盾的前因后果一清二楚，宋子文早有所防。当然宋子文在蒋介石面前，也绝不会说胡适的好话。蒋介石对宋、胡之间龃龉心里十分明白。蒋介石竭力搞平衡。不过他平衡的砝码更多倾向于大舅子一边。胡适的上书没有被理睬，相反宋子文步步青云。1940年，蒋不仅任命宋为中国银行董事长，而且还委任他作为处理对外借贷事宜的全权代表。由于宋、胡之间的关系紧张，蒋介石又给宋子文颁发了"私人代表"通行证，赴美可避开驻美大使胡适的干扰，直接与美国高层人物接洽。

宋子文有了蒋的"私人代表"这张王牌，开始有意折腾胡适了。1940年6月，宋子文以特使的身份飞至美国后，安榻下来即拨通了胡适的电话，声言："余今有要事与兄相商，今晚拟去访兄，请兄在大使馆相候。不见不散。"

"是。"胡适一介文人，满口相允。可胡适等到深夜12点也没等到特使的影儿。

第二天清晨5点，胡适刚睡不久，电话又叫了起来。宋子文来电声称："昨夜因事羁身，致未能趋访至歉安！今晚必准时去访。"

但当晚宋子文又未兑现。

连续折腾了胡适两个晚上没睡好觉。

第三天清晨，宋子文驾车访胡，把胡堵在被窝里，好不尴尬。宋子文一番面致歉意。胡适十分不满："折腾得吾两宿没有睡安稳！"

"好了，咱们一起拜见总统。"宋子文道。

"吾就不要去了。"胡适道。

"请而不到非礼也。"

胡适也只好硬着头皮跟去。在白宫刚与罗斯福总统接上头，未谈多久，宋子文又像支使小孩子一般地拂袖示意胡适离去。胡因宋是特使，也没多想就离开返回大使馆。不过，第四天美借款协议正式见诸报端，胡看了才恍然大悟，大呼："原来如彼。"胡拿着报纸向身边的秘书大放厥词：这宋子文真有一手，他明白我与罗斯福私交甚好，他不来我也能谈判成功。他怕我邀功，宋子文自己才是彻头彻尾的邀功呢！

后来，胡又想到更深的一层：宋公子原来在报他那"一宴之仇"呢？

后来，宋、胡矛盾更趋白炽化。

那是珍珠港事件发生的前夜，日本驻美大使被赫尔国务卿宣布为不受欢迎的人，被斥出国务院客厅。这时，胡适从2000里以外的城市演讲回到华盛顿大使馆脸面没洗，记者登门采访此事。也许胡真的不知道此事，便随口答应道："尚无所闻。"

宋子文知道此事，对胡这种不负责的信口开河大为不满，当面把胡适训斥一顿，意逼其辞职。胡适有口难辩，只好向蒋介石发电辞职，蒋介石为安慰胡，发来的电文是："勉为其难，仍盼继任斯职。"

"我辞职，蒋委员长还不干呢！"胡适一边发牢骚一边将电文让秘书送往宋子文处过目。宋子文无话可说，只得作罢。

冤家多事。

不久事情又来了。外交部与宋子文往来的国内信函，必须到大使馆去盖印。胡适借此机会，能拖即拖。矛盾起来的是非和恩恩怨怨谁也说不清楚。胡适可不管宋子文那一套，我行我素。因为他骨子里还是一文人，并不为权势所动。他认为不值得拍马屁的人他还真的不拍。后来，由于同美谈判的需要，受美国政府使然，常舞文弄笔，在报端写点随笔、评论什么的。倡导他考据的哲学和文学。宋子文看了，不是指鹿为马，总有些怨恨：这个胡适，写东西少政治多文学，与时局不符。这是宋子文的第一印象，抑或第一直感。作为一名政治官员他有责任去劝说胡适，结果二人闹得不可开交。最后，宋子文拍桌子道："你的文稿并不只是代表个人，因为你是政府派员。今后凡发表政治性演说和文稿，必须要报政府审核同意，以顾全大局和国策！"

"必须先报宋先生吗？"胡适讥讽道。

"我在美国，当然我有权先看。"宋子文也毫不客气。

话不投机，胡适被激怒了，愤愤不休地说："你，你算老几？你读过几本中国书？读过几本英文书？有什么资格看我的文稿？"

"你要知道，你是政府派员。你代表的是政府不是个人！你要认为有委屈，可以辞职不干！"宋子文也据理力争。

不久，国民政府又任命宋子文为外交部长。胡适深感官大压死人，不如一走了之，在这种背景下，胡适不得不再向以蒋介石为首的国民政府提出辞职。鉴于宋、胡之间不可协调的矛盾，蒋介石于1942年9月8日，正式下文批准了胡适辞职报告，改由魏明道继任，从此结束了宋、胡那段不愉快的历史。

历史任人评说，仁者见仁，智者见智，莫衷一是。当时对胡适下台，亲近胡适者说：他是一介书生，不懂政治，直来直去，早该离开政坛，据赵元任的妻子杨步伟流着泪对人讲："他卸任驻美大使后，我就劝他离开政界回到教育界来，盖我知其为人，一生忠诚和义气对人，毫无政治手腕，不宜在政治上活动，常为人利用而仍自乐。"

人们心里明白，胡适辞职并非出于自愿，实际是被宋氏家族赶下台的。据《宋氏王朝》一书介绍，宋子文迫不及待赶胡适下台的理由是一场鲸吞美援物资的秘密，恐被告发。此事无据可查，只是一个不解的谜。

人生如梦，往事如烟。

嗣后，由于日本偷袭美国在太平洋的海空基地珍珠港，太平洋战争爆发，从此，中国历时四年多的抗日战争被正式列入世界反法西斯同盟的战场。1942 年 1 月 1 日，随着苏德战争、太平洋战争的相继爆发，中、苏、美、英、澳、加、荷等 26 个参加反法西斯同盟的国家代表聚集在华盛顿，签署了《联合国家宣言》。

宋子文西装革履，代表中国在宣言书上签了字。

随后，宋子文在整个世界反法西斯战争中，以国民政府外交部长的身份，奔波于中美之间。

随着中国战区的应运而生，美国已处于两洋作战的态势。为打败法西斯，当时美国的全球战略是："先欧后亚。"同时，也考虑中国战区的实际情况，认为中国是打败日本的一个不可忽视的重要力量。基于此，美国把战略防御阶段任务选在主要打通滇缅公路，依靠中国军力消耗日本军事力量。等待欧洲战事结束，由中国战场转为向日反攻阶段。为完成这个战略企图，美国总统罗斯福曾派亲信史迪威先生担任中国战区统帅部参谋长，协助蒋介石总指挥作战。

共同的敌人——日本，使中、英、美三个大国走到一起。结盟不到一年，美、英为了表示与中国共同抗击日本法西斯侵略者的决心，于 1942 年 10 月 9 日分别通知中国政府，声明立即放弃在华治外法权及其他有关权益，两国政府可立即着手谈判，废除旧约签订新约。中国政府无疑是欢迎的。于是外交部长宋子文无疑又承担了这一重大的使命。谈判虽有波折，毕竟达成了共识。

第二十四章
蒋、史风波

　　宋子文知其原委后，亦大骂："史迪威态度殊属离奇，阅其原函，强词夺理，谬解职权，非神经错乱，不能妄狂至此。"决定尽快与美国政府交涉，并请示蒋介石是继续留史在华供职，还是乘机更换人选。蒋介石复电宋子文"暂不表示为宜"，暗示"最好能由其自动召回"。

珍珠港事件结束了中国独立抗日的局面，蒋介石便插手"帮助"英美这两个新的盟国。

其实这个点子不是蒋介石自己出的，而是他的外交部长宋子文的杰作，是蒋介石出面去做的。

1942 年 12 月 8 日凌晨，日本以 183 架飞机从海上 6 艘航空母舰上突然起飞，秘密偷袭美国珍珠港。

珍珠港是一个美丽的港湾，位于夏威夷群岛中瓦胡岛南岸，东距火努鲁鲁 9.6 公里，是一个水深港大的陆抱良岛，亦是美国在太平洋地区最大的海空军基地。这里的美国太平洋舰队的 18 艘舰船，装载着 260 架作战飞机，静静停泊在港湾里。

日本偷袭这天，正是一个星期天。美国人一点也没有防备。日本飞机骤然临头，狂轰滥炸，珍珠港一片火海升腾。十余艘战舰没待反应过来均已成了哑巴；188 架飞机全部化为灰烬；4000 名官兵全部成了牺牲品。

这一消息通过大功率电台传到中国，身在异国的宋子文是早于蒋介石听到。宋子文感到震惊不已。他凭着他独有的政治敏感性，立即意识到此事必将对世界大战的格局产生巨大影响，马上给蒋介石发报，通报此消息和对策。

蒋介石接到这个消息，在日军偷袭珍珠岛的第二天，他就向罗斯福、丘吉尔以及斯大林做出了相同的表示，他建议马上召开一次紧急联合军事会议。

蒋介石有嘴无"腿"，这些事都是嘱咐宋子文主办的。

结果反应不一：斯大林答复说苏联尚未准备好参加太平洋战争；

大个子罗斯福和矮个子丘吉尔则表示赞同派人参加。

这次会议在宋子文的周旋下，于 12 月 23 日在重庆召开，决议在重庆还成立了一个联合军事委员会，以协调东亚的战略。英国阿基鲍尔德·韦弗尔将军指出，就英国而言，头等大事就是要挽救缅甸。当时日本对缅甸的进攻已迫在眉睫。最后大家同意，从中国采取行动。于 1941 年 10 月重新开放缅甸公路，确系东方战场生死攸关的一条供给线。蒋介石急于使这条道路保持畅通。除了缅甸和经过俄国的陆路之外，中国当时通向外部世界的另一桥梁就是香港。

但是，此时的香港本身就处于日本日益加大的压力之下。1941年 12 月，蒋介石提出派出大批中国军队帮助英国保护他们的直辖殖民地香港。尽管这个建议英国人没有接受，但他还是出了相当多的兵力从大陆这边去打日本。

后来，蒋介石又提出派兵帮助在缅甸的英国人，他的建议再次遭到了拒绝，但是随着日本施加的压力越来越大，英国人改变了初衷。这样，蒋介石将第五、第六军派到了缅甸前线，与日军作战。

大约就在这个时候，蒋介石做了一次秘而不宣的印度之行。

他此行的动机是多方面的。一方面，他的确希望能利用自己的影响，为盟国的事业扭转世界的公众舆论。因为当时大英帝国的威望已降到最低水平。另外一个不那么无私但又十分体面的动机是，他要争取在战后的世界上做一位伟大的亚洲解放领袖。

罗斯福由于宋子文在做其工作，认为这次访问是个好主意；而丘吉尔却相反，认为是未经允许的干涉。

这次印度之行十分秘密，蒋介石和夫人宋美龄到达印度五天之后才宣布消息。

他们很快就遇到礼仪上的奇怪问题。

按照中国的礼节，蒋介石应该先到孟买附近甘地的住处沃尔塔去登门拜访。但是印度的习俗则要求甘地前往客人的住处去会面。

总督要求按印度习俗去做。当时印度总督是林利恩戈勋爵，英国驻印度的大使阿基鲍尔德。阿基鲍尔德将总督的一封信交给了蒋夫人宋美龄。信上说，如果蒋氏夫妇执意要到沃尔塔去，那么总督将处于政治上十分尴尬的境地。他真诚地希望不要这样做。丘吉尔此时也打电报给蒋介石，进行劝说。他说否则"就可能使我们联合全印度参加抗日的共同愿望受到损害"。而且"还可能会在这个最需要团结的时刻，无意之中造成突出社会差异的效果"。

蒋介石终于屈服了来自多方面的压力，加尔各答便被选为妥协后的会谈地点。印度领导人甘地是乘坐三等车厢而来的，他与穷苦人一起经受了旅途的辛劳。蒋介石得知此事备受感动。随后二人商谈了共同对付帝国主义的侵略等问题。

1942年2月21日，即访问的最后一天，宋美龄全文发出了蒋介石对印度人民讲话的英译稿。不顾英国人的不快，蒋介石表示希望印度尽快得到自治权，并同时号召印度人民全心全意地支持世界范围内的反法西斯斗争。

可是在他们结束访问离开后不久，甘地和其他国会领导人被捕入狱，这种事在印度人与英国统治者的斗争中时常发生。

蒋介石为了不得罪英国，请宋子文在美国活动罗斯福总统，由罗斯福总统出面调解。

蒋介石回国没几天，约瑟夫·史迪威将军于1942年3月6日抵达中国战时首都——重庆。

关于史迪威来中国一事，是蒋介石提出来的，交代宋子文经办的。但是美国陆军部宣布史迪威来华身兼六职却出乎蒋介石的意料。哪六职？即为：美军驻华军事代表；在缅甸的中、英、美军队司令官；对华租借物资管理统制人；滇缅公路监督人；在华美国空军指挥官；中国战区参谋长。

其实这六职，符合蒋介石初衷的只有一项，即为中国战区参谋长。其余职务全是美国附加的。这等于束缚了蒋介石大权独揽的手脚，蒋介石怎能不生气。他埋怨宋子文做事不给他商量，可宋子文也有一肚子委屈。根子还在美国陆军部官员身上。

史迪威没来已成"畸形儿"。他来到中国，蒋、史矛盾与重大争执从此就开始了。于是宋子文成了蒋介石的受气包或埋怨对象。

关于史、蒋的争论，美国方面已有许多详细的记载，特别是史迪威那些用语尖刻的观点。实际上，摩擦始于史迪威从华盛顿带来的多种交叉重叠的任务。

第一次见面他就通知委员长，声言他将指挥在中国、缅甸和印度战场的所有美国军队，在中国所有的国际战争委员会中代表美国政府，并负责对中国根据租借法获得的物资以及其他美国的国际援助计划进行管理和监督，同时又是中国最高司令员蒋委员长的参谋长。除了这些之外，他还声言负责蒋介石与韦弗尔将军之间的联络，韦弗尔当时指挥着缅甸和印度的英国军队。作为最高司令员的参谋长，史迪威应该接受委员长的命令。但是在除此之外的其他方面，总统的命令要高于蒋介石的。

第一次见面，史迪威便向蒋介石摆出了不可一世的面孔。我往哪里放？蒋介石嘴里不说心里在想。尤其是让蒋介石无奈的是，史迪威还担任租借官员的工作。这样一来，如果史迪威认为发放给中国军队的某批援助不符合美国的利益，他就可以予以扣压。蒋介石竭力压着自己的火气。实际在他接到中国驻美使馆拍来的有关美陆军部发表史迪威来华消息的电报时，蒋介石把电报狠狠地摔在桌上，对陈布雷说："这是他宋子文办的好事！"

史迪威在受命之前，宋子文对史迪威的出身经历进行过调查，对他十分满意，认为："挑选担任此项任务的人是美国陆军中最优秀的人物。"宋子文在调查的基础上，还与史迪威做过较长时间的面谈，也证实了他的这种看法。

　　但更糟糕的是，中国在享受租借法时没有别国那么"平等"。英国、俄国和其他受援国可以在自己国家内把美国的援助用于自己认为合适的地方，只有蒋介石必须把他的要求一项一项地呈报给史迪威将军。

　　显然，这种侮辱性的规定是华盛顿那些支持苏联的人设置的，他们不愿让蒋介石有阻止向中共提供物资的否决权。

　　即使史迪威是个讲究策略、精于外交的完人，遇到这种事情也够棘手的，何况他并不是这么一个完人。双方矛盾愈来愈激化。在他寄往华盛顿的快件里，这位"刺儿头"把委员长称作是"花生米"（无聊的小人物）、"小响蛇"（爱吵架的人）。可是后来人们从他的日记中又发现，他把罗斯福叫作"老软蛋"，并给当时其他许多知名人士也起了他爱用的辱骂性的绰号。

　　此外，史是带着某种野心来到中国的，对此他起初还是藏而不露的，但后来却干脆不加掩饰了。他想取代蒋介石作为中国军队最高司令的位置。当然遭到蒋的抵制。不过这种愿望只不过是一种梦想。这一点史迪威当时并没有十分清楚地认识到。然而，他只看到了蒋介石的弱点，却对自己的军事天才无比自信，以至于目空一切。

　　这种个性，标明了与史发生冲突的并非只有蒋介石一个人，另外一个便是飞虎队队长陈纳德先生。

　　珍珠港事件之后，陈纳德被并入中国战区的美国军队，级别是空军少将。陈纳德和他那些志愿兵的到来已经大大鼓舞了中国人的士气，这支"飞虎队"很快便成了传奇式的人物。在此以前，面对日本的空袭，中国毫无防御能力。陈纳德的志愿兵成了美国的中国空军特种部队。后来又成为第十四航空队。按照史迪威和蒋介石制定的战略计划，陈纳德统管湖南、广西和云南的一系列空军基地，这些基地将用美国的援助修建，并用飞机从印度翻过喜马拉雅山空运给养。

第二十四章
蒋、史风波

关于这些空运过来的物资应优先用于何处？史迪威与陈纳德发生了矛盾。陈纳德希望把它用于他的空军基地，但史迪威却想用于训练在印度拉姆那加尔以及云南昆明的中国新兵。史迪威指望用这批军队赶走缅甸的日军。与史迪威不同的是，陈纳德与蒋介石相处得很好。1947 年在南京与埃里克·周的一次谈话中，蒋介石当时的秘书长吴铁成曾谈到这种少见的和睦关系，他列举了一些原因。

他说，陈纳德对中国国内的政治没有表现出任何兴趣，而且一贯尊重蒋介石，他只谈论他最了解的话题，即空军问题。这一点极少有例外。另外一个促进两人关系的因素是，陈纳德对他手下训练的中国飞行员十分信任，因而极少提出批评。作为职业军人，陈纳德很得蒋介石的赏识，因为蒋介石也是职业军人。就这个层次而言，蒋介石同样欣赏史迪威的气质，只不过这单方面的欣赏没有得到相应的回报。

史迪威主要还是个将军，也是第二次世界大战中这类将军里最好的之一。他的第一次缅甸战役于 1942 年的前几个月里打响，5 月份以失败撤退告终。当他看到撤退不可避免时，他连委员长都懒得通知一声。原约十万人的中国远征军，此时只剩下四万人左右。

他倒是给他在重庆的助手马格鲁德将军拍了两封电报，说他的部队已分散成小部队，无法再集中起来，他将部队撤出缅甸，开往印度。事前，蒋介石就下了命令，万一失败，中国军队就撤到缅甸北部的密支那，再从那里回国。没有与蒋介石商量一下，史迪威就撤销了这道命令，并下令中国军队撤到印度。一听说史迪威的这道命令，蒋介石马上给缅甸的中国第五军军长杜聿明将军拍了电报。尽管史迪威对集中部队表示悲观，但杜聿明还是想方设法集结了三个师的兵力，成功地杀出了一条回国的生路。对此，史迪威大为恼火，回到重庆就给蒋介石写了一封信，说蒋介石不该直接与他手下的将军发生联系。

奇怪的是，作为一个中国通，史迪威竟然愚蠢到无视中国将士的军心。中国军队历来就有这么个光荣传统：当中国军队无路可走时，他们也绝不会降低自己的人格，躲到国外去。

中国远征军的失败与史迪威的指挥失误有一定的关系。宋子文推举史迪威言过其实。现在史迪威失利的消息传到宋子文的耳朵里，他生怕引起蒋介石的指责，便于 5 月 15 日在华盛顿致电蒋介石，小心翼翼地询问蒋对史迪威的看法，并乘机出谋献策。

宋子文在电文中除直陈"缅战不利之主要原因，无疑为英国不能与我彻底合作"外，还说考虑到"此后我尚需利用印度为运输军械飞机之航空站"。"英美战后或背道而驰，在战时则因生死存亡关系，不能不密切合作，故我如公然向英责难，反失美国同情。"建议蒋介石不失时机，密致总统（罗斯福）及丘吉尔一电，直陈缅战过去之错误，措辞严正而委婉。并告以中国为此原因，"危难更为迫切，不得不要：甲，英美即派大批飞机来华助战；乙，英、美、华速策划雨后反攻缅甸，夺回仰光，恢复中国之国际路线"。

蒋介石对中国军队的失利极为懊丧，迁怒于史迪威。这从 1942 年 6 月 18 日，蒋介石以发表感想形式给熊式辉、宋子文的电文中可以看出。

蒋介石的电文是："前得删电，询我对史迪威之感想，业已另复。中国战区至今并未有何组织，亦未筹备进行，限度与其可能方案，亦尚未曾着手。至于空军之建立与补充，空运按月总量，陆空军作战与反攻时期之整个方案，亦皆视为无足轻重。若中国战区之成败存亡，与彼无关痛痒。此人（史迪威）不重视组织与具体方案，及整修实施计划，此或因平日未习幕僚业务之故，缅战失败之原因，其咎全在战略之失败，而彼乃完全归罪于我高级将领，且谎报罗卓英逃回保山，其实彼自缅甸退却之先……竟自赴印度，并擅令我军入印，事前对我并未请示，或直接报告，于情于理，皆出意外。"

第二十四章
蒋、史风波

蒋介石在电文中虽对史迪威的组织能力、责任观念、指挥经验多有责备，但考虑中、英、美国之间关系，便叮嘱宋子文："我为保全友邦荣誉处计，不愿多言，此时对马歇尔参谋长不必急于答复，将来彼或亦能了解吾人之苦心也。"

不久，史、蒋的矛盾也反映到美国人的耳中。尽管在罗斯福总统送给蒋介石的礼物中，史迪威不是最受欢迎的，但是毕竟还有其他值得感谢的东西。最受欢迎的一件就是1942年初那笔为数不小的贷款——500万美元。

当时蒋介石正在新德里，罗斯福总统给他拍了一封报告这个好消息的电报，电文说："中国军队对于凶恶的侵略者的英勇抵抗，赢得了美国人民及一切爱好和平的人们的最高赞扬。"

正处于怨声载道的蒋介石，接到这份喜报，多少是个安慰。他立刻向罗斯福总统回电说："你在世界的这场最大的危机中所表现出来的远见卓识，值得让一切真正的政治家羡慕。"

3月8日，由宋子文出面达成的中美贷款协议中的第二条，把最后的偿还期推迟到战后，条件是要"符合美中两国的共同利益，并有利于建立世界永久的和平与安全"。

接着，在宋子文的活动下，英国人也马上带来了5000万英镑的贷款。有美国和英国人参加的一个联合稳定委员会宣告成立。

然而这些，并没有阻止蒋、史矛盾，相反却逐步升级，以至于闹僵。最后美国政府不得不召回史迪威。这中间宋子文做了大量工作。虽说史迪威身兼六职，神气一时，是宋子文一时的工作疏忽，而美国政府召回史迪威，也同样是宋子文的点子。殊不知宋子文得知史、蒋的矛盾后，始终站在妹夫一边。当史、蒋矛盾升级时，宋子文曾三次策划撤换史迪威。

第一次是1942年7月20日，不可一世的史迪威不同意蒋介石要从中国租借物资中拨出两架运输机交航空委员会使用，而作为航空委员会秘书长的宋美龄立即对史责问，并要他向蒋就有关处理中国租借物资之权做出解释。于是史迪威当时送蒋一份备忘录，陈述其个人权限与地位，为自己申辩。

蒋介石看到史迪威这份为自己申辩的备忘录后十分气愤，立即给宋子文拍去电报：平时我对史迪威不用中国战区参谋长名义签署文件，并时时以罗斯福总统代表自居处理一事"皆不以为忘，毫不与之计较"，但这次"再不能不与其政府坦白商讨"参谋长地位与权限。

宋子文知其原委后，亦大骂："史迪威态度殊属离奇，阅其原函，强词夺理，谬解职权，非神经错乱，不能狂妄至此。"决定尽快与美国政府交涉，并请示蒋介石是继续留史在华供职，还是乘机更换人选。蒋介石复电宋子文"暂不表示为宜"，暗示"最好能由其自动召回"。

第二次发生在1943年秋冬之交，史、蒋意见再度分歧。史建议蒋介石"转移西北的兵力来阻止日本"，要把蒋介石封锁陕甘宁边区的50万大军和共产党军队调出来打日本。蒋介石反共立场已定，岂肯调出，表示坚决反对，并公开要求美国政府撤换史迪威。

这次主子有令，宋子文极为卖命。他拟就一份"改进中国战区方案"，目的是想通过改组来撤换史迪威。这个方案是：一、将中国战区增设副统帅一人，由美军官担任，参谋长一人改由中国军官担任，增设副参谋长一人，由美军担任，其下处长副处长，则由中美军官混合编成。二、中国代表必须参加 C．C．S 与军火分配委员会。如委员长以国家领袖之尊不宜使受 C．C．S 之统驭，则中国战区统帅可由蒋推荐中国军官担任。

接着，宋子文就活动罗斯福总统。8月21日上午，在白宫的椭圆形办公桌前，罗斯福接见了宋子文。宋子文提交了改组中国战区的意见书。交谈是愉快的，宋说："如史迪威不予变动，中美军事合作甚为可虑。"罗答:"此事美国政府已经考虑,近期召回史迪威,改派斯特莱曼和韦洛接任的拟议。请转告蒋委员长。"

宋子文走出罗斯福办公室后,心情是十分高兴的,立即向重庆的蒋介石致电报告此消息。

9月29日,宋子文在返国前夕向罗斯福辞行时,再次重申史迪威必须撤换,否则中国战区将乱套。罗斯福回答:"原则上基本同意。有些工作还待落实。我准备派蒙巴顿上将、萨姆维尔将军偕同你一块去重庆。"

"好的。"宋子文答道。

然而,就在宋子文一行10月1日飞达重庆时,事情又发生了戏剧性的变化。撤换史迪威之事再度搁浅,宋子文的努力又成了泡影。谜底在哪里?宋子文做梦也没想到,拆台的不是美国方面,而是自己的大姐宋霭龄和小妹宋美龄。

事情缘由是这样的。

9月13日下午3时,史迪威办公室的电话突然响起,话筒里传来了蒋夫人宋美龄的声音:"我和大姐霭龄邀请参谋长到住处一晤。"

"那好。"史迪威此时正为美国政府撤换他而焦急万分。正式命令还没下达,他现下还不十分摸底。心想去了解一下情况也好,便应允下来了。

史迪威不敢怠慢,准时来到会晤地点。只见宋霭龄和宋美龄在等着他。

一阵寒暄后入坐。

宋霭龄首先道:"我们姐妹让你来,主要对目前中国战区的情况交换意见,中国战区战备情况之差之糟令人感到震惊,怎样改变目前这种无所作为的情况?美国政府表示关注,蒋委员长更是头痛。"宋霭龄说到这里,故意停顿下来,给对方留下思索的空间。然后又道,"我们姐妹看,不出成绩要撤人的!"

宋霭龄的一番话说得史迪威一时心里十五个吊桶七上八下，于是便问："姐妹听到什么消息吗？"

史迪威问的消息主要是指他自己要调动的传言。

宋美龄莞尔一笑道："消息倒是听到些。我们说的消息倒是何应钦先生在中国战区作梗，致使中国战区困难重重，不知史参谋长清楚吗？"

"你们说是要撤他？"

"对。"宋霭龄与宋美龄唱着双簧。

"这，这……"史迪威面有难色。

"我们姐妹们知道你目前的处境。只要你处理了何，我们可以在委员长面前为你的问题说话。"宋美龄又道。

思前想后，史迪威终于下定了决心："那就这么办。望你们上天言好事。"史再也没有以前那种神气了。

"一言为定。"一场暗中交易达成。

事后一个晚上，宋霭龄又拨通史迪威的电话，正式告诉他："有人正在幕后奔走，极力策划撤换你。"同时也转告了人们抱怨史迪威的那些话云云。

又是一个晚上，宋美龄拨通了史迪威的电话，告诉他："委员长现在受到各方面的压力，希望先生屈尊到委员长这里来一趟，说几句道歉的话，我看事情就过去了。"

接到这个电话后，以"醋性子乔"闻名的史迪威有点害怕了，睡不安觉了。为了避免免职，强压心中怒火，真的跑到委员长面前来道歉了。旁观者道："别看他血气方刚，目中无人，让宋家姐妹一掐一个印儿。"

史迪威一进蒋介石的办公室，就开口道歉："委员长，请你不要介意，我有错，但唯一的目的还是为中国好，并非出于对委员长不尊。"

第二十四章
蒋、史风波

蒋介石笑了："何必这样，我也是个脾气不好的人，都是为了共同的抗日事业。今后我们一块继续战斗。"

就这样，宋子文几经周折撤换史迪威的事再次搁浅。

史迪威向蒋介石道歉，并非心甘情愿。当天晚上他从蒋介石处回到住处，心里很不是味儿，于是提笔写下了这天的日记：

> 这是一次该诅咒的经历，男子汉大丈夫做事从来无悔，想想真是可笑至极。一条响尾蛇没有发出响声就咬人了。
>
> ……

写完日记后，史迪威更无睡意。他在想究竟谁在捣鬼，在幕后下决心撤换他？他脑中浮现了多个面孔，最后停在"宋子文"头上。接着他又在10月18日的日记写道：

> 有一种预感。是宋子文？他是制造麻烦者？如果罗斯福得到情况说我破坏关系，他从哪里获得的答案——只有从宋子文那里。因此，宋子文想免我的职，为什么？因为我和蒋夫人合作，而她是为了大元帅，不利于宋子文的野心。

史迪威疑心重重，10月21日又写道：

> 啊，是宋子文。在新德里告诉萨姆维尔这件事就要实现了。

原来，宋子文和萨姆维尔在飞渝途中，透露了罗斯福总统要撤换史迪威，由萨接任的消息。

抵达重庆后，萨姆维尔恐怕由自己顶替史迪威而招致史的怪罪，便将宋子文的原话全盘托出来为据。这样才使史迪威明白宋子文是他的最大的敌人。于是史迪威在后来的日记中又写道：

民国财长
宋子文

当宋氏姐妹保证其地位将大为改善，将来不致遭攻击时，我推测宋子文着实受到了打击。

再说宋子文听到这个不祥的消息，打击说不上打击，他心里着实一肚子火无处发。据说他从美国回来，宋美龄、宋霭龄邀他吃饭，他不洗尘，连回话都没有，后来，宋美龄登门问："这是吃亏啦？我和大姐的邀请连回声都没有？"

"你和大姐做的好事，还让我说啥？史迪威不走，国无宁日！"宋子文大发雷霆。

宋美龄只是赔笑，不再说什么。

事情恰被宋子文看破了——史迪威不走，国无宁日。后来蒋、史矛盾重起，宋子文再度出山，活动于美国总统罗斯福，终于"赶走"了史迪威。这个时间为 1944 年 10 月 20 日下午。

第二十五章
外交风采

　　宋子文主持了第三次国际代表大会，并召开了中外记者招待会，给代表和记者的印象是：宋子文属学者型，态度慎重，英文清晰，主持会议用语准确，给各位代表留下良好的印象。

党内有派，派内有党。

在国民党内，人们常谈论的一个派系，叫政学派系。这个派系中的许多人在美国或在日本留过学，绝大多数能言善辩，会说英语、日语，并立志要使自己的国家成为一个技术发达的高效率的工业国家。

在这个派系中有两个领衔人物：孙科和宋子文。

身为辛亥革命之父的儿子——孙科是神圣不可侵犯的，作为一位学者和改革派，他有勇气站出来说话，却没有与国民党一刀两断、而另拉一批自己人马搞个人的山头。虽然是立法院的院长，但无法与陈立夫操纵的党的机器抗衡。蒋介石害怕听到开明的议论，常常一连好几个月拒绝见孙科。

宋子文也有同样的待遇。人称"宋公子"。他在 1942 年至 1945 年任外交部长，亦是位高高在上的人物，他敢于大胆直言自己想法。但蒋介石更喜欢唯唯诺诺的人，宋子文很少讨他的喜欢。在这一点，他比不上姐夫孔祥熙了。

不幸的是，人们常常把宋子文与另一个备受指责的国民党人孔祥熙相提并论，恰恰是大错特错了。两人有着本质上的差别。宋子文虽然也发了财，但与他的姐夫不同，他是靠充满活力的企业资本主义发的家，同时为国家创造了财富，为数以万计的人创造了就业机会。然而孔祥熙就不同了。

有人说，宋子文是靠本事吃饭的人。蒋介石虽讨厌他，却又离不开他，原因就是看中了他的才华。在抗日最艰苦的岁月，宋子文由财政部长转为外交部长，可见他是多才多艺的。在国民党要员中，

第二十五章
外交风采

无人可比。

时间到 1945 年 4 月 12 日，这已是第二次世界大战的收尾时期。宋子文在蒋介石的授意下，率领中国代表团出席旧金山会议。

这次会议的主旨是讨论《联合国宪章》，为筹建联合国做准备。

飞机在万米高空翱翔飞行，宋子文和他的随员们兴致勃勃。

白云在机翼旁掠过，宋子文的思绪随白云飞行……

联合国最初的雏形，就是太平洋战争爆发后，1942 年 1 月 1 日，26 个国家的代表，聚集在华盛顿，在《联合国家宣言》上签字，表示参加世界反法西斯阵营。

在这个宣言中，中国与美、英、苏同为发起国并列为各国之首。

1943 年 10 月 30 日，中国又与美、英、苏三国在莫斯科共同签署了《普遍安全宣言》。

宣言中提出了建立战后国际和平组织的主张。中国由此不仅成为联合国的发起国之一，而且确定了在联合国中的大国地位。紧接着，蒋介石在战时国际事务中的影响大大增强。

11 月，他作为"三巨头"之一，与罗斯福和丘吉尔一起参加了开罗的三国首脑会议。12 月 1 日发表的《开罗宣言》对蒋介石来说是一大胜利。宣言记录了三个盟国决定剥夺日本"从中国人那里窃取的诸如满洲、台湾、澎湖列岛"等所有领土，并将这些地方全部归还中国。

而且，罗斯福保证支持 1944 年春对缅甸日军的海陆空联合进攻，以打破对中国的包围，并为国民党的 90 个师提供装备和武器。他还表示在战后将继续支持反对"外国入侵"，中美将联合占领大连海军综合基地。这些保证显然是为了防止苏联争夺东北。同时，罗斯福总统也让蒋介石做出了解决共产党问题的承诺。

得意扬扬的蒋介石带着从未有过的声望回到了中国。

他不知道罗斯福还在德黑兰与丘吉尔和斯大林会晤，在这个会议上，罗斯福向斯大林做出了与给蒋介石的承诺完全相反的保证。

的确，美国人没有履行罗斯福在开罗向蒋介石做出的许诺。然而有一件事罗斯福保证了，即决心让蒋介石兑现他的承诺——解决他与共产党的分歧。

白云不时掠过机身。

宋子文作为代表团团长不时望着飞掠的白云。坐在他身后的代表有：驻英大使顾维钧，驻美大使魏道明，国民党代表王宠惠、胡适，共产党代表董必武，妇女代表吴贻芳，青年党代表李璜，民社党代表张君劢，无党派代表胡霖共十人。

1945 年 4 月 25 日下午 3 时 30 分，丽日高照。

这是联合国会议开幕的一天。

位于旧金山市中心的歌舞剧院门前，彩旗招展，锣鼓喧天；肩披红绸缎的礼仪小姐分列大门两旁，亭亭玉立，手持鲜花欢迎 46 个国家的 4000 名代表和来宾徐徐入场；胸戴红花和代表证的代表们，一个个西装革履，手提公文包，健步拾级而上，进入能容纳万人的剧院大厅；大厅内舞池的军乐队在演奏着入场式音乐；会场庄严肃穆，天蓝色的背景，杏黄色的台柱，映射着 46 国的旗帜；每一国要员到场，都鸣奏该国的国歌和音乐；整个入场式搞得隆重热烈，持续近一个小时。

下午 4 时 30 分，音乐倏然停止，一群美国男女，身着天蓝色和平服装，从讲坛两侧，以稳健和自信的步伐，进入主席坛后面，站如松塔，象征联合国的前途似锦。这一切就绪后，美国国务卿斯退丁纽斯偕同加州州长华伦与旧金山市市长拉凡步入讲坛，向与会要员招手致意，全场掌声雷动。

主持人斯退丁纽斯紧紧握着桌子上的木槌，郑重地敲了三下，宣布："联合国讨论世界机构之会议业已开始！"

第二十五章
外交风采

人们为联合国的重要发起人罗斯福总统病逝默哀一分钟后，美国新任总统杜鲁门在华盛顿通过电话向与会各国代表致欢迎词。接着由斯退丁纽斯致开幕词，指明确立公正持久的和平系于此会。最后加州州长华伦、旧金山市市长拉凡也都讲了话。他们强调，旧金山能成为盛会的地点，是他们的高兴也是他们的光荣。旧金山至前线距离最近，同时也是最后阶段的太平洋战事的供应站，抑或大通道。

26日大会选举决定，美国国务卿斯退丁纽斯、中国行政院院长兼外交部长宋子文、苏联外长莫洛托夫、英国外相艾登为联合会议主席团主席。轮流负责大会的组织和召集。同时推定中、苏、美、英、法、澳、加、智利、捷克、墨西哥、荷兰、南斯拉夫、巴西及伊朗等14国组成重要而有权力之执行委员会。执行委员会主席由斯退丁纽斯担任，大家以掌声通过。

同时，按照美、中、苏、英四个邀请国的顺序，首席代表分别发表演说。

宋子文的演说生动形象，激起掌声阵阵。

他首先代表中国，向已故罗斯福总统病逝表示追念之意。接着他说："在吾人心目中，罗总统不仅为美国第一公民，抑且为世界有灵感之领袖，彼以热烈之情绪，为国际谋正义和平，其高瞻远瞩，与其政治家风度及魄力，已使联合国之胜利在望。彼虽龙逝，但其事功将继续领导吾人。"

接着宋子文将话题一转道："自1931年以来，经14年之野蛮的战争，中国已忍受一大劫掠"，"吾人曾极力寻求一切方法，以谋取补救。吾人明了如无一实际有效之集体安全制度，则任何一国之最后安全即无望"。

宋子文表示："为维持集体安全起见，应决不犹豫，以吾人主权之一部分，贡献于新的国际机构，吾人必须准备做若干牺牲，俾得完成各国共同目标。"

宋子文讲话半个小时，其中有八次掌声雷动。

4月28日，按轮流值班制，宋子文主持了第三次全体大会。给代表的印象是：宋子文属学者型，态度慎重，英文清晰，主持会议用语准确，给各国代表留下了良好的印象。

5月1日，联合国举行第六次大会，选举通过4个大组委员会和12个小组委员会名单。宋子文当选指导委员会、执行委员会、提名委员会及程序委员会成员。

会议各组委员会开始工作后，对于宪章各项问题分别研究和补充修正，至6月15日，《联合国宪章》的起草工作大体完成。

宋子文在出席旧金山会议期间是十分繁忙的，同时他又是十分活跃的。5月26日下午在退伍军人纪念大厦他又举行了一次记者招待会。到会的中外记者达三百余人。

这是一次令宋子文施展才能的会议。宋子文首先面对记者介绍了中国代表成员，并特别说明中国团中还有一位新闻界的代表胡霖，引起同行的一阵掌声。为了说明中国代表并非一党代表，他郑重声言，中国十位代表代表了各个方面的意见，其中有共产党代表，也有无党派代表，并说中国各代表将团结一致，共同努力，使旧金山会议获得成功。中国人民不论政治信仰为何均衷心赞助国际机构。

宋子文还表示感谢全球报界为中国之三项修正建议案广为宣传，并感谢全球报界在中国抵抗日本侵略之14年中，予中国之协助。

整个记者招待会，各记者提出的问题共41件，包括政治中的敏感问题，宋子文都对答如流。有一个记者指着董必武问："董先生是否是一个危险人物？"于是宋子文请董必武起立，以示其无损于人。

另一个记者直接问董必武："这个会对于中国内部团结是否将有

直接的影响?"

董必武答:"然,但不是直接的。"董必武的答复由翻译员译成英文后,宋子文用英文高声复述一次,博得不少的掌声。

亚洲一些国家的记者关心中国对《大西洋宪章》的态度。某一印度记者问:中国是否认为《大西洋宪章》亦适用于印度及亚洲及其他地方?其余的问题则涉及菲律宾与朝鲜。由此可见,全世界被压迫、被剥削的民族,尤其是东方的民族,都望得到中国的支持。这些问题,宋子文或顾维钧逐一做了解答。

一些记者关注中国对日本的态度。有一记者问:文明的爱好和平的中国代表,是否能聆听于大会之中?

宋子文回答:"中国不愿意浪费与会代表的时间,因为如需要翻译,便须浪费三倍的时间。"

另一记者问:"中国是否要消灭日本?"

宋子文答称:"中国虽然时常警觉关于未来的侵略,决不宽宥那些战犯,但不主张去杀绝日本整个民族。"

在记者招待会上,各记者提出的问题共41件,主要问题如下:

朝鲜记者询问中国何以不提出朝鲜出席旧金山会议之问题,一旦朝鲜解放后,中国是否主张朝鲜独立。

印度记者问中国是否将建议设立联合国仲裁委员会,以打破印度之僵局。

犹太记者问中国对于巴勒斯坦问题持何种态度。

黑人记者问中国是否愿提出特别平等条款附入世界安全机构宪章之内。

......

宋子文数度声明此会议实际上不能讨论危害世界和平这一切特殊问题,并说:朝鲜问题已在开罗会议中解决,至于邀请何国参加旧金山会议一事,已在中国未参加之雅尔塔会议决定。《大西洋宪

章》并无种族或信仰之区别。当印度记者一定要询问《大西洋宪章》
是否适用于印度及其他亚洲民族时，宋子文答称：此一问题，最好
去询问拟订《大西洋宪章》之国家。

菲律宾记者问：中国对于菲律宾独立持何态度？

宋子文回答：中国深以得与菲律宾为兄弟之邦为荣。

记者询及日本对于中国之和平建议时，宋子文称，每次日本提
出议和时，中国均告日本：请与联合国言之，吾人乃联合国之一分
子，不能与汝等单独谈判。

记者问：战后日本是否将获准加入国际机构？

宋说：吾人希望日本能补过，不再从事全国性之切腹。

记者问：战后中国对于日皇将如何处置？

宋称：吾人望在俘获日皇之前，此一问题已先解决。

记者问：中国对于惩处战争罪犯及构成战犯之条件有何见解？

宋答：此并非和平会议，战争罪犯并非本会议论范围。

记者问：击败日本需时几何？

宋说：余亦希望获知此一问题之答复。

记者问：日本是否有领袖可以领导战后日本走入联合国家之
途径？

宋说：余之不幸经验，并未使余获得任何指示。并说，余希望
此种领袖能有出现。

顾维钧、王宠惠等回答了中国对于国际托管制度、国际法院、
一列强否决权及其他有关问题。

记者又问宋子文：董氏究系代表延安，抑系代表团之代表？

宋子文答：吾乃中国政府所指派者，而不问其党派为何。

记者问：中国是否期望苏联参加对日作战？

宋子文答道：余答复此一问题将冒犯余之好友莫洛托夫君。

记者最后请宋子文评论希特勒之死。

第二十五章
外交风采

宋说：独裁政治有其容易死亡之道。墨索里尼之死、希特勒之死都证明了这一点。

此次记者招待会是宋子文与中国代表团其他各成员一起举行的。宋子文身着深蓝色便服，话里夹杂着时髦的美国语调，所以深受记者欢迎。

与宋子文坐得最近的是顾维钧，宋氏向他征求意见的次数最多。属于法律方面的问题，则由王宠惠致答，王戴着一副宽边眼镜，像一位法官。吴贻芳女士身穿朴素庄严的中国黑旗袍，颈上围一条白色的颈巾。胡适、胡霖保持缄默，坐在一旁一声不吭。董必武笑容满面，遇有直接有关问题，从容作答。

以宋子文为首的中国代表团举行的这次记者招待会，给各国留下了较好的印象。在当时情况下，一旦措辞不当，就可能引起盟国的反感；如不答复，又会给人以态度暧昧的印象。中国代表的回答，令人感到中国既坚持公正的立场，也期望与各盟国合作。

此次记者招待会给各国的另一表面印象，是中国内部趋于团结。一位英国记者对《大公报》记者说：今日所见情形，达成一个团结的中国似非难事。

然而，外国记者看到的只是表面现象。实际上，国民党当局虽然被迫派出了联合代表团，但对中共派出的代表却百般挑剔，故意作难，只允许董必武一人为代表，随行秘书为章汉夫、陈家康，并处处加以防范，制定所谓宣传对策，在美华侨中诬蔑、诽谤、攻击共产党，甚至对中共代表的经费来源是否有官方团体资助也要"密加盘查"。

董必武在出席旧金山会议期间广泛地接触了美国友好人士和华侨。在华侨主持的许多集会上讲话，向他们介绍中国解放区政治经济情况和抗日战况及其所取得的战绩，阐述中共的基本政策，给华侨留下了深刻的印象，也揭穿了国民党当局对中共的种种造谣、诬蔑。这些情况，外国记者在宋子文举行的记者招待会上当然是看不出来的。

总之，这次记者招待会是成功的，亦显示出宋子文的外交风采。

第二十六章

赴苏使者

　　宋子文作为行政院长兼外交部长，到达莫斯科的第二天，就与斯大林吵了起来。斯大林要求中方同意外蒙古独立，宋子文加以拒绝。难怪宋子文无法冷静。

天下大事，分久必合，合久必分。国与国是这样，人与人亦是这样。它像一种规律左右着社会矛盾的发展、变化。正像我们常常看不到笼罩我们的虚无，同样也看不到吞没我们的无穷。

1945 年，世界反法西斯战争胜利前夕，美、英、苏等大国已在为分享胜利成果而你争我夺，并不惜以牺牲弱小的盟友为代价。

应该说，苏联对中国的领土主权，特别是东北及其他地域的领土主权早有非分之心。

应该说，苏联作为世界反法西斯战争的 26 个同盟国之一，在完成对德抗战胜利之后，应该无条件地去支持去投入中国抗日的战争中去。

可是，苏联不是这样。在是否出兵帮助中国抗日的问题上，那种并非出于公心、出于友谊、出于同盟之友的非分之心再次融入进去，以抗日的交换条件提到桌面上来，令蒋介石、宋子文头痛万分。

落后就要挨打。

早在 1943 年德黑兰英、美、苏三国首脑会晤期间，斯大林就当着美、英首脑的面叫苦不迭，说苏联要承担起远东的国际事务的重任来，却没有一个不冻港口。实际上他已看上了中国的大连不冻港。罗斯福深领其意，以国际领袖之身份，保证让大连成为世界自由港，由他去与中国政府商量，认为中国是会答应的。

事情到 1944 年 6 月下旬，美国副总统华莱士秉承罗斯福之意访华，向蒋介石提到苏联在远东需要不冻港和罗斯福的使大连成为自由港的建议。

蒋介石一听愣住了，许久没有说话。

第二十六章
赴苏使者

华莱士又说:"我此次来华,就是要解决蒋先生与苏联的矛盾。苏方不好提出来,由我们第三方提出来。请你给面子。"

蒋介石笑了:"这样办吧,由贵国充当我们与苏联之间的中间人吧?中国吃亏也吃到明处。"

华莱士连连摆手道:"不行,不行,这是你们双方的事,我乐意成全,但不做中间人。"

"你不做中间人,这事不好办!"蒋介石最后向华莱士表示立场。

此事就这样拖了下来。

时间又过了半年,苏联对德作战取得胜利。美国作为反法西斯同盟国首领之一,向苏联提出,苏方应就地由中国东北三省转入对日进攻。这时斯大林便向美国驻苏大使朗里曼先生解释说:"苏联加入抗日的任务是有条件的。我想这一点罗斯福是不应该不知道的。"

"请阁下再重复一下,我好向总统去做汇报。"朗里曼先生更为慎重地问。

斯大林只好明说:一是库页岛和千岛群岛南部归还苏联;二是重新租借包括旅顺、大连在内的港口及周围地区;三是租借中东铁路;四是承认外蒙古现状,保持外蒙古作为一个独立的实体。

"球"就这样被苏方踢回了美方。

1945年2月8日,正适苏、美、英三国首脑在雅尔塔会晤。三国首脑秘密地将加入对日作战的政治条件进行了讨论,达成了共识,签署了《苏美英三国关于日本的协定》,即人们常称的《雅尔塔协定》。其中规定:

苏联在德国投降后的两三个月参加对日作战。

其条件是:外蒙古维持现状;库页岛南部及邻近一切岛屿交还苏联;大连商港国际化,但苏联的优越权益须予保证;苏联租用旅顺作为军港;中苏合营中东铁路和南满铁路;千岛群岛交还苏联。协定并称有关外蒙古及旅大、中东南满铁路的问题尚需征得中方同意，但又称美国将采取步骤取得该项同意，使苏联的这些要求在日本被击溃后毫无问题地予以实现。苏方表示准备与中国国民政府签订《苏中友好同盟协定》。

《雅尔塔协定》是一个没有中国代表参加讨论、事先没有征得中国同意、事后也没有由中国参与的涉及中国重大领土主权问题的三个大国的协定。

显然这个决定是无效的。说得严重一些，它是几个大国，为一己私利，出卖他国主权。可见中国当时是没有任何地位的，只是国民党政府内外矛盾重重，既不敢"翻脸"，也没实力"翻脸"。

雅尔塔会议后，蒋介石隐约知道他们干了什么，但是并不十分清楚内幕，急于了解情况。于是，蒋介石把宋子文找来，面授机宜。

1945年3月6日，宋子文致电美国驻华大使赫尔利，希望立即赴美会见罗斯福总统。美国答复是：罗斯福总统认为，"从现在到旧金山会议之间的时间太短，不能进行有效地商议；此外在旧金山会议之前一位外长的来访会引起其他有关国家外长的误解，从而使事情复杂化"，并以此为由拒绝了宋子文的赴美计划。

接着宋子文又于3月10日急电罗斯福的特别顾问霍浦金斯，希望他再次转告罗斯福："委员长要求我现在就赴华盛顿，与总统讨论些许极为重要而机密的事项，这些事项关系到加速战争的进程和改善国际关系。对中国而言，现在从总统那儿获得建议是至关重要的。我将作为行政院代院长而不是外交部长前来。在雅尔塔三大国会议上，总统已与其他两国的首脑和外长们会谈过。既然中国没有出席，我认为现在前来有助于我们在中国战争中的努力，有助于旧金山会议四个发起国之间的关系。"

但美方仍拒绝宋子文赴美。

蒋介石急得如热锅上的蚂蚁，四处派人打探。

3月12日，罗斯福在中国驻美大使魏道明的追问下，曾透露斯

第二十六章
赴苏使者

大林在雅尔塔会议上对外蒙古、东北铁路和不冻港大连提出了要求。但是，罗斯福只字不提美苏英已就远东问题达成了协议。显然他也觉得愧对中国。

不日，罗斯福撒手黄泉病逝。继罗斯福之后出任美国新总统的杜鲁门也同样恪守前任的口吻，不愿意把《雅尔塔协定》的内容告知中方。

5月10日，美驻华大使赫尔利在国民政府逼迫下，从重庆电告杜鲁门：罗斯福总统曾委托他把《雅尔塔协定》告诉蒋介石，蒋已从魏道明处得知了除外蒙古之外的全部内容。他建议向苏打招呼并向蒋告知《雅尔塔协定》的全部内容。但杜鲁门电复赫尔利，指出："目前就由你来向中国政府提供任何消息都是不合适的。"

杜鲁门总统在给赫尔利大使致电后，于5月26日急派霍浦金斯赴苏与斯大林面谈。双方协定：一是通知宋子文于7月初到达莫斯科，由苏方直接向宋提起《雅尔塔协定》；二是宋到达莫斯科后，再由赫尔利大使将《雅尔塔协定》的内容正式通知蒋介石。

明人不做暗事，这样安排，显然是要迫使中方在没有任何准备的情况下，接受《雅尔塔协定》的全部条款。

可是不到7月，蒋介石从赫尔利大使那里私下了解到《雅尔塔协定》的全部内容。

5月23日，蒋介石又致电在美的宋子文，要他向杜鲁门面陈国民政府的基本意志。出于无奈，这时杜鲁门才于6月9日在华盛顿会见了宋子文，把《雅尔塔协定》的内容告诉了他。并说："为防泄密，暂不要把内容转告蒋委员长。"

宋道："看了协定，关于远东的条款用词含糊，对某些问题未做出明确的规定，如不事先澄清，对中国甚为不利。"

杜鲁门道："如有什么具体意见，可以书面提出，我们再做商讨。"

宋答可以。

6 月 11 日，宋子文向杜鲁门出示书面意见，共有六点：

一、外蒙古的"现状"可以有多种解释；

二、对有关库页岛的条文感到满意；

三、关于辟大连为自由港，中国的主权应得到承认，该港的行政管理权属于中国；

四、关于租借旅顺港，不得援引日本的前例延长租借期；

五、关于南满铁路，苏联不得控制铁路沿线两侧地区并派驻军队，中国反对在满洲驻有任何外国军队；

六、如何理解《雅尔塔协定》中所载的俄国在"满洲"的"优越权益"须予考虑。

6 月 14 日，宋子文又向杜鲁门指出：在 1924 年的《中苏协定》以及苏俄同张作霖达成的协定里，苏联政府已经自愿放弃了一切特权、租借地以及包括治外法权在内的特权地位。他到莫斯科会见斯大林时，须澄清这些问题以及苏联在大连港的"优越利益"这一概念的含义；在经历了中日战争的一切苦难后，中国政府和民众将坚决反对在中国恢复租借港口的制度。宋子文的这些意见，实际上表露了中国对《雅尔塔协定》的不满和对苏联的担心。

中苏会谈仍在 7 月初举行。杜鲁门于 6 月 15 日致电斯大林："宋子文今日动身经重庆赴莫斯科，他将于 7 月 1 日前到达莫斯科，就《苏中协定》进行具体讨论。"

明眼人一看便知，美国插手《中苏协定》，无疑是美国在远东与苏方达成一种妥协的默契。

宋子文作为行政院长兼外交部长，到达莫斯科的第二天，就与斯大林吵了起来……难怪宋子文无法冷静。

斯大林要求中方同意外蒙古独立，宋子文加以拒绝。《雅尔塔协定》中有关外蒙古的"现状"应予维护的字句中的"现状"一词如何解释，分歧尤大，争论尤烈。

会后，宋子文立即致电蒋介石，拟具打开外蒙古问题僵局提出三项方案：

一、与苏联订约，在同盟期间，准其在外蒙古驻兵；

二、予外蒙古以高度自治，并准苏联驻兵；

三、授权外蒙古军事、内政、外交自主，但与苏联各苏维埃共和国及英自治领土，性质不同。

蒋介石于 7 月 6 日复电宋子文，拒绝承认外蒙古独立，但保证给予外蒙高度自治权。

宋子文在得到蒋介石的指示后，于 7 月 7 日与斯大林进行了第三次会谈。在第三次谈判中，宋将中方意见传达给苏联代表。

苏方代表问："何谓高度自治权？"

宋解释说："外蒙古将来可享受内政外交和军事的自主，外蒙获得高度自治权后，可以运用外交自主的原则，与苏联成立协定，如运用军事自主的原则，可以让苏联驻军，如此，同样可以达到苏联的目的。"

苏方在这次谈判中，继续以"出兵攻日"做它的王牌，而以外蒙独立、东北的特殊权益做它的交换条件。所谓的"中苏友好同盟条约"必须在上述问题获得满意的解决以后，才可以成立，苏联才可以出兵。这时离杜鲁门、丘吉尔、斯大林会谈的日期已近，斯大林特别推迟赴德日期，以候中国方面的正式答复。

美英出于本国的利益考虑，极力赞同苏联的条件。在各方面的压力下，蒋介石便向宋子文发出电文说："中国政府今愿以最大之牺牲与诚意，寻求中苏关系根本之解决，扫除今后一切可能之纠纷与不快，借获两国彻底之合作，以完成孙总理在日与苏联合作之遗志，中国最大之需要为求领土主权行政之完整，与国内真正之统一，于此有三项问题切盼苏联政府予以充分之同情与援助，并给以具体而有决心之答复。问题如下：

一、东北领土主权及行政之完整……兹为中苏共同利益计，中国准备共同使用旅顺军港，大连辟为自由港，期限均为 20 年。至旅顺之行政管理权，则应属中国，以期中国在东北之主权行政真正完整。中东及南满两路之干线（合称为中国长春铁路）可与苏联共同经营，利润平均分配。至铁路所有权应属中国，铁路支线及铁路本身以外之事业，均不包括在共同经营范围之内，期限均为 20 年。

二、……阿尔泰山脉，原属新疆，应仍为新疆之一部。

三、中国共产党有其单独之军事及行政组织，因之，军令政令未能全归统一，深盼苏联只对中央政府予以所有精神上与物质上之援助，苏联政府对中国之一切援助，应以中央政府为限。

四、外蒙古问题为中苏两国关系症结之所在，为中苏共同利益与永久和平计，愿于击败日本及上述各项由苏联政府接受之后，准许外蒙古独立，为避免将来纠纷起见，拟采取公民投票方式，投票以后中国政府当宜宣布外蒙古之独立。关于外蒙古区域之范围，应以原疆界中国之地图为准。中国政府深望苏联政府能明了中国政府极大牺牲与诚意，切实谅解，借以获得两国永久而根本合作。"

正当谈判僵持不下的时候，宋子文接到指令，当场向苏方代表阐述了蒋介石的指令。再次向苏方表明中方立场，说："割弃领土之痛苦，中国牺牲之重大，无有补偿，无法向国人交代。"

苏方代表见中方有所缓和，立即答道："关于东北，愿作任何中国所希望之声明，苏联承认中国在"满洲"之完全主权。关于中国共产党，苏方不予支持，将来亦无支持之意向。苏方援助应给中央政府，以往既系如此。"

然而，这次会谈后东北问题并未因领土主权完整的被承认而得到解决。在此前会谈中，苏联要求铁路经营与旅大特权的期限为 40 至 50 年，同盟期间为 20 年，而蒋介石只答应均为 20 年。苏联认为太短，要求改为 30 年，并为国民政府同意。其次双方争论的焦点是铁路管理、旅大管理与旅顺军港附属地之范围等。

关于大连问题，苏联提出享有港湾专用的特殊权利，两国共同管理，盈余均分。国民政府承认第一点，指定若干码头仓库，租予苏联，并给予免除租税之便利；对于第二点，则以已承认领土完整的原则拒绝之。

关于旅顺问题，苏方要求军港由苏联管理，附属区之行政官吏，中国须征得苏联同意方可任命，并要求旅顺附近的缪岛、雷岛不设防。国民政府只允许旅顺军用港共同使用。

铁路的经营，苏联要求设理事会，理事十人，中苏各半。理事长华人，铁路长苏人。但国民政府只允许中东路之理事长为华人，铁路长可由苏人担任，而南满路之理事长应为苏人，铁路长应为华人。

谈判像场拉锯战，一直持续到 7 月 12 日的第六次会谈。后因斯大林和他的外长，急着赴德参加三国首脑会议，会谈不得不暂告一段落，双方共同发表了一个公告，宋子文便由莫斯科飞回了重庆。

公告声明：

> 在过去数日，苏联人民委员会委员长斯大林、外交人民委员会委员长莫洛托夫与中华民国行政院长兼外交部长宋子文氏在莫斯科进行了谈话。以下人员参加了谈话：苏方为外交人民委员会副委员长洛索夫斯基、苏联驻华大使彼得罗夫；华方则为外交部次长胡世泽、中国驻苏联大使傅秉常与蒋经国氏。谈话目的在改进中苏关系。因此，有关双方的重要问题，均曾提出讨论。谈话在友好的气氛下进行，并显示极大之相互谅解。谈话以斯大林及莫洛托夫须离苏参加三国会议，宋子文须返重庆数日而告中断。惟在最近将来，谈话将继续举行。

美、英、苏三国首脑的历时 17 天的波茨坦会议，于 8 月 2 日结束。

宋子文一行重抵莫斯科，谈判继续进行。

不过经过前六次的会谈，双方似乎更冷静了。

这时，斯大林明确表态，不把大连港及相连的铁路划入苏军事区，但也不同意宋子文的意见，把大连置于中国行政管理之下，可向苏方出租部分港区作商业用途。斯大林坚持建立一个双方有同样名额的委员会共同管理大连港和大连市。此外，苏方还提出，在苏占领区，应将包括企业在内的一些日本资产视作苏军的战利品。这些问题，宋子文均予拒绝。

并非拒绝，他要想再听听主子的意见。于是会后又紧急致电蒋介石："苏方对于大连行政，似将坚持苏方必须参加管理，关于此问题，苏联等拟于必要时为权宜之拒纳，因苏以对日宣战，形势趋紧，不容此事牵延。"

8 月 11 日蒋介石回电道："大连问题名义上须为自由港，其与海军有关此事准由尔等权宜决定。"关于外蒙古之事，蒋又道，"对于外蒙古及其他未决事项，准授权尔等权宜处置。"

有了这副"安心丸"，宋子文心里算有谱了。

天有不测风云。

恰在谈判节骨眼上，国际反法西斯战争发生了戏剧性的变化。8 月 6 日和 9 日，美国分别在日本广岛、长崎投下了两枚原子弹。这一新式武器具有 2 万吨 TNT 的威力，较英 11 吨"地震式"炸弹的爆炸力多 2000 倍。

白宫的报告说："此项原子弹的装备，是英美科学家与德国科学家从事此项工作时所共同发明的。"杜鲁门总统说："我们在此项历史上最大科学赌博中，已耗去 20 亿美元，终于获胜。新炸弹对破坏工作开辟了一种新的力量，以补充这逐渐增长的对日力量。现正准

第二十六章
赴苏使者

备迅速而彻底地破坏日本任何城市地面上的每一个生产机构，并将摧毁其所有船坞、工厂及交通。我们将彻底摧毁日本的力量，以获得胜利。"

两颗蘑菇云的烟雾还没消散，斯大林已看出了端倪，急于向日出兵宣战，这无疑对日本是雪上加霜。

一周之后，苏联军队已抢占了大连、旅顺，并牢牢地控制了东北。苏军以迅雷不及掩耳之势，打乱了日本多年布防的东北防线，加速了日军投降的日程。

日本外相在内外遭受双重打击的情况下，8月10日向苏联驻日使馆交上了投降书。

世界性的反法西斯战争的全面胜利，是献给中苏会谈的厚礼。在此基础上，中苏双方在友好的气氛中顺利地签订了《中苏友好同盟条约》《关于中国长春铁路之协定》《关于大连之协定》《关于旅顺之协定》《关于中苏此次共同对日作战苏联军队进入中国东三省后苏联军总部与中国行政当局关系之协定》。并向世人做了公布。

《中苏友好同盟条约》全文共分八个部分，简摘如下。

一、中苏友好同盟条约。此约签订目的，在求中苏共同对日作战至完全胜利为止，并求防止日本再度侵略。条约中规定，如他日任何一方再被日本攻击，他方即予军事援助。至于缔约国在联合国宪章下所有之权利义务，则不受本约之影响。本约有效期30年。

二、苏联对华三项声明。第一，苏联声明，给予中国以道义的军需的及其他物质上的援助，此项援助完全给予中国中央政府，即国民政府。第二，苏联重申尊重在东三省之完全主权及领土行政之完整。第三，苏联声明，对于新疆问题，苏方无干涉中国内政之意。

三、外蒙古问题。中国政府声明，日本战败后，外蒙古如依公民投票证实其独立愿望，中国当承认外蒙古独立。苏联声明，苏方将尊重外蒙古之政治独立与领土完整。

四、关于中东路及南满路问题。中东及南满两路之干线（合称为中国长春铁路）由中苏共同经营，以 30 年为期，期满无偿归还中国。该路纯为商业性质之运输事业，其路务由中国政府组织。除中苏两国共同对日作战期外，该路不运苏联军队。

五、关于大连问题。中国政府宣布大连为自由港，对各国贸易航运一律开放。大连一切行政权属于中国，惟港务长由苏籍人员担任，开放期定为 30 年。

六、关于旅顺问题。在中苏旅顺协定有效期间 30 年内，以旅顺口为中苏共同使用之海军根本地。该地区民政归中国管辖。在该区域内设立中苏军事委员会，以处理有关共同使用等问题。

七、苏军进入东三省后之行政问题。中国政府派遣代表及助理人员在已经收复区内设立行政并指挥之。国民政府并派军事代表团，驻在苏军总司令部，以资联系。

八、苏联军队撤退问题。斯大林声明，在日本投降后三星期内开始撤兵，最多三个月内苏军全部自东三省撤退。

第二十七章

残局难收

    1947年3月1日，宋子文不得不辞去行政院院长一职，并在国民党中执委常委改选中落选。说实在的，宋子文也有一肚子意见。说破了，一切后果都是老蒋反共打内战造成的。

1945 年 9 月 2 日，这是个可喜可庆的日子。

丽日高照。东京港湾，风平浪静，蔚蓝色的大海显得格外温柔、祥和，海鸥在大海的上空追逐飞翔。

蓝色的海面上，停靠着一艘美国密苏里战舰。就在这艘战舰上，日本正式签署了投降书。

就世界而言，一场国际反法西斯战争以胜利告终；就中国而言，一场抗日战争结束，而另一场战争正在孕育。

日本垮台之快令蒋介石及其政府毫无准备。

埃里克·周在他的回忆录里写得明白：

> 1945 年 8 月份的时候，他是天津市长萧振瀛的秘书。15 日这一天，萧振瀛正在他的乡下别墅里与当时国民党的总参谋长陈诚将军及另外两个人打麻将。这时，电话铃响了。电话是总统官邸打来的，要找参谋长。
>
> 陈诚从麻将桌旁站起身来，嘴里嘟嘟囔囔地抱怨电话打的不是时候，搅乱了他们的牌局。其他人在一旁听着，试图从陈诚的反应中猜出谈话的内容和老蒋的动态。但是他只反复说："是，是。"放下听筒之后，他转过身来，突然大声说道："就是，为什么日本人非得今天投降？现在我要去参加胜利游行了，偏赶在我玩得正带劲的时候。"其他人都说："就是，胜利来得太快了，我们还没有来得及做什么准备呢？"萧振瀛市长显得比其他人更为兴奋，他说："不信等着瞧吧，接管东北将是我们最头痛的事。"
>
> 果然，在随后的几天中，他的乡村别墅门庭若市，东

第二十七章
残局难收

北来的政客络绎不绝。除了萧振瀛之外，大家都一致认为应该释放少帅，并请他出任东北的最高统帅。他们的主要理由是，在东北没有人能像张学良那样受人拥戴。

转年 1 月 6 日，萧振瀛市长又突然接到一个电话，说行政院长宋子文要由北平赴天津"视察"。萧振瀛放下电话，便去吩咐秘书准备，这时飞机里传来今日短讯和播音：

"宋院长在北平已经完成他大部分的工作，明天就要到天津去。那里大沽新港和几个大工厂，将是他视察的主要目标。宋院长在平一周，办了两件大事：邮电加价暂缓实行。如果按照全国一律的价格，华北人民将以两块钱送一封信，变成二十元送一封信，新闻记者拍急电到上海去将从每字八角跳到两元，一旦实行，将对物价的影响不问可知。他成立代表最高权力的政院办事处，解决接收中不合理的现象，一个大门只准贴一个封条，而且还要迅速地把这一个封条撕掉，让里面的马达转动起来。"

当时，日本宣布投降时，宋子文还在苏联。他是 1945 年 8 月下旬回国的。秉承蒋介石的旨意，主持了接收敌伪物资事宜，乘机膨胀国家资本和官僚资本，配合国民政府在政治上坚持独裁内战、在军事上抢占战略要地、在经济上则派遣大批官员接收敌伪物资，趁机掠夺人民财产。

日本投降签字的第三天，国民政府决定，在陆军总部之下，成立党政接收委员会，由何应钦任主任委员，谷正纲、肖毅肃为副主任委员。各战区、各省市亦相应设立党政接收委员会。

在宋子文的请示下，蒋介石于 1945 年 10 月批准，成立行政院收复区，全国性事业接收委员会由行政院副院长翁文灏负责。各省市相应设立敌伪物资处理局。

接收敌伪物产，实际是天上掉馅饼的好事，个人都有好处，大家都急着去做。而宋子文将原来内定"陆军总司令"何应钦主持的敌伪产业处理大权，收到了行政院，气得何司令顿脚骂娘。而宋子文则不管那一套，我行我素。事实上何应钦也并没有放弃这块"肥肉"。

这样，形形色色的接收大员马上涌入收复区执行任务，犹如蚂蚁行雨一般，接收南京、上海、北平和天津。这些前来作威作福的"解放者"，像贪婪的饿狼一样，突然骑到人们的头上。他们毫无同情心，脑子里根本没有一点恢复重建的概念。所有的东西都要没收：房子、车子、条子（黄金）、女子、票子等。被人们讥讽为"五子登科"。尽管宋子文没有也不可能改变国民党接收大员们"五子登科"的贪污舞弊现象，但是仍然为蒋介石聚敛了一批打内战的财富。

曾为日本人工作过的人均要逮捕入狱。但是，只要他们肯拿出财物和金银贿赂，往往就可以被保释，或免遭逮捕。那些为汪精卫政权卖过命的人，他们的亲戚朋友也都受到了牵连。这些人的贿赂往往容易奏效，可以使其免受铁窗之苦。

不光是重庆的官员从接收工作中发了大财。当时，有一位英国官员，他每周坐飞机于重庆和上海之间往返一次，把成箱的中国钞票带到上海，以官方汇率兑换外币。经过几个来回，他就赚了10000美元，随后便辞去了官方职务。此人在担任"盟国"官员期间，在上海市原来的法租界中还占了两幢漂亮的洋房。据说他离职去香港享清福时，卖掉了房子，又得到了一大笔钱。

此外，还有一个当时在美国新闻处工作的人。据说，此人借美国新闻处的名义收买财产管理局——"接收"机构的一个分支，搞了12幢空房子。这些房子都在虹口区迪斯威尔路边的一条小街上，原来住的是上海的日本人。一般来说，这种带花园和阳台的英式三层洋楼，每幢都应收200盎司黄金，作为有关的费用。但此人却分文不花，就搞到这些房子。他挑选了一幢最好的留给自己住，其

第二十七章
残局难收

余的便让他的朋友分享了。在上海人的眼中，那些英国官员与在美国新闻处工作的人，都属于"重庆来的官员"。

当时，有几句民谣甚为流传，连孩子们都会唱：

> 想中央，盼中央，
> 中央来了更遭殃。

过了一段时间，就轮到东北了。那些接收人员拿走了车间里的工具和医院里的设备，而这些东西不久便出现在街头小贩的货摊上。住宅和办公楼的房顶、门窗和水管也被洗劫一空。

台湾的情况也和东北一样，在这个日本帝国最富饶的殖民地上，成群的国民党人为了私利而大肆掠夺；分赃不均还动手在大街上打起架来。

在所有的这些地方，国民党官员的所作所为震惊了当地的人民，使他们对国民党更疏远了。"中央政府"这个词在普通老百姓的口中带着轻蔑的含义。过了不久，那些为政府工作的人也不愿提及自己的身份了。

可想当时的情况真是混乱之极。

蒋介石对这些暴行置若罔闻。

宋子文则睁一眼闭一眼。

蒋介石策划于密室，因为美国人要他去拥抱不共戴天的对手。他准备以某种方式来满足美国的要求。而宋子文则似乎不问政治，乘机为蒋介石敛财。

作为行政院长，要承担起这么大的家业，自然要奔波不止。

1945年10月11日深夜2点。宋子文一行乘坐火车正点到达上海东站。迎接他的上海市要员们，迎着寒风早已在站台等候。宋子文以"遵照总裁谕令"的口吻，限各国民党机关及军队三日内将所有接收封存的物资，开列清单向他报告。同时，命令敌伪产业处理

325

处，接收各机关所封存的物资。

宋子文在上海住了三天。上海可以说是宋的根据地，这里的官员们多是他一手提拔起来的，很使他放心。最不放心的是上海以外的地区，如北平、天津、青岛、广州等重点地区。于是他便从上海起身前往北平等地。

北平的居仁堂，一座豪华的皇宫。

12月31日，这里聚集着平津地区国民党三十余位军政要员，一个紧急动员会议在这里召开，中心议题是"调整接收处理事项"。主持会议的是西装革履、神采奕奕的宋子文。他目扫会场一周，开口先讲了国内局势，布置接收任务和措施，然后讲了几点要求。要员们一个个全神贯注，不少人还掏出笔记本记了起来。宋子文的话还没讲完，外面的轿车已发动，在等他去参加另一个会议。

1946年1月1日，一元复始，万象更新。

宋子文在北平发表演说，宣称要"对内力谋恢复交通，稳定物价；对外确定汇率，发展国际贸易"。转天，也就是1月2日，宋子文又设午宴招待全体在北平的参议员，听取各方意见，谋求各方支持。

按当时人说，接收是一块肥肉，令不少人垂涎三尺。实际上也是国民党内各派系权力和物质的再分配。可想而知，宋子文在北平的这段时间内，多少人在找他。用他秘书的话说：出门有人拦，吃饭有人找，夜里有电话。根本无暇出门，几乎全天都待在居仁堂，最后连重要会议也搬了过来。

就这样，宋子文在北平完成了他该进行的工作，于1946年1月7日，驱车到了天津。萧振瀛市长陪他召开了会议，陪他视察大沽新港，陪他在天津卫逛了几条小街，品尝了风味小吃，陪他参观了几家大的工厂。

宋子文一再强调，一定要使工厂的烟筒尽快地冒烟，转入生产。

第二十七章
残局难收

政治问题最终是个经济问题，解决不了就出乱子。此时，作为美国哈佛大学毕业的经济学博士宋子文，已经在视察的过程中，看到了人民的生活水准、通货膨胀和潜藏着的经济危机。

经过宋子文的紧张活动，平津地区共有163个工厂改由国民党政府经济部重新接收。据在国民党六届二中全会上，行政院公布的数字，共接收敌伪物资价值6200亿元之巨。其实这个数字已被大大缩小了，因为大量的敌伪物资在接收过程中，被接收大员鲸吞、隐匿、变卖了。然而，这些隐形的东西是无法看到的。国民党的腐败在这时公开化，有些人为了钱连脸都不要了。

据统计，在对敌伪产业的接收过程中，尽管贪污舞弊现象十分严重，以至于人们讥讽为"劫收"，但是宋子文仍为蒋介石政权聚敛了55.3492万两黄金、763.9323万两白银、37.1783万枚银元、1570万美元和2.65443万英镑。另外，各城市还陆续上缴处理敌伪产业所得收入。仅平津地区，便上缴所得收入1000亿元。四大家族官僚资本集团在"接收"的名义下，攫取了日伪榨取中国人民血汗聚敛的巨额财富。

宋子文还利用划归行政院的资源委员会，控制了全国的钢铁、厂矿、石油、有色金属、电力、机电、化工等行业，并扩展到水泥、糖、盐和造纸工业。还成立了中纺公司，接管了日本在华全部纺织设备。他还在资金、原材料、燃料动力等方面大力扶植上述为国民党政府直接控制的企业。这样，国家资本和官僚资本以空前的速度迅速膨胀，众多的民族工商业则日益陷入困境。

宋子文指令财政部以大大压低币值的伪币收购办法，对各阶层人民进行残酷的掠夺。1945年9月26日，国民政府财政部公布《伪中央储备银行票收换办法》。前者规定流通于华北沦陷区的伪币银券5元兑换法币1元，并规定限期、限量兑换。按照当时这些地区与国民党统治区批发物价总额比较，这两种伪币与法币的实际比值分别约为 35：1 和 0.5：1。据有人估计，仅通过这种掠夺式的货币兑换手段，国民政府就从"收复区"人民手中攫取了 2 亿美元之巨。

国民党的腐败在"收复"中加剧。

国民党的通货膨胀在"打内战"中到达顶峰。

金圆券的贬值使人民绝望。"想中央盼中央，中央来了更遭殃。"便是当时最生动、最典型、最形象的写照。

在金圆券调整贬值的日子里，贬值的物价不但早晚不同，甚至一小时内都不同。市面商店本来挂上牌子，上写"目下一言为定，早晚市价不同"，后来变动太大，价目表要随时改贴。人们在饭店吃碗面，进门的价钱和出门时就不一样。前一次价目表上的墨汁还没干，新的价目表又贴上去了。这种怪现状，真是两千年所未有也！

国民政府摆不平经济财政的当儿，忽然念头转到老百姓头上。它公布了《财政经济紧急处分令》，宣告改行金圆券制。紧急处分令包括下列四种办法：

一、"金圆券"发行办法十七条；

二、"人民所有金银外币处理办法"十五条；

三、"中华民国人民存放国外外汇资产登记管理办法"十五条；

四、"整理财政及加强管制经济办法"十三条。

这些办法内容包罗一切，举凡财政收支、军士待遇、税制税率、工资物价、金银外币、贸易外汇、工商生产、金融税率、人民资产，全部在内。

从货币学观点看，金圆券的发行，根本是违背金融基本原理的。国民政府在根本没有现金银准备的情况下，大肆发行，是典型的卖空；收兑黄金美钞，又是典型的买空。

金圆券存兑限制办法实施后，存兑人数及申请存兑人数越来越

第二十七章
残局难收

多。每日上海黄浦滩中央、中国、交通三家银行门前，自清晨至傍晚，群众拥挤不堪，现象十分恶劣，终于发生挤毙人命现象。政府遂不得不又暂时停止存兑数日。

后来，上海实行戒严宵禁，挤兑黄金时，老百姓只好在头天晚上，藏身在黄浦滩四周，或匿在巷里，或藏在舢板内，等待清晨 5 点的解除宵禁。清晨 5 点一过，黑压压的人山人海，就从四面八方蜂拥中央银行等门前，争取优先兑换。顿时万头攒动，水泄不通。上海警察局派出精锐部队——"飞天太保"骑在马上，挥动皮鞭打人，可是都无济于事，每天被挤死踩死挤伤踩伤的现象随处可见。

金圆券的命运是可以想象的。其贬值速度之快，不下于法币崩溃前两个月的情形，物价在改币前十一周之内，每周上涨率在 5% 之间的，仅有一周。每周上涨率在 10% 至 15% 之间的仅有一周。其余八周均在 20% 以上，最高达 40%。有时一天之内，可激涨二三成。也就是表示金圆券的币值，惨跌 200% 左右。

人民不满于国民政府，蒋介石只好继续坚持独裁统治。

1946 年 3 月 1 日，国民党在坚持内战的同时，在重庆召开了六届二中全会。这次会议历时 17 天，可谓一塌糊涂。

3 月 9 日那天，宋子文强打精神做政府报告。名曰政府报告，实则是经济检讨报告，宋子文企图通过这一报告，平息国民党内对他的攻击。可事与愿违，激起了许多人的当场不满，喝起倒彩来。

宋子文报告完毕，各参政员提出书面和口头质问案 65 件，令宋子文无法解释，同时也暴露了四大家族及其亲信的罪恶行为。事实上，不论国民党中央怎样责难宋子文对"财政经济多有失职"，也不论参政员们如何讥讽宋子文，此时的行政院长宋子文，纵然有天大的本事，也无法改变国民党政权财政危机的形势。

1946 年 3 月 20 日，宋子文在南京的一次记者招待会上，曾再一次流露出对财政经济"没有办法"的心态。

宋子文回答说："本人一向乐观，且对国家前途具有信心，但能双方让步，定可获得结果。"

有的记者问："停战期间，和平仍无望时，又将如何？"

宋子文答道："望爱国心高于一切，在无希望中寻找希望。"

在这次招待会上，宋子文一再说："没有和平，财政、经济整个都没有办法。"

这种说法，引起许多记者不满。有的记者一再追问："如和平不能实现，就绝对无办法吗？"在记者们的追逼询问之下，宋子文只好说："尽量想办法而已。"

从此，随着国民党政权将内战之火越烧越旺，国统区的经济状况也日趋恶化。黄金风潮的爆发，再度导致了宋子文下台。

1947年3月1日，宋子文不得不辞去行政院长一职。之后，他又相继被免去了行政院绥靖区政务委员会主任和中央交农四银行联合办事处理事会副主席的职务，并在国民党中执会常委改选中落选。

说实在的，宋子文也有一肚子意见，他老蒋不打内战，财政能有这么多不治之症吗？说破了，一切后果都是蒋介石打内战造成的。

第二十八章
宦海沉浮

　　也许1800亿元成了宋子文的政治资本，有了资本蒋介石好说话了。恰好在宋子文捐款不到一周，喜从天降，国民党行政院便通过了"宋子文为广东省政府委员兼主席"的任命令。

　　宋子文下台，接任行政院院长职务的是张群。

　　张群和宋子文比较，如果说宋是个强硬派，那么张群显然是个温和派。他风度翩翩，温和稳健，在美国人中也有点儿名气，是个半路出家的基督教徒。他除了有点儿能力外，待人十分和蔼谦虚。

　　他不像宋子文那样我行我素，他十分清楚蒋介石需要什么，他做事的首要原则就是遵从蒋的意志。在组阁期间，为了表明自己真心要结束国民党的"训政"时期，张群分给青年党4个"内阁"议席，民主社会党2个议席，独立派2个议席，国民党14个议席。可谓皆大欢喜。

　　花开花落。

　　宋子文似是被人们遗忘的人，但宋子文又是不被人们遗忘的人。人们一想到"黄金风潮"，一看到市场物价的飞涨，想想自己的钱袋，便开口骂娘。似乎在人们的印象里，全国通货膨胀与宋子文是同义词。

　　宋子文离职那天，情绪极为不好。他不想见人，也不想为自己说一句话。只有理解他的妻子张乐怡在旁偷偷地抹眼泪。她理解丈夫胜似自己啊！

　　宋子文两天不吃饭，可急坏了妻子张乐怡。于是张乐怡又请来了宋美龄做工作，开导宋子文。

　　宋美龄来了，她能说什么呢？她对长兄的下台心里十分清楚。若不是宋美龄在老蒋跟前庇护，宋子文早就下台了。老蒋是不喜欢宋子文的，只是出于对夫人的尊重，抑或宋子文的才华。

　　宋美龄走出宋子文的房间时，正碰上美国大使司徒雷登上门造访，便说："他们把我哥哥当作替罪羊了!"

宋子文究竟是谁的替罪羊呢? 宋美龄却没有说出来。只说句: "你能在这时看望我哥哥，说明你还是我哥哥真正的朋友。"

司徒雷登莞尔一笑："我们本来就是好朋友。"

宋子文心里很窝火。

通货膨胀是事实，人们骂他也应该。可是他为了谁? 蒋介石每天要军饷，要票子打内战。他只能铤而走险啊!

黄金风潮使他潮起潮落，然而，他又不后悔这些。真正的责任在谁? 是政治所致还是经济所致? 宋子文心里比谁都清楚。以前他确实是为主子的政治卖命，一心钻进钱眼里去了，没想到处处有陷阱。想到这里，宋子文就想哭，仿佛一哭才痛快。不过在妻子的面前，他不敢把眼泪掉下来。现在虽不是国家的顶梁柱了，但毕竟还是家庭中的顶梁柱。如果说女人的痛苦可以流眼泪，而男人的痛苦只能把泪流进肚子里。

事情并不是像常人所想。尽管宋子文已辞去行政院长一职，但国民党内的 CC 反对派仍主张痛打落水狗——彻底清查宋氏官僚的贪污劣行; 立法院许多议员要求宋子文说清楚。这更使宋子文狼狈不堪了。

他出席一次说清楚会议，指责使他无法忍受，不得不以病由中途退出。

宋子文离职的第 22 天，即是 1947 年 3 月 23 日，在国民党五届二中全会上，CC 派的国民党中央委员黄宇等人私下活动，搞了个 100 人提案。主旨是"恳请政府迅速切实惩治黄金风潮案负责人宋子文、贝祖贻及其部属，并彻底查清官办商行账目，没收贪官财产，以肃官箴，而平民愤"。

国民党中央将此案转交监察院执行。监察院又认真起来，派了何汉文等四位监委去查核。经过一番调查，监委们又将宋子文在外汇上的贪污的情况，写成调查报告公布，并且决定死老虎当成活老虎打，第二次对宋子文提出弹劾。

新闻界也不甘落后，一时宋子文的丑闻不时见诸报端。《中央日报》及其他报刊，连篇累牍地介绍，外加花边新闻，使宋子文无法出门。

尽管人们热血沸腾，"弹劾案"叫得震天价响，似乎宋子文明天就可以逮捕入狱。在这期间，明眼人站出来说话泼凉水了。他就是中央银行副总裁陈行先生。他说："不管怎么样，宋子文总是蒋介石的娘舅亲，不会让他过不去，今后还是要用他，我们犯不着做恶人。"

人们一想不无道理，于是"弹劾案"暂告一段落收场。

宋子文在"弹劾案"的这段时间，也着实出了一身冷汗，自从小妹宋美龄来了后，他心里才算有了底。

不久，果如陈行先生预言的那样。

宋子文辞职不到一个月，便被政府授予"大同勋章"，实际也是安民告示，宋子文无问题可查。

接着1947年4月，他又被蒋介石任命为国民政府委员。实际是给宋子文一点儿安慰，抑或心理平衡。

冤家路窄。

一波未平一波又起。

这年的7月11日，美国政府，亦是蒋介石政权的上司，鉴于国民党内外交困的形势，特派魏德迈先生率团来中国进行视察。

魏德迈经过11天的视察，所到之处，映入他眼帘的是工厂倒闭，商铺关门；通货膨胀；物价飞涨；前线军心不稳，纪律松弛；社会混乱，民怨沸腾。

魏德迈的火终于憋不住了。

8月22日，他视察完一家军工厂后，对孔祥熙、宋子文大加责难。其言辞之难听，使在场的蒋介石夫妇和驻华大使司徒雷登都感到脸红。不过，蒋介石夫妇还是忍住了。

魏德迈先是就十余天视察的所见所闻做了综合性的概述，对几个事情表示了不满，然后话锋一转，开门见山地点名批评了国民党官员们贪赃枉法、腐败透顶。他说："仅在 1947 年的头几个月，中国商人已获得的美元达 87%（计 3344969792 美元）却转属孔宋两家的两大公司——福建公司和扬子公司的手中。"

宋子文和孔祥熙二人没有申辩，此时他们已感十分尴尬。

魏德迈的话与其说是给宋、孔二人听的，不如说是给蒋介石听的。魏德迈的话点在奴才身上，实际痛在主子的心上。

事后，蒋、宋、孔、陈四大家族必然埋怨一通，然而又怪谁呢？说不上口的矛盾在他们心里积沉着，矛盾的爆发便是蒋介石政权的垮台。他们竭力维持着、沉默着，在风雨飘摇中寻找出路。

宋子文自从"弹劾案"后，他认为是老蒋庇护了他，帮了大忙，因此他对老蒋的埋怨不像先前了。蒋介石也在 1947 年 9 月在国民党六届四中全会上为宋子文做了辩解，称前段舆论界对宋子文的种种指责不符，均系诬蔑。由于蒋介石出面，此会上宋子文再度当选为国民党中执会常委。

宋子文为报知遇之恩，为恢复被新闻界毁掉了的名声，9 月 18 日，他在国民党的中央常务委员会上，当场宣布将他在中国建设银行的全部股权 1800 亿元，捐献给政府，以解决政府所面临的困难。

此事宣布后，引来大家的一阵掌声。

于是，人们把孔祥熙抬出来与宋子文比较。有人说："宋子文不贪，好于孔祥熙。"有人说："孔祥熙有钱就是不掏。"几个元老曾逼孔祥熙说："小舅子表态了，老大哥沉默了。"孔祥熙哈哈一笑完事。实际他的钱袋宋霭龄说了算，这是人人皆知的。后来又有人点宋霭龄，宋霭龄说："大弟有钱，他就掏吧，钱不是谁挣的，谁不心疼。"

民国财长
宋子文

也许 1800 亿元成了宋子文的政治资本，有了这个资本蒋介石也好说话了。恰好在宋子文捐款不到一周，喜从天降，国民党行政院便通过了宋子文为广东省政府委员兼主席的任命。宋子文的任命是在投票的基础上，以 9 票对 8 票一票之差通过的。可见人们对宋子文是有争议的，并不因为他捐了几个臭钱而原谅他。可是"几个臭钱"恰恰又帮助他比别人多了一票。

其实，宋子文应该感谢新闻界的宣传，是新闻界的先呼后应使他成功。最早宣传宋子文的是《周末观察》，在宋氏捐款后，为豪门放第一声。"为'抛砖引玉'对今后大小豪门步其后尘抱着极大的希望。"当宋子文的任职命令在社会广为公布后，《周末观察》经过冷静的思考后，方认为为他人做了"嫁衣"，重又发表见解已无补于事了。

随着宋子文任命案的通过，第二天"宋子文主粤政"的新闻便成了各地报纸的头条。仁者见仁，智者见智，莫衷一是。于是反对派再次抬头，对宋子文继续发难。不过木已成舟，已成定论。赞扬者亦大有人在。

南京《中央日报》大肆吹捧，说宋氏以前曾任行政院长，如今愿出任一个地方官，这种不论地位的风度，堪与宋朝寇准以宰相出任知陕州一事相媲美。

在《中央日报》的宣传下，上海的《大公报》也不甘示弱，大唱赞歌。说宋氏主粤是政府准备在各省以文人主政的先声，又说"宋子文是一位著名能干的人"。

不过亦有不少新闻报刊表示沉默：无有先前的热情了。

1947 年 10 月 1 日，宋子文赴粤，要走马上任了。

就在这个时候，蒋介石已下决心与共产党进行决战了。

就在这个时候，中国共产党亦把 15 万军队渗透到中原的五六个地区了，摆开架式，接受挑战。这虽然没有对国民党的政治中心造成直接威胁，但却使蒋介石不得不把他的大部分战备后备力量保留在长城以南地区。

中国共产党战略反攻的情报，一个个转到蒋介石面前，令蒋介石不寒而栗。于是在宋子文前往广东主政时，蒋再三嘱咐宋子文："广东就是我的财源了。"

又说："今年3月，罗卓英已经由我批准，与美国潘宜公司老板'订立了接纳美资办法30条'，允许美国在广东投资经营11个项目。事情进展不快，你到任后要抓紧进行。"

"好的。"宋子文回答。

因此宋子文在赴广东之前已有了任务，那就是积极拍卖广东资源，以换取美元支持蒋介石进行内战。

宋子文到任的第二天，便积极投入了这项工作。

且看他的日程安排：

10月2日，即同美国煤油大王的孙子洛克菲勒商谈广东开矿的设备问题，尽早落实；

13日，同潘宜公司的代表接洽原定生产和黄埔港的建筑，尽早动工；

15日，设宴欢迎美国驻华大使馆参赞，交换"对华南商务意见"，表示通力合作；

16日，宋子文决定将原海南所存铁矿石的一半启运日本，换取日元；

1948年1月，宋子文同政府资源委员会委员长翁文灏商谈华南工矿问题。他们发表声明，决定用美国资金、美国器材、美国技师，由美国人监督在广东建立电厂、煤矿、糖厂、铁矿等。

......

　　然而正当宋子文为蒋介石觅寻财源打内战的时候，由中国共产党领导的中国人民解放军全面反攻的号角已经吹响，向全国人民发布了《中国人民解放军宣言》，提出了"打倒蒋介石，解放全中国"的口号，以摧枯拉朽之势，百万雄师下江南。在"两广"地区，人民解放军在当地人民的支持下全民皆兵，展开了英勇的斗争，使宋子文出卖国家资源的如意算盘全部落空。宋子文在广东主政一年多，除了修了黄埔港、黄埔及粤汉通埔的铁路支线外，其他全部化作泡影。悲哉！哀哉！

　　中国人民解放军的隆隆炮声，已日益逼近了广州。宋子文见势不好，便与妻子张乐怡商量逃离大陆的事了。

逃离大陆

　　宋子文终于登上了"大鹏"，从香港飞回了广州，重回广州望风。宋子文下了飞机，便神秘地住进了其弟宋子良的私邸。不晓得被哪位新闻记者发现，对其重回广东，做了种种推测的报道。

这是一天傍晚。

夜黑如墨，阴霾的天穹下着秋雨。沙沙的秋雨声，宛如大自然的乐曲，如歌如诉，叮咚作响，美妙绝伦。

位于东山的宋子文的别墅，正处在这种自然音乐的包围中。

宋子文对沙沙的秋雨声常有亢奋感。可是今夜的雨声已使他亢奋不起来了。夫妻俩围着一架美国收音机，静静地在收听中国人民解放军的前线报道。

中国人民解放军在辽沈战役结束、淮海战役正在胜利发展之际，东北野战军和华北军区第二、第三兵团共 100 万人，联合发动了平津战役。平津战役历时 64 天，共歼灭和改编国民党军队 52 万余人，基本上解放了华北全境。在绥远，有意地保存下的一部分国民党军队，经过相当时间，在董其武率领下通电起义，接受改编。

辽沈、淮海、平津三大战役，无论是战争的规模或取得的战果，在中国战争史上都是空前的，在世界战争史上也是罕见的。这三大战役从 1948 年 9 月 12 日开始，至 1949 年 1 月 31 日结束，历时四个月零十九天，共歼灭国民党军队 154 万人，使国民党赖以维持其反动统治的主要军事力量基本上被摧毁，为中国革命在全国的胜利奠定了基础。

三大战役的胜利，是人民战争的伟大胜利。在战役进行中，解放军广大指战员发扬高度的革命积极性和主动精神，英勇机智地同国民党军队战斗；各解放区人民以无比巨大的热情，以源源不断的人力物力给予前线空前规模的支援；国民党统治区的中共地下组织和革命群众也为战争的胜利做出了贡献。当时，解放军的装备虽已

第二十九章
逃离大陆

改善，但运输条件还极差。供应前方庞大部队的需要，全靠肩挑背负，小车推送。据统计，仅为支援淮海战役，动员起来的民工累计即达543万人，向前线运送1460多万斤弹药、9.6亿斤粮食等军需物资。陈毅曾深情地说过，淮海战役的胜利是人民群众用小车推出来的。解放战争得到广大人民的热情支持，这是一个有力的证明。

又有消息说，当人民解放军渡江作战的时候，侵入中国内河长江的"紫石英"号等四艘英国军舰先后驶向人民解放军防区，妨碍渡江，双方发生武装冲突。英舰开炮打死打伤人民解放军252人。"紫石英"号被人民解放军击伤停搁在镇江江面，其余三艘英舰逃走。事后，英国政府声称"英国军舰有合法权利在长江行驶"，保守党领袖丘吉尔甚至主张派出航空母舰到中国海上"实行武力的报复"。中国人民解放军总部立刻发表声明，严正指出："中国的领土主权，中国人民必须保卫，绝对不允许外国政府来侵犯。"这个声明，表达了中国人民不怕任何威胁、坚决反对帝国主义侵略的正义立场，使长期以来饱受帝国主义欺压的中国人民感到扬眉吐气。它表明，外国侵略者依仗他们船坚炮利在中国领土上横行不法的时代已一去不复返了。

由于形势所致，宋子文常有收听"敌"台消息的习惯。作为广东省主席，他在时刻关心着全国的局势。新闻一结束，张乐怡站身把旋钮关上。两人坐在床上，又是一阵沉默。

宋子文神色沮丧。

"子文，我看我们得离开这里了。"妻子张乐怡道。

"到哪?"宋子文抬起头，表示接受这个观点。

"到美国，到台湾，或者到就近的香港。"张乐怡一连串点出这些地名。

"……"宋子文没有说话，显然也在思索。

"老蒋那里，我约莫也有打算。你没有问过吗?"张乐怡道。

"你还不知道老蒋的脾气，我去问他？那不是找钉子碰吗？"

"不是碰钉子，他不能没打算。不然我们怎么定方向？"

宋子文叹了口气道："这个年代是爹死娘嫁人，各人顾各人。他去的地方我不能去！这是一条原则。"

"为什么？"

"昨天那份材料，也许你看到了，老蒋手下的人还在散布舆论整我，要求我把盗用的巨款，至少一半充公。我何必在他身边受那个气？"

"想想也是。"张乐怡道。

两人又是一阵沉默。

"我们到美国吧？"张乐怡又道，"前几天，霭龄大姐来电话说，台湾地方不错，是不是老蒋的意思？如果是老蒋的意思，我看我们就去美国好。"

"眼下还去不了。"

"为什么？"张乐怡瞪大了眼睛。

"一步到位容易招人误会。先到香港，观察一下，下一步再说。现在仗还没打完，局势兴许也会好转？"

两人又是一阵沉默。

"局势问题我看好不到哪里去，"张乐怡再次道，"晚准备不如早准备好。老蒋只会说大话，哪一次也没兑现。这次我算是看清了。老蒋必败无疑。"

"是这样想，但不能这样做。"宋子文叹口气道。

"既然是这样，早辞职为妙。再干下去还不是活受罪？我看就先撤到香港吧？"

"容我看看再说吧！"宋子文无可奈何。

不久，看到国民党必败之局已定，绝望中的宋子文终于辞去了广东省主席一职，同家人一道乘机逃往香港。

第二十九章
逃离大陆

启德机场没有人欢迎，只有满天的寒风，和寒风中的乌鸦在嘎嘎嘎地叫唤着。

宋子文已像丧家无主的犬，他穿着双排扣西服，戴了一顶翘边帽，手里拿着文明手杖。妻子张乐怡披着一件貂皮大衣，戴着一副墨镜，墨镜的后面藏着她那哭肿了的双眼，双手搀着丈夫缓缓走下舷梯。

宋子文逃往香港的当天，国内就有电台报道说：作为中国共产党通缉的战犯宋子文举家逃往香港。

初到香港的宋子文，虽然身在香港，但心系大陆。大陆的胜败还没最后定论，于是他逢人便声称："香港只是暂住。"同时他在蒋介石的宣传影响下，仍对国民党的"反攻大陆"抱有一丝幻想。

初到香港的头几天，也许地理位置的改变，宋子文是睡不实觉的，夫人张乐怡说他常说梦话，他矢口否认。

一周后，他仍睡不安，躺在床上思来想去，原来影响他睡眠的还是对大陆的那种看来已成泡影的幻想。

于是他决定回大陆看看，不然心里不踏实。

宋子文提出让太太和他一起去。

张乐怡不同意宋子文的意见，说："要去，你自己去，反正我是不去了。"

"怎么，你不陪我啦？"

"不是不陪你，这不是秃子头上趴虱子——明摆着的事。老蒋别看他嘴硬，早晚也得撤出来。我相信自己的眼睛。"

"你要真不去，我也要去的。"宋子文终于拿定主意。

1949 年 3 月 25 日晨。

香港启德机场，阳光灿烂。

宋子文终于登上"大鹏"圆他的故乡梦，飞回广州望风。

宋子文在广州下了飞机，秘密地住进了其弟宋子良的私邸。不晓得被哪位新闻记者发现，对其重回广东，做了种种推测的报道。

宋子文飞穗的第二天，孙科恰由上海飞穗。得知宋子文回穗，便径直去了宋子良的住处，会见宋子文。二人进行了长时间的交谈，从国际到国内，从前方到后方，包括国民党内部各人的心态，都交换了意见。

"老蒋现在怎么想?"宋子文问。

孙科叹了口气道："老蒋现在也不像从前那样了，外强中干。"

"他有打算吗?"宋子文用试探的口气问。

"我看他是有打算。当然他现在不会告诉我们的。不过，前些日子，我从夫人口里听出些门道来。"孙科说着呷口水。

"她说什么来着?"

"她让秘书在寻一张台湾的地形图看。"

"啊，原来如此。"宋子文道，"先前也听说过，看来此事是真的啦。"

"不知你有何打算?"孙科问。

"我吗? 说破了我不是他的人，包括你。"宋子文说到这里孙科也笑了。"我当然不随他去了，我想到美国。"

"看来我也不能与他同路。"孙科也道。

宋子文在广州住了三夜四天，分别会见了在这里的国民党中央要员，谈了谈对时局的看法，在第四天，便乘飞机到了宁波，再转溪口，与蒋介石会晤。

1949 年 1 月 1 日，走投无路的蒋介石在内外的压力下，别无选择，不得不在元旦这天发表"求和"声明。但他在声明中提出要保存国民党制造的从来不为人民承认的"宪法"，保存他的所谓"法统"，保存反动军队等，否则就要同共产党"周旋到底"。显然，这不是和平的条件，而是继续战争的条件。这时，有些资产阶级右翼分子竟竭力劝说共产党把人民解放战争"立即停下来"，接受蒋介石的"和平条件"，切不可"除恶务尽"。

是将革命进行到底，还是让革命半途而废，使反动势力得到喘息机会，卷土重来？一百多年来，中国人民在这个问题上留下的痛苦教训实在太多了。在人民革命事业已经胜利在望的历史时刻，这个问题自然有着格外重要的意义。

针对这种情况，毛泽东在 1948 年 12 月 30 日为新华社所写的新年献词中发出"将革命进行到底"的伟大号召。他强调，必须"用革命的方法，坚决彻底、干净、全部地消灭一切反动势力，不动摇地坚持打倒帝国主义，打倒封建主义，打倒官僚资本主义，在全国推翻国民党的反动统治，在全国范围内建立无产阶级领导的以工农联盟为基础的人民民主专政的共和国"，并由此向社会主义社会发展；而决不允许使革命半途而废，让反动派养好创伤，卷土重来，使中国重新回到黑暗世界。在这个问题上，一切愿意参加当前的革命的人们要一致，要合作，而不是建立什么"反对派"，也不是走什么"中间路线"。

1949 年 1 月 14 日，毛泽东以中共中央主席的名义发表关于时局的声明，严正指出：虽然中国人民解放军有充足的力量和充足的理由，确有把握，在不要很久的时间之内，全部地消灭国民党反动政府的残余军事力量，但是，为了迅速结束战争，实现真正的和平，减少人民的痛苦，中国共产党愿意在惩办战争罪犯、废除伪宪法和伪法统等八项条件下与国民党和谈。消息一出，受到无党派民主人士和各阶层群众的热烈拥护。

共产党的电台播送和谈的八项条件，一开始就指控蒋介石为"中国头号战犯"，"国民党匪帮头子"，"把中国人民的利益全部卖给了美国政府的民国伪总统"。1948 年底，共产党公布的 43 名"一级战犯"中，蒋介石当然被列为榜首，宋子文名列第二。

1949 年 1 月 21 日，蒋介石宣告"引退"，其"总统"职务由

"副总统"李宗仁代理。次日，李宗仁表示，愿以中共所提八项条件为基础进行和平谈判。

现在蒋介石已拿定了主意，他要从现实中退出来，而不是辞职。

如果李宗仁认为他与共产党和谈能成功，那就让他去谈好了，并且是以"代总统"的名义。事实上，蒋介石很清楚，在当时的"宪法"条款中，没有总统辞职的规定。蒋介石只不过是根据"宪法"第49条的规定，把权力移交给了副总统李宗仁以此表明他并没有完全从政治舞台上消失，他仍留了国民党总裁的职务。

无论李宗仁成功与否，一切都将咎由自取。

至于蒋介石本人，尽管和共产党的斗争曾"停止"过一段时间，但现在还得继续斗争下去，在发表新年致辞前，他就决定要不惜一切代价保住台湾，以作为最后的防守阵地。为此，他命大公子蒋经国去台湾早做安排，任命陈诚为省政府主席。

1月21日，蒋介石宣布引退："如果从此以后共产党能认识到中国面临的严峻形势而下令停战，同意与国民政府进行和谈的话，那我的愿望也就实现了。这样，人民就会免受极大的痛苦，国家的物质和精神财富便能得以保护，国家领土完整和政治主权也能得以维护。并且，国家的历史、文化和社会秩序将会永远地继续下去，人民的生活和自由亦将得到保障。"

蒋介石下野后，前往浙江奉化的溪口镇，退居幕后指挥。

宋子文是晚上到的。在面临"无可奈何花落去"的情况下，二人做了彻夜的长谈。主要是家族后事的安排。亲情代替了政治，一切仇恨、矛盾、不快，此间都化为乌有。按宋子文的话说，这次会晤是十分亲切的交谈，也是他和蒋介石在大陆上最后一次握手。

宋子文离开溪口转飞香港转到法国疗养。宋子文走后，各种报刊文章作了种种猜测。猜测综合起来有四种：

一说宋子文赴法是为国民政府购买军火，商量太平洋公约；

二说他赴法是代表国民政府洽商将马歇尔计划中支援欧洲物资的一部分转借援助；

三说宋子文赴法为了他个人的债务一事；

四说宋子文在法国和西班牙的边境，替政府首要购置很多别墅和私宅。

他们在法国的尼斯、贝维拉斯等地方，已经购买和租定了100多所别墅。因为法国可能发生政治变化，以至影响其安全，宋子文又派人到佛朗哥统治下的西班牙的巴塞罗那附近，购买了25所别墅。宋氏之去纽约，闻系与宋霭龄、孔祥熙商量投资南非钻石企业有关。

中华大地已发生了巨大的变化。几乎是一夜之间，国民党的所谓"和平"攻势迅速破产。人民解放军乘胜进军，一路凯歌，一路胜利。

1949年4月20日深夜，中国人民解放军吹响了"渡江战役"的号角，从东到西千里江防几乎在两日之内瓦解。以4月23日解放军占领南京为标志，渡江战役胜利结束。

这时，宋子文梦幻成泡影，6月9日由巴黎转飞美国纽约，他像鸟儿一样在天空盘旋了一周，最后还是把巢选在美国，在那里定居下来。

定居美国

　　顾维钧用一句形象的话比喻说：国民党已是一艘四处漏水的航船，没有不沉没的道理！大陆的失去，使宋子文的幻想破灭，不再想什么了。于是他便在美国这块被称为"富人的天堂"的土地上定居下来。

　　宋子文不缺钱。早在大陆期间，他已把钱袋塞满。

　　宋子文夫妇不缺房。因为早在半年前，传说他已购置 25 所别墅。

　　宋子文的飞机一着陆，早已在美国的大女儿罗烈特、二女儿玛丽珍、三女儿卡德琳奔赴机场迎接，把鲜花投给父母的怀抱。

　　宋子文在美国朋友的陪同下，步入机场出口处，一帮记者突然蜂拥了上去，问这问那，宋子文不得不搪塞两句。

　　有的记者问宋子文赴美，为什么用普通护照？

　　宋子文直率地回答："当然是为了自己的私事。"

　　"大陆情况如何？"

　　"每天都有报纸，我就不必重复了。"

　　"蒋介石授予你什么任务没有？"

　　"本人不问政治。无可奉告。"

　　……

　　实际上，宋子文早在法国巴黎时，已与蒋介石就赴美一事交换了意见。他作为蒋介石的私人代表访问美国无须更多人知道。再说他早有一住就不走了的想法。这样也算宋子文聪明，他早意识到，台湾并不是理想之地，说不上哪年陈谷子烂芝麻的事再翻出来，让他寒心。

　　从机场上迎接他的人看，显然，宋子文已经失去昔日的光彩。

　　在外人看来，宋子文赴美是私事。可是他作为蒋介石的私人代表，一刻也没有停止他的政治活动。

　　宋子文一安顿下来，就电话约请国民党政府驻美国大使顾维钧

第三十章
定居美国

先生，表示要会谈一下。

宋子文先向顾大使通报了国内的局势说："中国的局势已经十分危急。共军已经渡过长江天堑。局势恐怕难以挽救。不过，作为一个公民，国家兴亡，匹夫有责。"

"蒋委员长如何？"顾维钧插话问。

"他也自身难保。他本不想让我离开中国，我说服了他。我们虽然痛失大陆，但我可以以一个公民的身份来美国为国家做点有益的事，以尽自己的义务。"

"局势变化太大了也太快了点。"顾维钧感叹道。

"我认为我们的军队缺乏斗志和指挥官之堕落是军事溃败的主要原因之一。"宋子文道。

"我虽然没在国内，但有些情况也略知一二。再者，我们的将军们思想落后，赶不上时代的要求，可悲的是他们又没意识到这一点。所以失败也在情理之中了。"

宋子文掰着手指说："一是军事上的庞大开支；二是指挥分散，面面点点；三是纪律松弛，有令不行。总之是造成现在这个无可挽回的局面，实在令人痛心。"

最后，顾维钧用一句形象的话比喻说："国民党已是一艘四处漏水的航船，在大海中航行，没有不沉没的道理。"

"开玩笑归开玩笑。我说漏船也得想法补啊！"宋子文话锋一转道。

"你来时，蒋委员长有何交代？"顾维钧道。

"我是作为老蒋的私人代表而来，当然要有交代噢！想请陈纳德帮助组织一支空军志愿队，请求美国政府派一个正规军队代表团，以挽救国民党的败局。"

"给我留点时间，让我先活动一下，然后再向宋院长汇报。"顾维钧把目光移到宋子文脸上。

"也好。不过救人如救火，慢了一步，话就另说了。"宋子文道。

一周后，顾维钧又找到宋子文，把活动的情况告诉他说："陈纳德有很多朋友，想组织一支空军志愿队的计划，虽然遭到一些人的反对，但却给美国众议员和参议员留下很好的印象，可以纳入我们的计划内。"

"是。我可以电请老蒋批准将陈纳德计划纳入统一援助计划。此事由我来落实。"宋子文当场拍板，"不过，你可以与陈纳德再作一次深谈，把计划搞得细一些。长江防线已守不住了。我看在湖南衡阳地区防御是可以做到的。"

"好。"顾维钧道。

宋子文又问："现在情况很危急，轰炸上海发电厂是否可作一目标？"

顾维钧犹豫一下道："如果轰炸上海发电厂，也许会使上海的工业生产一夜瘫痪。这个主意还得你来拿。"

"那就这样先做计划再说。我们分头行动。"宋子文下了逐客令。

此后的日子，宋子文极力奔波，多次找朋友托关系，求见美国出席联合国大会代表团成员杜勒斯，请求美国派出一个军事代表团。1949年8月初，杜勒斯终于向宋回了话，表示赞同宋子文的意见："我们准备提供2亿美元的借款，并向中国派出一个军事代表团。你看够朋友吧？"

"绝对够朋友。"宋子文异常激动。

"下一步怎么办？你要拿个意见，我们来商讨。"

"好好好。"宋子文连声叫好。

工夫不负有心人。宋子文毕竟看到了希望。于是他又彻夜忙活起来，立即打电话把顾维钧召来，进行一番策划。直到天色大亮，才把结果和方案报给蒋介石。

但是，时间已来不及了。尽管宋子文的"陈纳德计划"也好，还是"军事代表团计划",乃至"借款计划"也好,都没有派上用场。

　　中国大地上的形势发展之快,从来都不是以蒋介石的个人意志为转移的。人民解放军以百万雄师过大江后,首先占领了南京,继而挥师南下,势如破竹,摧枯拉朽。5 月中旬拿下武汉,下旬又占领上海。8 月初,又进军长沙,湖南获得新生。

　　9 月 13 日至 10 月 13 日举行了衡宝战役,衡宝战役胜利之后,人民解放军如秋风扫落叶般夺得了衡阳、宝庆、广州在内的 64 座大中城市。中华人民共和国于 10 月 1 日正式宣告成立,五星红旗在天安门城楼上高高飘扬,中国人民革命取得了历史性的伟大胜利。

　　蒋介石、宋子文的美梦无疑再次落空。

第三十一章
噩梦醒来

　　美国联邦调查局的报告还没经过杜鲁门总统过目，已变成消息和文章充斥于报端和出版物上，引起美国朝野上下不满。此时翻来覆去地被人们谈论，仿佛宋子文和他的家族，成了人们嘴里的一块永远嚼不够的口香糖。

宋子文流亡美国之后，四大家族的不少重要成员如宋美龄、孔
祥熙、宋霭龄、陈立夫也都先后飞赴美国，或观光，或选定居处，
或是有什么目的。不过，在他们中，最不受美国欢迎的是孔氏夫妇。
由于国民政府的垮台，美国政界也不像先前那样热情来对待这些来
美寄居的民国官员。在美国政界的接待层次和规格上，也比以前大
为逊色。以前罗斯福在世的时候，宋美龄被破例安排在白宫居住，
并邀请到国会演讲。美国朋友嬉逗宋美龄说："杜鲁门总统这次没有
给你安排到白宫居住吗？"

后来，宋美龄向宋子文说："我不想待了，想回台湾去。"

宋子文问："那美援不争取啦？"

宋美龄叹口气："时局变了，怕是不可能了。"

"杜鲁门说什么来的？"

"他说，我们美国抗战以来，已经向中国提供了 38 亿美元。这
话是堵我们口的。"宋美龄满怀信心而来却空手而归。

在宋子文把她送到机场，临上飞机时，她对哥哥说："希望你和
嫂子保重。既然我们人马移居美国的不少，何不成立一个组织，以
显示我们的力量。"

"我在考虑此事。"宋子文点点头。

宋美龄走后的当天，宋子文便约见了顾维钧，商讨建立组织。
组织名称为：美国国民党新自由主义内阁；其宗旨为：团结在美国
的国民党成员，争取美援，挽救惨局，扭转逆境。其成员应为：知
名度高、威望高、乐于办事的留美文官人员。

二人在商议中，就谁出任"新内阁"的首脑时，意见不大统一。

第三十一章
噩梦醒来

宋子文首先提议由胡适担任较为合适。顾维钧摇摇头说:"胡先生目前恐不会贸然尝试,必须另找人选。吴国桢出任怎么样?"

宋子文道:"至少在目前情况下,吴国桢的威望不足以担当此任。"

二人想来思去,还真没有"合适人选"。

这时已经是深夜 2 点,最后的意见是矬子里面拔将军,如果胡适坚持不任职,就请吴国桢出山组阁,而让胡适在吴的新内阁中任"外交部长"。

天亮后,宋子文又去找司徒雷登活动,果然得到司徒雷登的支持。宋、顾二人又是一个通宵,草拟了一份"新自由主义政府成员名单",共有 50 人。起初名单中有宋子文,后来他又让顾维钧给圈掉了。

名单呈送到司徒雷登那里后,司徒雷登紧皱眉头,接着操起电话,告诉宋子文道:"美国国务院不信任蒋介石的军事领导才能,同时又认为李宗仁软弱无能,蒋介石的专横个性使他黯然失色。最好是请蒋介石交出政权,出洋考察。名单重拟为好。"

宋子文道:"重拟也好,可你一定不能变卦啊?"

"那你应该通知蒋介石本人,让他知道我们美国政府的本意。"

"好好好。"

1949 年 10 月 2 日的晚上,亦是宋子文重拟内阁名单呈送给司徒雷登亲审的第二天。多日的劳累,恰想这天晚上轻松一下,便邀请了一帮好友在家里打起了桥牌。

这些成员有顾维钧、吴国桢,胡适因身体不适未来,由夫人张乐怡代替。四人正好一桌。

兴致正浓的宋子文当时正为一手好牌而窃喜,对秘书的到来不以为然,故而以一种漫不经心的手势接过了电文传真。可当他一眼瞥见电文稿上"10 月 1 日中华人民共和国在北京宣布成立"一行字时，握在手中的桥牌竟"哗啦"一下子撒落一地。

"简直不可置信！"震惊之余的宋子文一连将此话重复了三遍，然后才踩着地上的桥牌，来回踱开了步子。

太突然了，突然得令人不可思议！宋子文比谁都清楚，前几天蒋介石还给他通报战绩，怎么一夜之间中华大地都成了赤色的了呢？真应验了当年凤凰岭战斗中李司令说的那句话：我们的汽车轮子快不过共军的两条腿！

中华人民共和国宣布成立意味着什么？宋子文比谁都清楚。国民党完了，彻底完了！他只觉得头发涨。其余三人还不知发生了什么事，见宋子文这样失态，张乐怡上前抢去丈夫手中的电文去看，此时她也像前者一样。

顾维钧接看，呆若木鸡。

吴国桢再看，瘫在椅子上，久久说不出话来。

桥牌玩不下去了。

"四人一台戏"的梦想如同这桥牌一样无法再进行下去了。

宋子文移居美国之后，虽然他没有什么职衔，但他仍在为风雨飘摇中的国民党政权，奔走呼号，竭尽全力。

1949年5月8日，李宗仁以"国民政府代总统"的身份从桂赴穗任职，他既无军权亦无财权，困难重重。而蒋介石则以国民党总裁的身份躲在溪口遥控广州。

宋子文出于国民党的利益，从大局出发，从中进行调节，力图使蒋、李团结合作，共救败局。

为了调节这个矛盾，宋子文先后会晤了蒋、李在美的代表。拉他们吃饭，苦口婆心地讲道理。尤其是李宗仁的代表甘介侯初到美国时，宋子文告诉他说："我以私人朋友说句公道话，在国难当头之际，我们不能只忠于哪个人，亲蒋派和亲李派应该齐心协力，以大局为重。"

第三十一章
噩梦醒来

"你是蒋的人,当然要讲这话了。"甘介侯的话刺痛了宋子文的心。

甘介侯明确表示不听宋子文那一套,自己私下活动,以求美援。而蒋介石的代表也我行我素,活动国会。他们都把美国奉为自己的上帝。可是"上帝"在这帮派矛盾面前能施舍吗?结局是两者俱伤,谁也没捞到一根银毛。

为此事,宋子文伤透了心。

在国外是这样,在国内更是这样。

1949年9月,香港的一些报纸专门报道了蒋、李矛盾的情况。有的消息说,蒋介石推荐任命汤恩伯为国民党军队"东南剿共司令部"的总司令,被李宗仁当场否决。而李宗仁又推荐另外人选,亦被蒋介石否决云云。

这些消息,使宋子文彻夜难眠。他不甘心国民党的失败,多次会同顾维钧、吴国桢、胡适等人,联名给蒋、李去电,力劝以国民党前途大计着想,通力合作。

这些电报能起多少作用,不得而知!

后来,又传来李宗仁从桂林赴香港,宣布彻底与蒋介石决裂,成立一个既反共又反蒋的新政党,更使宋子文无法理解。

宋子文的梦,随着国民党的逃离大陆,彻底破灭了。而留给他自己的将是什么呢?直到宋子文噩梦醒来才明白:自身难保。

宋子文很快发现,随着中华人民共和国的宣布成立,美国在朝官员的态度来了180度的大转变,宋子文是从他们的言谈话语中,或从他们的眼神中,或从他们的某种暗示中……感到空前的尴尬和难堪。

于是,宋子文下决心足不出户。

可是,这并不能阻止外界的传闻。尤其是报纸上那些对他丑闻的揭露,一天几大张,不看也得看,更令他心烦。

也许战后的美国，反思和回顾成了他们文化中的时髦；也许美国国体的高度新闻自由，不光宋子文，连同四大家族的丑闻一点点地往外"拎"，成了人们茶余饭后的笑料和热门话题。

坐在白宫里的杜鲁门总统，也时常与他的要员们大谈国民党政府中"贪官和坏蛋"。"蒋家政权陈家党，宋氏姐妹孔家财"，这句话就是在那个背景下有心人的总结。说是宋家与孔家在美国银行存款有 20 亿美元。在谈到这个问题时，杜鲁门突然严肃下来，立即拨通了联邦调查局的电话，以命令的口气道："迅速查清宋氏和孔氏在美的资产和存币以及存储地点，向政府报告。"

接到这个命令，忙坏了联邦调查局的大小官员。他们停止了周日的休息，人人在岗在职，尽管有些美国银行拒绝为联邦调查局提供材料，但是联邦调查局仍然发现了一些有价值的材料。他们发现宋子文的流动资产有很大一部分是在他的旧金山广东银行里，宋氏家族的许多成员（宋子文、宋霭龄、宋美龄等）在东海岸到西海岸的城市里都拥有公寓大楼和办公大楼。一些公司被发现是宋家拥有或控制的，其中包括孚中国际公司、芝诺化学公司等。调查者利用一周时间终于写出了调查报告。

从宋子文的战时档案分析：宋子文"开始担任公职时财产比较有限，到 1943 年 1 月积累了 7000 多万美元"。宋霭龄在美国一家银行拥有 8000 万美元存款。宋美龄在美国的一两家银行里则存了 1.5 亿美元。

联邦调查局的报告还没经过杜鲁门总统过目，已变成消息和文章充斥于报端和出版物上，引起美国朝野上下不满。此事翻来覆去地被人们谈论，仿佛宋子文和他的家族，成了人们嘴里一块永远嚼不够的口香糖。

于是，一大批人指天骂地，愤怒谴责美国政府的无能，并跑到白宫的玉石台阶前，聚众请愿，示威游行，强烈要求政府首脑人物

第三十一章
噩梦醒来

出面解释。要求了解宋家的实情和家底，这里面究竟有多少是美援的成分？能否给以冻结等。

杜鲁门总统没有出面接见示威者，而英国的财政大臣斯塔福德·克里普斯爵士则为美国示威者说了话。

在一次自助餐宴会上，他对国民党当局驻美"大使馆"的官员们说，那些美国人指的是蒋委员长的家族，包括孔祥熙、宋子文及其弟弟们，都发了大财。他还直截了当地说，宋子文现在到美国来，名义上是为了促进中国的利益，实际上是为了谋取他个人的利益。蒋委员长的亲信如宋子文，在商业交易中的贪污行为实在已经达到了罪恶昭彰的地步。

由于不断有关于在美国的国民党的高级官员贪污腐败的消息见诸报端，不少文章直指宋子文本人，使宋子文内心一直忐忑不安。

经过一番策划，宋子文提出公布中国银行纽约经理处和纽约的银行审计员之间的信件，表明中国银行没有任何不正常的转账。但是，宋子文的一些亲信们又反对这样做，他们怕欲盖弥彰。他们说，中国银行的信件并不足为证，因为从政府机构的账户中另外有一些是通过别的银行转给私人账户的。如果中国银行公布了信件之后，一些美国的消息来源或各家银行随后又另外披露了公款转给了几个私人户头的话，只会使情况更趋严重。他们还幻想由国民党当局来发表声明，说美国报刊登载的消息是没有根据的。

当然，已经被中国人民彻底推翻了的国民政府是没有也完全不可能来为宋子文发表声明的，宋子文自己怎么也想不出一条"锦囊妙计"，摆脱美国朝野对他的攻讦，只有任其蔓延罢了。

第三十二章
"两个第二"

两个"位居第二"，一方是共产党，一方是国民党。宋子文显然是在夹缝中任人评说。按照宋子文自己的话说：我是猪八戒照镜子——里外不是人了。

　　人若倒霉，喝口凉水都塞牙。

　　宋子文受到美国朝野的指责，同样也受到了台湾国民党反对派的指责——也是经济问题。

　　风波源于孔氏夫妇的经济问题，发展到后来，宋子文也被卷了进去。

　　虽然宋子文不像孔祥熙那样贪婪，但反对派并不这样认为，他们认为国民党痛失大陆，关键是官员腐败。贪官不治，民心不平，何以兴国，何以取信？直到闹到蒋介石那里，被蒋压下，风波不平自灭。

　　于是人们又怨恨蒋介石，可是蒋介石实行的是独裁统治，他手中有军权、有警棍，人们敢怒不敢言。

　　应该说，国民党从大陆逃到台湾后的一年内，统治集团内部矛盾重重，着实爆发了一阵子。吵来吵去，矛盾不但没解决，反而愈来愈加深了。

　　1950 年 2 月，宋子文正受到美国朝野攻讦的时候，台湾也卷进了这场风波。

　　一天清晨，宋子文刚起床洗漱，还没有来得及吃早点，秘书便把一封加急电传送到宋子文手里。因为宋子文在"风波"的日子里神经高度紧张，给秘书做出了一条规定，凡是有什么情况，不管是吃饭还是睡觉，都要及时告诉他，宋子文这天的早点没有吃好。

　　电传是台湾方面发出来的，要他立即返回台湾。

　　后来宋子文又试着给蒋介石拨通了电话，才知道国民党最近召开了中央委员会常务委员会，会上通过一项决议，要求国民党员返回台湾，否则注销在台护照。

第三十二章
"两个第二"

何去何从，着实令宋子文紧张一阵子。

妻子张乐怡吵着说："要回去，你自己走，反正我和孩子是不会走的。"

"我不是说我想回去，这是他们的意见。当然，我也是不愿意回去的。"宋子文道。

"你不回去就好。看老蒋能把你怎么样，还能把你吃了不成？"

"不回去也是有不回去的理由，我想把事情做得圆滑些，怕我倒不怕！"

宋子文又与顾维钧商量，提出他不想回台的三点看法：一是台湾"政府"已在他心目中丧失了信誉；二是他同蒋介石手下的许多元老都有矛盾；三是台湾小岛并不安全，随时都受到大陆的威胁。

顾维钧听了表示不回去为好，提示他说："老蒋为人你知道，什么事都会说出来干出来。"

宋子文点点头："我不怕。说心里话，他也怕得罪我，他对美国寄予希望，他的关系没我硬。这些你都知道的。他有几个事还让我办，看到他们这样对待我，索性我能办也不办了。"

顾维钧突然心血来潮，开玩笑地说："子文兄，老蒋现下要给你行政院长兼外交部长的职衔，你干不干？"

"我不会干，他也不会给。"

"要是真给呢？"

宋子文幽默地说："我那太太早说了，她不回台湾，也不让我回台湾，我是'气（妻）管炎（严）'，我得听她的。"

后来，顾维钧也真向蒋介石建议，让宋子文回来主事。蒋介石一听瞪大了眼睛："你有什么高见？"

顾维钧一本正经地说："高见倒没有。国民政府眼下最困难的是财政。宋子文兜里有钱，只要是为国家利益，我了解，他是愿出山的。再看，他在美国政界有关系，由他出面做工作，十个顾维钧都

365

比不了。"

蒋介石点点头："有道理。他与我手下的人矛盾不少，不管怎样，让他先回来再说。"

在职位上，蒋介石采取了模棱两可的暧昧态度。

后来，蒋介石再次发电邀请宋子文回台就任正式职务，什么职务没说明。宋子文没理。蒋介石再次邀请时，口气就生硬多了，否则就开除国民党的核心集团。宋子文再次拒绝了。

当宋子文顶住了蒋介石的诱惑后，与国民党一刀两断，在美国安定了下来时，国民党那边，也召开了"七大"，根据部分代表提议的"党内重大整肃案"，由蒋介石亲笔圈定批准。在该案列出的被开除国民党党籍的名单上，宋子文位居第二，仅仅排在孔祥熙后面。这与中国共产党通缉的国民党战犯的排列是不谋而合。

两个位居第二，一方是共产党，一方是国民党。宋子文显然是在夹缝中任人评说。按照宋子文自己的话说：我是猪八戒照镜子——里外不是人了。

不过前者排名令他紧张，后者排名令他高兴。

张乐怡看了这个排名笑了："我丈夫真听我的话了，我得下厨做点好吃的招待丈夫，庆贺庆贺。"

就在这天晚上，张乐怡把三个女儿召来，做了一桌菜。全家乐融融地饱餐一顿。这晚宋子文也特别高兴，破例喝了三盅酒。

席间，宋子文说："我跟蒋介石倒霉了一辈子，共产党通缉，国民党开除。这下辞旧迎新了。我们的居处也要换一下。"

"到哪?"三女儿卡德琳问。

"明天给你钥匙，你就知道了。"宋子文道。

"听说三姑姑来了，能与我们住一起吗?"

"你喜欢三姑吗?"宋子文答非所问。

"三个姑姑中，可以这样说吧。"卡德琳脸望着天花板，思索着

第三十二章
"两个第二"

说，"大姑姑太凶了点，二姑姑没见过面，谈不上好坏了，只有三姑姑了。"

"你喜欢三姑姑，三姑姑房子也与我们买到了一块。"宋子文道。

"那样，我每天都可以到三姑姑那里玩了。"卡德琳拍着手说。

就这样，宋子文一家第二天就由曼哈顿公园大街 1133 号迁到了长岛的豪华别墅。

新人新房，重新起步。

长岛是一个著名的风景区，宋子文尽量把屋内装饰得和这风景区协调起来。避开人群的喧嚣，走向平静，走向自然——这便是此时宋子文的心态。

于是他的会客厅里出现了这样的条幅，内容为《佛学警世语人生二十最》：

> 一、人生最大的敌人是自己；
>
> 二、人生最大的失败是自大；
>
> 三、人生最大的罪过是杀生；
>
> 四、人生最大的愚蠢是欺骗；
>
> 五、人生最可恶的是淫乱；
>
> 六、人生最可怜的是嫉妒；
>
> 七、人生最痛苦的是痴迷；
>
> 八、人生最羞辱的是献媚；
>
> 九、人生最危险的境地是贪婪；
>
> 十、人生最烦恼的是争名利；
>
> 十一、人生最善良的行为是奉献；
>
> 十二、人生最大幸福是放得下；
>
> 十三、人生最大的债务是受恩；
>
> 十四、人生最大的欣慰是布施；
>
> 十五、人生最大的破产是绝望；

十六、人生最大的财富是健康；

十七、人生最可佩服的是精进；

十八、人生最缺欠的是智慧；

十九、人生最高的享受是学佛；

二十、人生最快乐的是念佛。

胡适听说宋子文搬了新居，特来拜访，一眼望见《佛学警世语人生二十最》，惊叹不止："老兄又对佛学产生了兴趣？"

宋子文答："当年你是我的'敌人'，如今一笑泯恩仇。我是基督教徒，也兼收百家之精华。"

胡适笑了："人生如梦，当年我们间的错，就是没有学好这老祖宗留下的好东西。人类最大的悲惨也就在这里。"

"现在学好了，一切又都晚了。"宋子文又道。

"不迟不迟，关键在坚持。应该再加一条，即是人生最大的毅力是贵在坚持。"胡适道。

这次轮到宋子文笑了："你怕我坚持不了？"

"社会这么纷繁，市场这么活跃，金钱这么耀眼，你能坚持得住？"

"绝对能！"宋子文下了保证。

实际上，宋子文也是三分热血，在条幅上的墨迹未干之时，在别人狂热地鼓动下，他又做起了石油股票、农矿产品期货和新技术交易，从而使他赢得"世界首富"的称号。

俗话讲，穷居闹市无人问，富在深山有亲朋。

宋子文手中有了钱，令人眼红。包括曾开除宋子文党籍的台湾政界，也如蚂蚁行雨般地涌向宋子文的长岛住宅，请求施舍，甚至连当初的反对派也厚着脸皮向宋子文乞求。这时，宋子文真正地笑了：当年我在蒋介石手下当差，你们说我无本事靠关系，论才能充其量是个团后勤处长等等。今天，没了蒋介石，我宋子文照样赚大钱。

第三十二章
"两个第二"

随着国民党政权的彻底崩溃，宋子文又看到当年那些竭力攻讦他的元老们一个个都走向历史的终点：

——戴笠，这个一生没做好事的老混蛋，战后乘飞机摔死在山腰，葬无尸首。

——最大的政敌陈果夫，被蒋介石革职，1957 年迁居台北。8 月 25 日去世，终年不到 59 岁。

——政敌陈立夫，跟着蒋介石去了台湾，后被蒋介石骂出了台湾，先去欧洲，后去美国，听说情况更糟。

……

宋子文虽然兜里有了钱，但精神却是十分空虚的。

尤其是晚年的宋子文，回忆往事是他一大毛病。想起当年的辉煌，令他眉飞色舞；想起痛失大陆的事情，他又扼腕叫痛；想起亲情的分离，又令他心神不安。特别是想起家父临终的遗言——"我死后就葬在上海，希望日后孩子们也都回到我的身边。"如今自己流浪异国，美国再好，但毕竟不是自己的国家。

家父的遗言能实现吗？作为长子宋子文心里一直忐忑不安。这种不安，渐成了宋子文的"失眠症"。

1958 年 12 月 11 日。据说这天是他父亲宋查理的生日，一早宋子文就提出要到香港走走，换换空气。

妻子张乐怡出来挡驾："你身体不好，等过年后再说吧。我和女儿陪你。"

宋子文道："本来杜月笙去世时，都让我去的，那时你让秘书代祭，我听了你的。这次我不能再听你的了。"

于是宋子文决定要出发了。

这是宋子文在海外居住九年后第一次返回香港之行。

陪他去的有其妻子和三个女儿。

被宋子文包下的专机，把宋子文全家从大洋那边送到大洋这边。

到了香港，全家人住在了香港船含道余东璇私邸。

来到香港的第二天，宋子文就驱车去九龙等地，去眺望大海和大海那边的大陆领土。在海的那方，是他的祖宗出生地——海南文昌县、一个椰林遮掩的小村庄；在海的那方，是他父母大人的葬地——上海万国公墓；多少年他没有为长眠于地下的父母进香火了。父母太寂寞了，而他也太寂寞了；而留在大陆的二姐宋庆龄，也是他最敬重的，想起当初在美国留学时，姐弟之间的深厚友谊，他更想念二姐。二姐怎么样？她在惦挂着他？

大海涨潮了。

大海起风了。

宋子文久久地伫立在海边，任凭海风吹着他那斑白的头发，一动不动。

"爸爸，这里风挺凉的，咱们走吧？"最心爱的小女儿卡德琳出来劝他。

"不，让我再待一会儿。"宋子文凝望很久，后来竟掏出手绢来，揩揩眼睛。

张乐怡理解丈夫，也掏出手绢来揩自己的眼睛。

12 月 18 日，宋子文在几天的沉思后又做出一个令妻子不解的决定，他要召开二十多名驻港记者的招待会，宣布自己来到香港这块中国的土地，让世人承认他的存在。

这次妻子没拦他。

宋子文手中有钱，招待会安排得很周到，也很阔气。考虑到警卫问题，招待会仍安排在宋子文的住处——船含道余东璇私邸。会后有一顿别致的午餐。

二十多名记者如邀到会。

招待会在能容纳两百多人的大客厅进行。

这天，宋子文精神焕发，身穿咖啡色西服。在十几件行装中，他认为只有咖啡色能表达他的心情。当年他在重庆时出任行政院长、主持记者招待会也是咖啡色西服。

当宋子文在张乐怡陪同下，步入客厅，出现在讲台上的时候，记者们一阵掌声。

宋子文打了个手势说："我已离开香港九年，今天在这里会面，我很高兴。也感谢诸位的光临。"

记者问："宋先生这次来港有何任务？"

宋子文道："来港无目的，只是看望一下朋友。如果是任务的话，也可称之任务。"

记者问："先生对时局有什么评论和见解？"

宋子文道："我已是退下之人，对此很少考虑，因无考虑也就无所见解。"

记者问："你和蒋介石有无来往？"

宋子文道："交往是有的，不过是一般的来往。"

记者问："这次香港之行之后还去台湾吗？"

宋子文道："至少我现在还没有这个计划。"

记者问："台湾如果邀请宋先生去呢？"

宋子文道："我可考虑，去不去要和夫人商定。"

宋子文说到这里，全场都笑了，把目光投向张乐怡。张乐怡莞尔一笑道："子文身体不好，我得管得紧些，不过，我声明他不是'气管炎'。"

记者问："在美国，你能经常与蒋夫人见面吗？"

宋子文点点头："她是我的妹妹，亲情胜于政治嘛！怎么不可见面？"

记者问："她明年元旦前回不回台北？"

宋子文道："私事尽少关心人家。不过据我了解，她很忙。想必短时间内是不会回去的。"

记者问："北京宋庆龄与家人有无联系？"

宋子文道："至少两岸没有和解之前，这个问题我不会公开，请理解。我担心给别人找麻烦。"

宋子文突来香港是个谜？宋子文召开记者招待会也是个谜？据香港《华侨晚报》的一位记者透露：宋先生来港是寻根看朋友的，而召开记者招待会，则是放风，让台湾当局知晓，如邀请他去，顺理成章。不邀请他自去，作为被国民党除名的人面子过不去。

听了该记者的一番说辞，大家心想也是。

后来香港《自由日报》又作详细的报道：

"原来宋氏此次离美东来，本有意复出为国家效力，最初这洽商是宋氏主持救济总会并由宋氏先垫出美金1亿元，辅助国家财经建议，并扩大海外救济工作，因多年来救总由谷正纲氏主持，外间颇有传言，若换一个宋子文，自能将工作圆滑推进，因宋氏有的是钱，而救济工作则非钱不行也。"

"内幕的报道并说，如果此事能顺利进行，则宋氏复出之第一步工作算是完成；而第二步则是宋氏自由主持救济事业进而兼涉财经任务。所传宋子安赴台为TV（宋子文）铺路，即是如此。宋子安赴台后，即分头和若干'立法委员'和'国大'代表接洽，同时并晋谒介公（蒋介石），试探当局意见。"

"使宋子安氏感到犹如冷水浇背的是，介公谈当局对宋子文之复出，如果单是协力于救济总会工作，是无问题；如果要进一步重登政治舞台，以宋氏过去遭到各方面的不良反应来说似乎目前尚非时机，当局之意如此，宋子文氏遂不得不知难而退。"

这次香港之行而台湾当局没任何反应，宋子文夫妇只好在美国长岛长居了。

魂留异国

公元 1963 年 2 月的一天，在美国的宋子文终于接到了蒋介石的访台邀请函。

面对来函，接受不接受邀请、去不去台湾？已是 68 岁高龄的宋子文睡不着觉了。

五年前，他去香港并在港停留时，说实在的他很想转道顺便赴台看看，那里虽有政敌，也有朋友。人与动物的最大区别是感情。可是当年那场记者招待会在港等于白开，他摇动的橄榄枝，台湾当局竟没有一丝反应。如今五年过去了，他宋子文也没有当初那个欲望了。蒋介石又发出邀请，岂不是强人所难吗？

宋子文手拿邀请函，召开家庭会，征求家人的意见。

大女儿罗烈特首先站出来反对："爸爸，你在野时，蒋介石把你当狗看。你想去台湾时，他又不发邀请。我看这次是黄鼠狼给鸡拜年——没安好心。"

二女儿玛丽珍也附和："前天我看了一份报纸，说台湾正要反攻大陆，战备火药味很浓。我主要是怕爸爸去台湾当他们的炮灰。"

张乐怡瞪了女儿一眼说："你就不讲一些好听的话！"

女儿不服气地说："爸爸让征求意见，我要不说又不好，说了你还瞪眼。叫我也不知道怎样做人了？"

这时，宋子文道："女儿知道疼爸爸，爸爸不会做炮灰的。爸爸命大，就是炮弹当年落在我的防护所上也愣是不爆炸，你们说为什么？这叫基督保佑。"

三女儿卡德琳是宋子文最喜欢的小女儿，比起两个姐姐来，最能看父亲的眼色行事，她很少受到宋子文的批评。遇到爸爸高兴的时候，她就喊着叫着跑来了，因此宋子文称她"小喜鹊"。这时卡德琳却站起来说话了，显然她的观点是不同于两个姐姐的，也许她受"爸爸不会做炮灰"的启示，测想爸爸是想去而又犹豫。便道："爸爸年老了，不走动走动怕机会不多了。姑父那边有邀请，去散散心未必不是好事。再说爸爸曾有去台湾看朋友的想法，这次顺便也捎带吧。"

"小喜鹊说的有道理。"宋子文点点头，接着又点将了，"夫人，你也谈谈吧？"

张乐怡理了理头发道："我吗？孩子们说的都有道理，都是为你好。我就随你个人的意见了，你说去咱们就去，不去就不去。"

"容我再考虑一下，两天后再告诉你们。"宋子文作了总结。

经过两天的考虑，宋子文还是接受了邀请。是故土的深情在吸引着他。

叶落归根嘛！不归根，踏一踏自己的国土也是高兴的。这便是宋子文晚年的心态。

就这样，宋子文在太太张乐怡的陪同下，乘机飞到了台北，开始为期半个月的访问和乡情的聚餐。

在台湾，他同蒋介石进行会晤，对世界局势进行了探讨，特别是对老蒋"反攻大陆"的计划很感兴趣。大概这中间包含了宋子文"叶落归根"的个人因素。

自从 1960 年 6 月 19 日，美国总统艾森豪威尔到台北访问，双方达成"长期友好"的协议后，蒋介石一刻也没有停止对大陆的反攻和宣传，时不时对大陆沿海地区发动空袭，并经常向大陆投放"游击队"和宣传单，其中大部分是在广东省。他们潜入沿海乡村，试图建立基层的反共组织，但始终没有重大突破和作为。

北京也时常发布国民党特务被处死的消息。国民党当局经常宣布"游击队"的成功，但有时也承认失败。例如 1963 年 1 月 1 日，国民党中央情报机关承认，中共在各次小规模冲突中共打死国民党"游击队" 172 人。几天后，北京又宣布五名国民党特务被处死，另有十名被关押在广州和广东其他城市的监狱里。

当蒋介石乐陶陶地谈论他的"反攻大陆"计划时，宋子文插言道："来前，我女儿还提示，不要我当共产党的炮灰！"

蒋介石笑了："当炮灰的应是共产党。现在那边是天灾人祸。地里不打粮，喊空卖空，苏联又逼债，时机成熟。"

宋子文一个劲地点头。

可是宋子文却不说拿钱支持，蒋介石也不便张口。会谈虽热烈并无收获。蒋介石要求宋子文访台的真正目的并未达到。

国民党统治集团败落台湾后，这是宋子文第一次来台，亦是最后一次来台。

此后宋子文在美国的日子应该说是安稳的。

晚年的宋子文，吃喝已经不愁，只有亲情、乡情、友情，加上由繁忙的政务走上寂寞的孤独，常常在困惑着他。在他看来，那些在官场上混迹的人一个都不能结交，都是些狼心狗肺的、无情无义的禽兽，包括他的姐夫孔祥熙。近墨者黑，其大姐宋霭龄也都变坏了。在亲人中，只有宋子良、宋子安和宋美龄还与他保持着热线电话。

小弟宋子安是妈妈去世时就吩咐他和姐姐要照顾好的，因为他还没成家。可是宋子安在 1950 年以后就被哈佛大学列入"下落不明的人"。实际上，他在旧金山，是那里资金雄厚的广州银行董事长。

1969 年 2 月下旬，噩耗突然传来——宋子安在香港病逝。

宋子文很吃惊，想不到小弟竟"走"到了他的头里。

亲情驱使着宋子文，赴港为小弟宋子安送葬。

在小弟宋子安的送葬会上，宋子文收到了二姐宋庆龄从北京发来的唁电。宋子文老泪纵横：二姐，你为何不来啊？紧接着，宋子文为盼二姐来港，又与北京回复了一封电函，不知什么原因，直到宋子文离开香港时，也没回音。

带着这种遗憾，宋子文回到了美国长岛那个虽豪华却令他孤独的高级别墅。

宋子安去世两年后的 1971 年 4 月。这年宋子文已经 77 岁高龄了。他的生日还没过，一块不祥之云却笼罩到他的头上了。

天有不测风云，人有旦夕祸福。

4 月 24 日晚，宋子文与太太张乐怡高兴地应邀去旧金山老朋友爱道华·尤家里做客。

这天，宋子文十分开心。一大早，他就提醒太太晚上有人请客，别误了点。因为晚年的宋子文把友情放在至高无上的位置上。

这晚，老朋友爱道华·尤着实做了一桌全部符合宋子文口味的中国菜。也许朋友的好心，最后倒成了宋子文的最后晚餐。

这晚，高兴的宋子文又说又笑，又吃又喝，一连品了十几道菜。宋子文赞不绝口，大有食胃不饱之意。

陪他吃饭的太太张乐怡也感到惊奇，知夫莫如妻，因为她清楚丈夫的饭量。

直到最后一道菜"清炖龟鱼"上来时，按一般常规，宋子文是不吃肉的，只能喝点汤，没想他又夹了一块肉。殊不知就是这一块肉，使他呛得回不过气来，面露惊恐之色，立时倒在地上。没容送医院抢救，便命归黄泉。

此后，尸体解剖证明，那块肉卡在了他的气管里，因其年事已高，心脏太弱，不能经受住这突如其来的袭击。

宋子文的猝然去世，惊动了所有的亲朋好友。

时任美国总统的尼克松获此消息后，立即授意与宋子文有关系的美籍华人尽快邀请其姐妹宋霭龄、宋庆龄、宋美龄这三位中国近代史上的著名女性前来纽约参加宋子文的葬礼。按尼克松的说法，这一方面可在人道主义上成全宋氏三姐妹再次相逢，实际也在外交上为其尽快叩开中华人民共和国的大门找到捷径。因为尼克松知道，只有通过中美两国高层领导人之间的接触，才能谈得上改善两国关系并建立外交关系。于是，中华人民共和国副主席宋庆龄女士便是他盼望会晤的首要人选。

电报发到北京宋庆龄那里，二姐很快做出奔丧的回音。

而台湾的宋美龄则以中共将派宋庆龄赴美为由，拒不参加哥哥宋子文的丧礼，只是由蒋介石颁发了一块题有"勋猷永念"四字的匾额。

为实现这一目的，尼克松于 1971 年 4 月 26 日特地向台北宋美龄发了唁电。这唁电不仅使宋美龄感到意外，就连已经对美国不抱什么希望的蒋介石也为之振奋，他要宋美龄借参加宋子文葬礼之机再次施展其"夫人外交"的才能。然而，当宋美龄的专机刚飞到美国夏威夷上空时，却收到了蒋介石"暂不飞纽约"的急电，凭多年的经验，宋美龄预感到一定发生了什么变故。她很快就在当天的《纽约日报》上发现了秘密：宋子文葬礼在即，中华人民共和国副主席宋庆龄女士将于近期飞往纽约。三天后，蒋介石看出了美国急于同中华人民共和国改善关系的用意，同时又害怕出席这次葬礼是上了中共的"统战圈套"，便又电告宋美龄勿去纽约。宋美龄为了蒋介石而又一次做出了牺牲，放弃了三姐妹再次相逢的一次良机，又返回了台北。后来宋庆龄因短期内无法解决包机问题而未能成行，致使尼克松早日会晤中国高层领导人的计划完全落了空。

尽管尼克松总统为宋氏三姐妹在美国相逢做出了努力，然而宋氏三姐妹终于未能相逢，这不能不说是世纪之憾！

5 月 1 日，宋子文的追思礼拜在纽约市中心的教堂举行。宋子文的太太张乐怡和三个女儿，以及宋子良、顾维钧、台湾驻美"大使"刘锴等数百人参加。

尾 声
魂留异国

大姐宋霭龄因丈夫去世时宋子文不到场而拒绝出席葬礼。

美国的尼克松总统虽有治国的气魄，而没有促成宋氏三姊妹团圆的本事，无言自羞，亦愤怒地宣布不出席葬礼。

由于该到的人物不到，致使宋子文的葬礼过于简单和匆忙。

一生不甘寂寞的人终于寂寞了。

一生不甘人后的人终于人后了。

从宋子文葬礼上，不难看出中国"蒋宋孔陈"四大家族间以及家庭内部的深刻矛盾。正是由于这些矛盾，国民党统治的崩溃才是必然！

悲哉，一代"王朝"！

哀哉，一代家族！

后　记

　　面对着这一部部即将付梓、变成墨香的书稿，30 年的漫长艰辛化成一丝快意掠过我的心田。这一丝快意中还带有几分成功的自信。

　　我与共和国同龄，我的创作与共和国的"改革开放"同步。

　　严格地说我是一位编书匠，而不是一位职业作家。写作是我的最爱。因此，30 年的节假日不像别人都花在生活的乐趣中，而是穿梭于南北的采访、苦涩的读书和挑灯的写作。确实，我是从平凡中走来，平凡给我梦魇中的崇高；我从饥饿中走来，贫穷给我一生受之不尽的财富；我从军营中走来，军旅给我坚忍不拔、雷厉风行的作风。倘若说我今天"功成名就"的话，那么平凡中做人、饥饿的童年、单调的军旅生涯，当是成功"三要素"，缺一不可。这也是我花甲之年对创作的思索和感悟。

　　应该说我的这十几部区别于他人的传记，多了些许生活琐碎，摒弃时代留给作者的"高、大、全"的精神桎梏，多了时代性和世间人情人性的描写，多了家庭、婚姻和爱情的描写，多了些故事的好看，多了些个性的刻画。比如说孙中山谈女人，语惊四座，应该说这是还原中山先生的真实。孙中山是人，其次才是伟大的革命家，他有七情六欲、喜怒哀乐。作为男子汉，他有异性追求，同时也追求异性。再如宋氏三姐妹，一个爱钱，一个爱权，一个爱国。爱钱者人为财死，爱权者以身相许，爱国者国比天大，等等，这都是我

民国财长
宋子文

采访、写作的价值观，抑或我认为的铁的写作原则……

同时，面对着这一部部即将付梓、变成墨香的书稿，我心底又涌出一股感恩的冲动。应当说这感恩中还带有几分细节的回忆。

感恩自己吗？不，感恩这个阳光的时代。30年前，我刚从吉林大学毕业，血气方刚，改革开放的阳光政策给死寂的中国带来了一线生机，也给我的创作带来了青春雨露。春华秋实，我是幸运儿，我要感恩这个时代的阳光雨露。

说起这个时代，我还感恩这个时代中的一个平凡的人，他同这个时代一样伟大，他让我刻骨铭心。可以这样说，没有他，今天的故事都不会发生。那是一个落霞的傍晚，我结束采访赶在匆匆回家的路上，被一帮蒙面歹徒"施暴"了，我浑身上下被洗劫得精光，且被歹徒随手推进河中，多亏这位农民工兄弟的相救，使得我创作的生命得以延续。

还应当说我是中国作家中换笔最早的作家。与其说是我换笔的话，不如说是我夫人的换笔。我早期的十多本传记，都是夫人坐在电脑前用王码五笔打出来的。她娴熟的指法，悠扬的键盘声，让你如痴神往。因此，望着这一个个中国方块字，感恩之情油然而生。

用生命拥抱创作，用创作燃烧生命。在今人看来，已成为一个笑谈，然而我那懂事的儿女，为了我的创作，他们尽量地脚步轻而又轻。我的感恩当然也包括他们了。小事不小，让人铭心。

从冬天到春天，从百家到一家。这次我的书能汇册成集，让世人悦目，还应当感恩人民出版社的社长黄书元先生和副总编辑张小平先生。在浩瀚的书海里，能做出个例的选择，我不能不佩服他们的睿智目光。还有为我的传记文集专门作序的原国家新闻出版总署署长于友先先生，他是同行挚友，亦是我的最高长官。在百忙中，为我的文集作序，让我感动不已。他的序自然也为我的文集添色增彩。

后 记

从冬天到春天，在我的传记文集即将付梓的时刻，我要感恩我的上帝读者，几十年成为我创作的动力源泉，没有他们的掌声和鲜花，我决不会走到今天，因为我本人也有脆弱。在我这套文集与世人见面之前，不少粉丝读者都是由衷地提了意见的，多数书目作者都做了认真修订。借此出版之际，向所有关心我的人，表示我个人诚挚的问候。倘若你们能从文集中读不出遗憾，或者还能读出像黑格尔说的"未来的真谛"，我也该封笔和聊以自慰了，再回到我原本的平凡。

陈廷一

2008 年 5 月 6 日于北京北城自清斋书屋